HEINZ-HORST SCHREY

EINFÜHRUNG IN DIE ETHIK

DIE PHILOSOPHIE

Einführungen in Gegenstand, Methoden und Ergebnisse
ihrer Disziplinen

1977
WISSENSCHAFTLICHE BUCHGESELLSCHAFT
DARMSTADT

HEINZ-HORST SCHREY

EINFÜHRUNG IN DIE ETHIK

1977
WISSENSCHAFTLICHE BUCHGESELLSCHAFT
DARMSTADT

CIP-Kurztitelaufnahme der Deutschen Bibliothek

Schrey, Heinz-Horst
Einführung in die Ethik. — 2., durchges. u. erg. Aufl. — Darmstadt: Wissenschaftliche Buchgesellschaft, 1977.
(Die Philosophie)
ISBN 3-534-04864-4

Bestellnummer 4864-4

2., durchgesehene und ergänzte Auflage

Satz: Maschinensetzerei Janß, Pfungstadt
Druck und Einband: Wissenschaftliche Buchgesellschaft, Darmstadt
Schrift: Linotype Garamond, 9/11
Printed in Germany

ISBN 3-534-04864-4

Es ist etwas Edles, gut zu sein, aber es ist noch edler, andere zu lehren, wie man gut ist . . . und es ist leichter.

(Mark Twain)

INHALTSVERZEICHNIS

EINLEITUNG

Eine Einführung in die Ethik leidet an einer doppelten Schwierigkeit: einmal gibt es die Ethik nicht, in die einzuführen wäre, vielmehr eine Vielzahl von Entwürfen, eine große Differenzierung von Fragestellungen und Lösungsversuchen, eine Problemspezialisierung, die sowohl mit der Verschiedenheit der Schulrichtungen als auch mit der immer komplizierter werdenden Struktur unserer heutigen Welt zusammenhängt. Eine Einführung kann also nicht absehen von dieser Komplexität der Systementwürfe, muß verstanden werden als Analyse der verschiedenen Motivationen menschlichen Handelns. Ethik als Motivationslehre menschlichen Handelns ist zwar definitorisch eindeutig, läßt aber eine Fülle von Varianten der Aussage zu. Handeln kann begründet sein in einem religiös-transzendenten Seinszusammenhang als Gehorsam gegenüber dem Gebot Gottes. Es kann verstanden werden als Konformität mit dem Sein, das als solches „das Gute" ist (ontologische Motivation). Es kann verstanden werden als Ausfluß der praktischen Vernunft (rationale Motivation), des sittlichen Gefühls (emotivistische Motivation), des freien Willens (voluntative Motivation), des sittlichen Sollens (deontologische Motivation), der Unterwerfung unter ein Reich der Werte (axiologische Motivation). Personale, soziale, historische und institutionelle Faktoren können bei der Begründung des Handelns eine Rolle spielen. Wer wollte es wagen, einer dieser Begründungen einen eindeutigen Vorzug zu geben? Jedenfalls sollte eine wissenschaftliche Darstellung sie alle zu Wort kommen lassen mit ihren Gründen und Gegengründen, ohne für diese oder jene Lösung Partei zu nehmen. Es gehört zum Schicksal gegenwärtiger Humanwissenschaft, daß es keine einfache Lösung, kein monistisches Modell der Wahrheit gibt, sondern daß ein Pluralismus von Lösungsversuchen dargestellt werden muß.

Die soeben getroffene Feststellung mag manchen Leser enttäuschen, der sich von einer solchen Einführung so etwas wie „Lebenshilfe" erwartet hat. In einem direkten Sinne kann sie das niemals sein, wenn damit die Überredung zu einer bestimmten Weltanschauung gemeint sein soll. In einem indirekten Sinne kann sie es insofern werden, als gedankliche Klärung dazu beitragen kann, einen eigenen Standpunkt zu gewinnen. Sofern es sich hier aber um einen wissenschaftlichen Versuch handelt, muß bewußt vermieden werden, Partisanen einer Weltanschauungspartei zu gewinnen.

Die zweite Schwierigkeit für einen solchen Versuch einer Einführung besteht darin, daß es heute philosophische Richtungen gibt, die der Ethik den Charakter der Wissenschaftlichkeit überhaupt absprechen. Für den logischen Positivismus sind die Sätze der Metaphysik, der Wertphilosophie, der Ethik Scheinsätze[1], ebenso kann es nach Wittgensteins ›Tractatus logico-philosophicus‹ keine Sätze der Ethik geben. „Sätze können nichts Höheres aussagen" (6, 42). Diese Behauptungen sind eng verbunden mit der speziellen philosophischen Position des logischen Positivismus, der sich selbst aber mit diesen Aussagen insofern untreu wird, als er davon auszugehen hat, daß es in der vorhandenen Welt ethische Sätze gibt, die offenbar nicht nur sinnlos sind, sondern mit denen der sie Aussagende einen Sinn verbindet. Jedenfalls gibt es „Sprachspiele" ethischen Inhalts, die zunächst als solche hingenommen werden sollten. Der Vorwurf, sie seien empirisch nicht verifizierbar, kann zurückgegeben werden: ist denn der Begriff des Empirischen, der hier zugrunde liegt, hinreichend, um Tatbestände der personalen Dimension zu erfassen? Nach der Theorie der Falsifikation fällt die Beweislast der Unwissenschaftlichkeit demjenigen zu, der die Wissenschaftlichkeit bestreitet.

Der Streit um die Wissenschaftlichkeit der Ethik erscheint jedoch fruchtlos, weil es bei einer wissenschaftlichen Darstellung nicht darum geht, daß der Gegenstand der Darstellung selbst ein Produkt der Wissenschaft und wissenschaftlichen Denkens sei, sondern darum, daß die Art und Methode der Darstellung wissenschaftlichen Ansprüchen genügt. Wissenschaft ist kein materialer, sondern ein methodischer Begriff. Biologie ist nicht darum Wissenschaft, weil vegetatives oder animalisches Leben Produkt der Wissenschaft ist, sondern weil die Betrachtungsweise solchen Lebens wissenschaftlich ist. So kann auch unser Unternehmen nicht dadurch widerlegt werden, daß ihm nachgesagt wird, Sätze der Ethik seien unwissenschaftlich. Das zu entscheiden, ist nicht unsere primäre Aufgabe, wohl aber, die verschiedenen tatsächlich vorliegenden Lösungsversuche historisch-systematisch darzustellen.

[1] So R. Carnap, Logische Syntax der Sprache, 1934, S. 204.

Noch ein Wort zu der in dieser Einführung gesprochenen Sprache. Sprache hat für die modernen Wissenschaften drei Funktionen: sie soll der Verständigung innerhalb dieser Wissenschaft selbst dienen; sie soll der Verständigung zwischen der Wissenschaft und der zeitgenössischen Gesellschaft dienen; sie soll schließlich selbst Objekt der betreffenden Wissenschaft sein. Die interne Wissenschaftskommunikation hat heute weithin einen derartig esoterischen Charakter angenommen, daß ihre Verständlichkeit auf einen exklusiven Kreis von Fachwissenschaftlern beschränkt ist und praktisch die Allgemeinheit von der Entgegennahme der wissenschaftlichen Ergebnisse ausgeschlossen ist. So läuft die interne Entwicklung der heutigen Wissenschaftssprache dem allerwärts angestrebten Prozeß einer Fundamentaldemokratisierung, wozu gewiß nicht zuletzt auch die Allgemeinverständlichkeit der Wissenschaft gehört, zuwider. Es ist im folgenden Entwurf versucht worden, sowohl den „Jargon der Eigentlichkeit“ wie — fast möchte man sagen — den „Jargon der Uneigentlichkeit“ der Frankfurter Schule zu vermeiden. Soll ein solcher Versuch wie der vorliegende seinen Zweck, als Einführung für einen breiteren Kreis von Interessenten zu dienen, erfüllen können, dann muß vor allem auch das zweite oben angegebene Ziel im Auge behalten werden, die sprachliche Verständigung mit der zeitgenössischen Gesellschaft. Dieses Ziel wird aber bestimmt nicht erreicht werden, wenn eine rein esoterische Sprache gesprochen wird. Der oben angeführte dritte Punkt, die Sprache der Wissenschaft als Objekt der Wissenschaft selbst, leitet über zur inhaltlichen Ausführung, indem es nicht zuletzt Ziel dieser Einführung sein muß, die in der Ethik als wissenschaftlicher Disziplin in ihrer Geschichte und Gegenwart verwendeten Termini zu klären.

Kant und Hegel sind nach den Ausgaben von K. Vorländer und Lasson in der Philosophischen Bibliothek von Meiner zitiert worden.

Heidelberg 1971 Heinz-Horst Schrey

ABKÜRZUNGEN

ARSP	Archiv für Rechts- und Sozialphilosophie
ESL	Evangelisches Soziallexikon, hrsg. v. Fr. Karrenberg, (1954) [4]1963
EvTh	Evangelische Theologie, Monatsschrift
HWPh	Historisches Wörterbuch der Philosophie, hrsg. v. J. Ritter, 1. Band, 1971
KrprV	I. Kant, Kritik der praktischen Vernunft
LThK	Lexikon für Theologie und Kirche, hrsg. v. J. Höfer und K. Rahner, 10 Bände und 1 Reg.-Bd., 1957—67
NE	Aristoteles Nikomachische Ethik
RGG	Die Religion in Geschichte und Gegenwart, hrsg. von K. Galling, 6 Bände und 1 Reg.-Bd., [3]1957—62
SM	Sacramentum Mundi. Theologisches Lexikon für die Praxis, hrsg. von K. Rahner u. a., 4 Bände, 1967—69
STh	Summa Theologica
SVF	Stoicorum veterum fragmenta, hrsg. v. J. v. Arnim, [2]1921—23
ThExh	Theologische Existenz heute
ThR	Theologische Rundschau
ThWNT	Theologisches Wörterbuch zum Neuen Testament, hrsg. von G. Kittel, bisher 8 Bände, ab 1933
WbSoz	Wörterbuch der Soziologie, hrsg. von W. Bernsdorf, [2]1969
ZEE	Zeitschrift für evangelische Ethik
ZphF	Zeitschrift für philosophische Forschung

A. ALLGEMEINE ORIENTIERUNG

§ 1. Zur Begriffsgeschichte — Ethos, Moral, Ethik, Meta-ethik

Ethos. Der aus dem Griechischen stammende, erstmals bei Aristoteles definierte Begriff bedeutet zunächst die geltende Lebensordnung oder die herrschende Sitte innerhalb einer menschlichen Gruppe. Aristoteles unterscheidet zwischen zwei Arten von Tugenden, den Verstandestugenden und den ethischen Tugenden; während die einen aus der Belehrung erwachsen, ergeben sich die ethischen aus der Gewohnheit (Nik. Ethik 2, 1). Beide Begriffe, die im Griechischen nur durch einen Buchstaben unterschieden sind (ἔϑος — ἦϑος), sind sachverwandt: mit dem Gehäuse, Gehege, Wohnung und Aufenthalt (ἦϑος) hängt die Sitte, der Brauch, das Herkommen (ἔϑος) zusammen. Sieht man beide Wurzeln als Sinneinheit, dann ergibt sich, daß Ethos die Situation des Menschen meint, der im herkömmlichen Brauchtum seinen Standort im Dasein hat, seine Bestimmtheit durch das Gewohnte, Althergebrachte, die Sitte. Indem er sich in sie einstellt und sie übt, wird er im Sein heimisch (Zusammenhang von Ontologie und Ethik!). Menschliche Geschichtlichkeit verwirklicht sich in der Einhausung in der geschichtlichen Sitte. Sitte und Sittlichkeit haben also von der Wortwurzel her ursprünglich miteinander zu tun. Beide Begriffe verweisen sowohl auf die Geschichtlichkeit wie auf die Sozialität, worin sich Menschsein ereignet.

Zum Begriffssyndrom ἦϑος und ἔϑος gehört weiter der Begriff der Haltung (ἕξις, lat. habitus). Hexis ist im aristotelischen Denken ein Dauerzustand, eine erworbene zuständliche Beschaffenheit, die ihren Ursprung einerseits in einer inneren Disposition der Natur, andererseits aber auch im tätigen Umgang, im Tun des Gleichen, in der Gewohnheit und Sitte (Ethos) hat. Vom Gedanken der Gewohnheit her bildet Aristoteles noch den Begriff des Ethismos (ἐϑισμός), der Tugendgewöhnung, des Einübens eines Lebensstils, einer Dauerhaltung, die dem Menschen zur „zweiten Natur" wird. Ethos stellt den objektiven Sinn von Gewohnheit dar, während Hexis die subjektive Bedeutung im Sinne des Antriebsmoments hat. So kommen im Begriff des Ethos zwei Momente zusammen: einmal der äußere Verhaltensstil, sodann die innere Gesinnungshaltung. Aus beidem wird ein verbindliches Wertsystem, das innerhalb einer menschlichen Gruppe herrscht. Ethos hat es mit dem gelebten Vollzug von Werten und Idealen zu tun. Mit dem Ethos als habitualisiertem Verhalten beschäftigt sich neuerdings die *Ethologie* (vgl. I. Eibl-Eibesfeldt, Grundriß der vergleichenden Verhaltensforschung, (1967) [2]1969).

Moral. Das Wort Moral ist abgeleitet vom lateinischen mos, mores = Sitten. Durch Cicero wird das Adjektiv moralis in die lateinische Sprache als Übersetzung des griechischen ἦθος eingeführt. Vgl. auch Quintilian Instit. 6, 2: für ἦθος (ethos), ein Wort, das es im Lateinischen nicht gibt, wird der Begriff „mores" gebraucht, und Ethik als Teil der Philosophie heißt Moral (moralis). Moral wird später mit praktischer Philosophie gleichgesetzt und umfaßt außer der Ethik als wissenschaftlicher Besinnung über die Grundsätze des Handelns auch die Rechtslehre und die Politik. Noch bei Kant umfaßt die Metaphysik der Sitten im ersten Teil die Rechtslehre, im zweiten die Tugendlehre. Moral wird von Kant definiert als die Wissenschaft von den allgemeinen Regeln des reinen Willens. Nach Nietzsche ist sie ein System von Wertschätzungen, welches mit den Lebensbedingungen eines Wesens sich berührt. Moral ist ein vorkritisches Stadium der Regelung des menschlichen Verhaltens (so W. Trillhaas, Ethik, S. 8), ist konventionell und pragmatisch als Stil des äußeren Verhaltens, das sich sogar statistisch erfassen läßt (Moralstatistik!). Moral hat weniger präskriptiven als deskriptiven Charakter, beschreibt ein vorhandenes Verhalten eher als daß sie eine dem Sein mehr oder weniger fremd gegenüberstehende Sollensnorm aufrichtet. Im englischen und französischen Sprachgebrauch ist das besonders deutlich. In Frankreich unterscheidet man « sciences physiques » und « sciences morales », deren Gegenstand die Manifestationen des menschlichen Denkens und Wollens sind. Die Sozialwissenschaften können auch als Moralwissenschaften bezeichnet werden, weil ihr Gegenstand die « réalité morale » ist, nämlich soziale Normen, die in einem bestimmten Kreis von Menschen gelten. Es geht dabei nicht um die Gewinnung von Werturteilen, sondern um die Beschreibung vorhandener Zustände, vgl. E. Durkheim: wir wollen aus der Wissenschaft keine Wertentscheidungen herausholen, sondern eine Moralwissenschaft begründen, was etwas ganz anderes ist. Entsprechend diesem Sprachgebrauch sind in Frankreich die Moralisten eine Gruppe von Denkern, die das Wesen des Menschen, Fragen der Menschenkunde und der Lebensführung, psychologische Probleme der

Affekte und Triebe, Regeln des politischen und öffentlichen Verhaltens reflektieren. Die moderne Sozialisationsforschung versteht unter einer „Moral" ein komplexes System verhaltenssteuernder Regeln und Normen, deren Annahme durch die Individuen einer Gesellschaft deren Interaktionen berechenbar macht.

Ethik. Ethik kann in sehr allgemeinem Sinne als die Wissenschaft vom Sittlichen definiert werden. Wie man das Dogma als Ausdruck des in einer Gemeinschaft geltenden Glaubens verstehen kann, so die Ethik als Darstellung des Gemeinbewußtseins. Scheler definiert Ethik als die „urteilsmäßige und sprachliche Formulierung der in den emotionalen Intentionen selbst gegebenen Werte und Wertrangverhältnisse und auf sie fundierten Beurteilungs- und Normierungsprinzipien, die prinzipiell durch ein Verfahren logischer Reduktion als diejenigen allgemeinen Sätze gefunden werden, aus denen die Inhalte der einzelnen Beurteilungs- und Normierungsakte logisch schlüssig herleitbar sind" (Formalismus, S. 321). Scheler unterscheidet zwischen einer Ethik, die etwa als Spruchweisheit oder volkstümliche Maximen das natürliche Weltverhalten begleitet, und der wissenschaftlichen theologischen oder philosophischen Ethik, die jene angewandte zu rechtfertigen und aus höchsten Prinzipien zu begründen hat. Die erste Form der Ethik ist eine konstante Begleiterscheinung eines jeden Ethos, wissenschaftliche Ethik im zweiten Sinne jedoch eine Erscheinung, die meist erst mit dem Prozeß der Zersetzung eines bestehenden Ethos einsetzt. Solange die Werte und Normen wie selbstverständlich gelebt und verwirklicht werden, schlummert das kritische Bewußtsein, das nach Gründen und Prinzipien forscht oder als allgemeingültig anerkannte Gründe und Prinzipien in Frage zieht. Ethik entdeckt selten neue Werte, reflektiert vielmehr, was je und je schon im Bewußtsein vorhanden ist.

Gilt zwar einerseits, daß die Ethik wirkungsmächtig im Sinne der Realisierbarkeit in Geschichte und Gesellschaft nur dann ist, wenn sie sich der wesensnotwendigen Bezüge zur Welt der Ethosformen und damit der konkreten Besonderungen geltender Lebensstile als ihrer Grundlage ebenso wie ihrer jeweiligen gelebten Verleiblichung in Raum und Zeit nicht von vornherein entäußert (H. Kron, S. 15), so ist der Ethik, vor allem in der modernen Wertethik, doch auch die Aufgabe gestellt worden, die Mannigfaltigkeit des sittlichen Bewußtseins im konkreten Ethos der Zeitalter und Völker in Richtung auf die Einheit einer reinen Ethik zu überwinden (so N. Hartmann). Die moderne

Wertethik versucht ein einheitliches System der Zwecke oder Werte hinter der Vielheit konkreter Moralen zu entdecken.

Im Bereich der katholischen Theologie hat sich der Begriff der *Moral* oder *Moraltheologie* eingebürgert. Er wird scharf von dem der Ethik oder Moralphilosophie unterschieden, da sich die Moraltheologie auf die Quelle der Offenbarung stützt, während die philosophische Ethik oder Moralphilosophie rein anthropozentrisch ist und als einzige Quelle die Vernunft kennt (vgl. J. Gründel, Moraltheologie, in: E. Neuhäussler — E. Gössmann (Hrsg.), Was ist Theologie?, 1966, S. 214 ff.).

Der Begriff *Sittenlehre* ist erst seit dem 18. Jahrhundert in Gebrauch gekommen (Mosheim, Sittenlehre der Hl. Schrift, 1735—53). Kant stellt fest, Ethik bedeutete in den alten Zeiten die Sittenlehre (philosophia moralis) überhaupt, welche man auch die Lehre von den Pflichten benannte (Metaphysik der Sitten, S. 217). Diesem Sprachgebrauch schließt sich auch Schleiermacher an, der seinem Grundriß der philosophischen Ethik den Untertitel ›Grundlinien der Sittenlehre‹ gibt. Hatte Kant seine Ethik als Rechtslehre und Tugendlehre entfaltet, so Schleiermacher als Lehre vom höchsten Gut (Güterlehre), Tugendlehre und Pflichtenlehre.

Meta-ethik. Neuerdings findet sich in der Literatur über Ethik auch der Begriff der Meta-ethik. Diese sprachliche Neubildung ist in Parallele zu dem Begriff der Meta-theorie zu verstehen: während Theorie die Ausbildung eines Systems ist, das seinen immanenten Voraussetzungen folgt, ohne diese selbst in Frage zu stellen, ist Metatheorie die kritische Hinterfragung des Systems und seiner systemimmanenten Bedingungen. Ähnlich liegt es mit dem Begriff der Metaethik. Während Ethik in ihrer herkömmlichen Form in einem immanenten Zusammenhang mit einem bestimmten Ethos steht und dieses begründet oder rechtfertigt, will Meta-ethik diesen Zusammenhang kritisch reflektieren. Der Meta-ethik geht es nicht darum, moralische Prinzipien zu propagieren oder Handlungsziele zu setzen, sondern ethische Sätze philosophisch zu analysieren. Nach W. K. Frankena (Ethics, 1963) stellt die Meta-ethik folgende Fragen:

1. Was ist die Bedeutung oder Definition ethischer Begriffe oder Ausdrücke wie recht, unrecht, gut, böse? Welches sind Wesen, Sinn oder Funktion von Urteilen, in denen diese oder ähnliche Begriffe vorkommen?
2. Wie kann man den moralischen Gebrauch solcher Begriffe vom nichtmoralischen unterscheiden?

3. Was ergibt die Analyse oder was ist der Sinn verwandter Begriffe oder Ausdrücke wie Handlung, Gewissen, freier Wille, Absicht, Versprechen, Entschuldigung, Motiv, Verantwortung, Vernunft, freiwillig?
4. Können ethische und Werturteile als gültig bewiesen, gerechtfertigt oder aufgezeigt werden? Wenn ja, in welchem Sinne? Welches ist die Logik des moralischen Vernunftschlusses (moral reasoning) und der vernünftigen Begründung von Werten?

Die Fragen 1 und 4 werden von Frankena als Standardprobleme der Meta-ethik bezeichnet. Diese betont, daß sie keine normative Ethik sei, sondern im Sinne des "ordinary language approach" (= Ausgehen der Philosophie von der Alltagssprache) wertneutral vorgehe. Nach H. J. McCloskey beschäftigt sich die Meta-ethik mit der Rolle moralischer Ausdrücke, mit dem Funktionieren moralischer Begriffe und der Entdeckung des Sinns ethischer Termini.

Literatur: G. Funke, Ethos: Gewohnheit, Sitte, Sittlichkeit. In: ARSP XLVII, 1961, S. 1 ff.

Zum Problem der Meta-ethik: H. Albert, Ethik und Metaethik, in: Archiv f. Phil. 11, 1961, S. 28—63. H. Lenk, Der "ordinary language approach" und die Neutralitätsthese der Metaethik, in: Das Problem der Sprache, 1967, S. 183—206. H. J. McCloskey, Meta-ethics and normative ethics, den Haag 1969, T. Styczeń, Metaethik — ein neues Ding oder ein neues Wort?, in: DIALOG-Zeitschrift 2, 1969, S. 61—67.

§ 2. Ethik als Motivationslehre des Handelns

Schon in der Einleitung ist betont worden, daß sich der vorliegende Entwurf einer Einführung in die Ethik weder ausschließlich als theologische noch als philosophische Ethik versteht, auch nicht als Hinführung zu einem bestimmten Norm- oder Wertsystem, sondern als *Motivationslehre des Handelns*. Damit schließt sich der Entwurf an eine in der gegenwärtigen Psychologie herrschend gewordene Terminologie an, ohne darum die mit der psychologischen Sichtweise verbundenen Beschränkungen zu übernehmen. In der deutschen Wissenschaftssprache wurde der Begriff 1911 von Pfänder verwendet (Motive und Motivation, in: Münchener Philosoph. Abhandlungen. Festschrift für Lipps, Neudruck 1963), 1928 von Troland (The fundamentals of human motivation, New York), 1936 von P. T. Young (Motivation of behavior, New York). Zunächst wurde Motivation als bewußter Willensvorgang verstanden; unter dem Einfluß des Behaviorismus wurde die Frage nach der Motivation die Frage nach dem Grund des Verhaltens: warum handelt der Mensch, und warum tut er das, was er tut? Die Antwort konnte auf dem Wege der Introspektion gegeben werden, als Selbstbeobachtung oder Innenbeobachtung, aber ebenso auf dem Wege der Außenbeobachtung all der Prozesse, die menschliches Verhalten in Gang setzen.

Es ist überflüssig, die weitere Geschichte des Motivationsbegriffs in diesem Rahmen zu verfolgen. Wer sich darüber einen Überblick verschaffen will, greife zu dem Sammelband von H. Thomae über die Motivation des menschlichen Handelns. Ein Motiv setzt sich aus zwei unabhängigen Teilen zusammen: Wert und Vorsatz. Ein Wert bezieht sich auf ein Vorstellungsbild, während sich ein Vorsatz auf einen Plan bezieht (vgl. G. A. Miller, E. Galanter u. K. H. Pribram, Strategien des Handelns. Pläne und Strukturen des Verhaltens, 1973). Das hier verwendete Motivationsschema ließ sich von zwei Gesichtspunkten leiten: einmal verlangt eine Einführung in das Sachgebiet der Ethik eine Darstellung und Diskussion der in der Geschichte dieser Disziplin vorkommenden Begrifflichkeit, sodann ist vom Phänomen selbst auszugehen, nämlich von einer Erfassung der tatsächlich wirksamen Motivationsinstanzen ethischen Verhaltens. Daraus ergibt sich eine Mischform von historischer und phänomenologischer Darstellung, die beide das Material der Psychologie, Anthropologie und Soziologie verwenden müssen, soweit es für die vorliegende Fragestellung relevant ist.

Noch einige Bemerkungen zum gewählten Sprachgebrauch. Unter dem Oberbegriff der *transzendentalen Motivationen* fassen wir alle Motivationsreihen zusammen, welche den Tatbestand der menschlichen Gegebenheit in Richtung auf ein Noch-nicht überschreiten. Gott, das Sein, das Glück, der Wert, das Gesetz sind solche Begriffe, die in sich selbst wieder unendlich variabel und differenzierbar sind, aber doch alle das gemeinsam haben, daß von ihnen her die Wirklichkeit des Menschen in seiner Vorfindlichkeit als empirisches Wesen überschritten wird. — Im Gebrauch der Begriffe Subjektiv und Objektiv schließen wir uns Hegel an, bei dem sich der objektive Geist in Sozialität, Institutionalität und Geschichtlichkeit ausprägt. Unter den subjektiven „Bestimmungsgründen" (Kant) sind die aus der trichotomischen Psychologie bekannten und in der Geschichte der Ethik unter den Begriffen der praktischen Vernunft, der Willensfreiheit und des sittlichen Gefühls traktierten Gedankengänge darzustellen, wobei der Begriff des Gewissens als umfassende personale Kategorie eine besondere Gruppierung erforderlich macht.

Die Darstellung wäre unvollständig, wenn sie nicht auf den Konflikt der Motivationen und die Grenzen der Ethik aufmerksam machen würde. Man könnte einwenden, sie ende also mit einer Disharmonie und lasse den Leser ratlos. Aber gilt nicht, daß wir heute konfliktbewußt geworden sind und es lernen müssen, mit „Konflikten zu leben"?

Die Konzeption des Verfassers beansprucht nicht, endgültig zu sein. Darum sei diese einführende Vorbemerkung nicht abgeschlossen, ohne den Leser zu einem kritischen Lesen und Weiterdenken aufzufordern. Er wird ohnehin für sich zu entscheiden haben, welche Motivationsform für ihn Aufforderungscharakter haben und welche er sich selbst zu eigen machen kann.

Literatur: Th. E. Hill, Contemporary Ethical Theories, New York 1950. H. Kron, Ethos und Ethik. Der Pluralismus der Kulturen und das Problem des ethischen Relativismus (Schriften zur Kulturanthropologie, Band 3), 1960. M. Warnock, Ethics since 1900, (1960) ^{2}1967 (stellt die englische Ethik dar). H. Thomae (Hrsg.), Die Motivation menschlichen Handelns (Neue wissenschaftl. Bibl. 4: Psychologie), (1965) ^{5}1969. H. Reiner, Die philosophische Ethik. Ihre Fragen und Lehren in Geschichte und Gegenwart, 1964. W. Eichhorn, Wie ist Ethik als Wissenschaft möglich? Berlin-Ost 1965. H. Thielicke, Einführung in die christliche Ethik, 1963. E. L. Long, A Survey of Christian Ethics, New York-London-Toronto 1967 (bedient sich des Schemas der Motivationen: deliberative, prescriptive, relational, institutional, operational und intentional motif). V. J. Bourke, History of Ethics, New York 1968. J. de Finance, Grundlegung der Ethik (Philosophie in Einzeldarstellungen, 2. Band), 1968 (kathol. Darstellung, die ebenfalls von einer Motivlehre ausgeht). V. Ferm (Hrsg.), Encyclopedia of Ethics, New York 1968. D. Wyss, Strukturen der Moral. Untersuchungen zur Anthropologie und Genealogie moralischer Verhaltensweisen, 1968 (sucht über Marx und Freud hinauszugehen und verwertet ethnologische Untersuchungsergebnisse). Akten d. XIV. Intern. Kongr. f. Philosophie, 1968 (enthalten Referate aus dem Gebiet der philosoph. Ethik). G. Patzig, Ethik ohne Metaphysik, 1971. O. Schwemmer, Philosophie der Praxis. Versuch zur Grundlegung einer Lehre vom moralischen Argumentieren, 1971. W. K. Frankena, Analytische Ethik, 1972 (dtv 4129). J. W. Atkinson, Einführung in die Motivationsforschung, 1975.

B. TRANSZENDENTALE MOTIVATIONEN

§ 3. Die religiöse Motivation

Religion läßt sich religionssoziologisch definieren als die geistige Einheit, die das Wertbewußtsein einer Gesellschaft begründet. Diese Definition hat den Vorteil, daß in ihr der Zusammenhang zwischen Ethik und Religion angedeutet ist. Besonders in einer Zeit, in der die private Daseinsverwirklichung und der individuelle Nutzen der letzte gemeinsame Nenner zu sein scheinen, der die Individuen verbindet, ist die Erinnerung daran angebracht, daß es historisch einen engen Bezug zwischen Ethik und Religion gegeben hat. Dieser Bezug läßt sich in allen Kulturen und Religionen feststellen, ist also keineswegs auf den abendländisch-christlichen Kulturkreis beschränkt.

Die Beziehung zwischen Ethos und Religion ist so vielfältig wie das Phänomen Religion selbst. Ob man den Kern des Religiösen als „Numinosum" (R. Otto, Das Heilige, [1917] 301958) oder als „Magon" (W. Hellpach, Das Magethos, 1947) bezeichnet, so ist jedesmal ein Verständnis der menschlichen Existenzsituation gemeint, das diese als abhängig von nicht-menschlichen Mächten, seien es unpersönliche Kräfte („mana") oder personal vorgestellte Gottheiten, auffaßt. Aus dieser Abhängigkeit ergeben sich bestimmte Gebote und Verbote, rituelle Regeln und Vorschriften, die keineswegs nur den eigentlich religiösen Bereich, sondern das gesamte Leben einschließen. Einen vom Religiösen ausschließlich in Anspruch genommenen Sonderbereich des Lebens gibt es im Grunde gar nicht, vielmehr durchdringt immer dort, wo Religion im ursprünglichen Sinne intakt ist, diese das Ganze des Lebens einer Gemeinschaft. Eine Abtrennung sog. Profanpflichten von der Ursprungsmacht erscheint als künstlich und legt den sakralen Ursprung aller Pflichten nahe.

Die religiöse Motivation menschlichen Handelns wird auf der Stufe archaischer Religiosität vor allem in zwei Formen sichtbar: einmal negativ in der Tabuisierung von Handlungen, Personen, Gegenständen und Namen, sodann in der Bewältigung des Bösen durch Übertragung desselben auf einen stofflichen, tierischen oder auch menschlichen

Träger (= Sündenbock); positiv in der die Totalität des Lebens umgreifenden Daseinsgestaltung vom religiösen Grundkonzept her.

Zum Begriff des *Tabus:* das Wort entstammt dem polynesischen Kulturkreis und bedeutet „ausgenommen, heilig": „Tabu ist eine Art Warnung: Achtung! Hochspannung! Es hat sich Macht angestaut, und jetzt gilt es sich vorzusehen. Das Tabu ist die ausdrücklich konstatierte Machterfülltheit; die Gegenbewegung des Menschen soll darauf berechnet sein, die Machtfülle anzuerkennen, die gegebene Distanz gleichsam zu notifizieren und sich selbst zu sichern" (G. van der Leeuw, S. 28). Jede Tabuisierung ist mit dem Glauben an wirkende Mächte verbunden, die nicht personhaft sein müssen, aber das Leben auf unheimliche Weise, sehr häufig zum Schaden der in den Bannkreis dieser Macht Geratenen, beeinflussen. Im Tabu hat der Begriff des *Heiligen* seinen Ursprung, denn heilig ist, wer oder was ausgegrenzt ist aus dem Normalen, sich gleichsam in geistiger oder körperlicher Quarantäne befindet, sei es aufgrund des hohen sozialen Status (König oder Häuptling), sei es wegen der besonderen sozialen Rolle, die einer in einer sozialen Gruppe spielt (Krieger, Jäger, Fischer, Medizinmann, Zauberer oder Wahrsager). Prohibitive Begriffe der Ethik wie Keuschheit, Enthaltsamkeit, Inzestverbot, Askese haben in diesen archaischen Zusammenhängen ihren Ursprung. Heiligkeit ist zunächst keine Qualität des „inneren Menschen", des Herzens oder der Gesinnung also, sondern der in einer Gruppe anerkannten und allgemein respektierten Teilhabe an der für das Wohlsein der Gruppe entscheidenden Mächtigkeit. Heiligkeit kann sogar gegen das Ethische gleichgültig sein und darf durchaus nicht einfach mit dem Guten gleichgesetzt werden, wie es auch als das Irrationale schlechthin der rationalen Motivation indifferent gegenübersteht. Vgl. dazu R. Otto, Das Heilige.

Sowenig das Gute rational oder personal gefaßt werden kann, ebensowenig das Böse. Dieses kann sich ebenso wie die „Macht" (= mana) gleichsam gegenständlich realisieren als das Unheil, das einer ganzen Gruppe droht, kann daher auf der Stufe des archaischen Denkens auch dinglich bewältigt werden. Ebenso wie das Böse als Unheil auf leblose Dinge, Tiere, aber auch Menschen übertragen werden kann, ist auch die Vertreibung des Bösen durch Übertragung auf stoffliche, tierische oder menschliche Träger möglich (Sündenbocktheorie bis hin zur Lehre vom stellvertretenden Leiden des Gerechten). — Zur Gleichsetzung von Sünde und Unglück vgl. J. Pedersen, Israel, its life and culture I, (1926) 1946, S. 432 ff.

Menschliches Ethos stellt sich anfänglich dar als ein unentwirrbares Geflecht von Sitten und Normen, die innerhalb einer Gruppe Geltung haben; sie sind die das ganze Leben umfassende Macht und indem sie die praktische Lebensführung mit einem System von Vorschriften und Regeln umgeben, gewinnt dieses Sicherheit und Form. Vgl. J. G. Frazer, The Golden Bough (1890) [9]1949; dt. 1928.

Wenn hier ein Zusammenhang zwischen Religion und Ethos konstatiert wird, dann heißt das nicht, daß damit zugleich eine Gleichförmigkeit der in diesem Begriffspaar gemeinten Relationen angenommen werden müsse. Die Variationsbreite der Religionen läßt ebenso eine erhebliche Variationsbreite möglicher Ethik zu. Wird die „Macht" dualistisch gedacht, d. h. steht eine Macht des Guten im Kampf mit der Macht des Bösen, dann ergibt sich daraus ein *Ethos des Kampfes*, da die Menschen aufgerufen sind, sich an diesem Kampf zu beteiligen und die Partei ihres Gottes zu ergreifen. Im Parsismus stehen sich zwei Gottheiten gegenüber, der Lichtgott und der Gott der Finsternis, der gute und der böse Geist, so auch beim Menschen das „gute Denken" und das „schlechte Denken", die Wahrheit und die Lüge. Das religiöse Kampferlebnis wird in die Lebenswirklichkeit projiziert und provoziert dort die menschliche Entscheidung. „Besiegen soll in diesem Haus der Gehorsam den Ungehorsam, der Friede den Unfrieden, die Freigebigkeit die Kargheit, die Fügsamkeit die Auflehnung, das wahrgesprochene Wort das falschgesprochene, die Wahrheit die Lüge" (Yasna 60; zit. nach van der Leeuw, a. a. O., S. 682). Zum erstenmal wird im Zoroastrismus die Geschichtlichkeit des Menschen entdeckt als des Wesens, das sich zu entscheiden hat und durch seine Entscheidung zum Sieg des Guten und zur Begründung des künftigen Reiches Gottes beitragen kann. Arbeit, vor allem als Getreidebau, ist die Form, in der sich dieser Kampf vollzieht, wobei die Unterscheidung zwischen geistiger und körperlicher Arbeit hinfällig wird. Reich Gottes ist das, was man wählen soll, und Glaube ist nicht irgendeine Überzeugung, sondern Parteinahme und Willensentschluß.

Der Religion des Kampfes steht die *Religion der Ruhe* gegenüber. Während die Religion des Kampfes die Trennung von Subjekt und Objekt voraussetzt, ist diese in der Mystik grundsätzlich aufgehoben. Hier will der Mensch nicht herrschen oder die Welt gestalten, sondern entwerden, sich in Gott hinein entleeren, die Welt wird ihm wesenlos und als Objekt ethischer Gestaltung uninteressant. Aus der mystischen Entwerdung des Menschen folgt die Entwertung der Welt und der

„Weg nach innen", der mehrere Stufen durchläuft. In der islamischen Mystik sind es sieben Stufen: Reue, Abstinenz, Entsagung, Armut, Geduld, Gottvertrauen, Befriedigung; im Buddhismus vier: die „vier edlen Wahrheiten" vom Leiden, der Ursache des Leidens und seiner Überwindung; in der christlichen Mystik sechs: Berührung mit Gott, Erleuchtung, Erhebung, Einung mit Gott, Ruhe und Schlaf (so bei Jean de Labadie, 17. Jh.). Von der Position der Mystik aus scheint es keinen Zugang zur Ethik zu geben, denn ein Wirken auf die Welt setzt doch stets ein Ich voraus, das Subjekt dieses Wirkens ist. In der Mystik jedoch soll eben dieses Ich im Nichts Gottes aufgehen und damit als wirkendes Subjekt verschwinden. Dazu ist zu sagen, daß es wahrscheinlich nie „reine Mystik" gegeben hat, sondern daß sich Mystik immer nur als Moment in den Religionen findet, und man daher von „gehemmter Mystik" (E. Brunner, Die Mystik und das Wort, [1924] ²1928) sprechen kann. Weder erlebt der Mystiker einen totalen Identitätsverlust, noch läßt sich für ihn unter den Bedingungen des irdischen Daseins die Subjekt-Objekt-Spaltung völlig aufheben. Daher finden sich auch in den Religionen, die starke mystische Elemente haben, zugleich ethische Elemente. Der Buddhismus kennt den achtgliedrigen Weg: rechten Glauben, rechtes Entschließen, rechtes Wort, rechte Tat, rechtes Leben, rechtes Streben, samt den fünf Geboten: nicht töten; nicht stehlen; nicht unkeusch leben; nicht Unwahrheit reden; nicht berauschende Getränke trinken. Diesen prohibitiven Bestimmungen entsprechen imperativische Weisungen, wie Mitleid und Barmherzigkeit üben; Freigebigkeit üben; Selbstbeherrschung und Selbstzügelung.

Verglichen mit diesen eine hohe Stufe der Personalisation voraussetzenden Bestimmungen des Buddhismus erscheinen diejenigen des Hinduismus wesentlich weniger spirituell. Wichtigster Gesichtspunkt ist der der Vergeltung aller Taten in neuen Wiedergeburten (karma), woraus sich gleichsam ein formaler kategorischer Imperativ ergibt, stets so zu handeln, daß sich daraus ein Aufstieg in der Folge der Wiedergeburten ergibt. Im übrigen gibt es für den Hindu vier erstrebenswerte Lebensziele: Sinnengenuß, Gewinn weltlicher Güter, Erfüllung der bürgerlichen und religiösen Pflichten, die sich z. T. aus der Zugehörigkeit zu einer bestimmten Kaste ergeben und schließlich die Erreichung der Erlösung (vgl. H. von Glasenapp, Die nichtchristlichen Religionen). „Das Ziel aller ethischen Systeme Indiens ist es, den einzelnen Menschen im Wege allmählicher sittlicher Vervollkommnung schließlich zu einer Geisteshaltung emporzuführen, bei welcher er nicht mehr den Leidenschaften und darum nicht mehr den Leiden des Sansâra (= Kreislauf des Werdens) unterliegt" (H. von Glasenapp, Die Philosophie der Inder, S. 405).

Im Zusammenhang unserer Darlegungen kann es nicht um eine differenzierte Phänomenologie der Religionen gehen, wie wir sie etwa bei van der Leeuw finden. Es genügt uns festzustellen, daß es im Grunde nur zwei konträre Typen von Religion und entsprechend von Ethik gibt, mit denen die Auseinandersetzung lohnt: *Religionen der Weltbejahung* und damit der (ethischen) Welt- und Existenzbegründung, und *Religionen der Weltverneinung* und damit der (ethischen) Flucht aus der Weltverantwortung in eine Sphäre transzendent gedachter Erlösung. Die meisten primitiven Religionen, aber auch solche des theistischen Typs, für die der Glaube an einen guten Schöpfergott Voraussetzung ist, sowie die meisten polytheistischen Volksreligionen, gehören zum Typus der Religionen der Welt- und Existenzbegründung und vertreten dementsprechend ein *Ethos des Willens zur Weltgestaltung,* des Kampfes, der Selbstbehauptung. Religionen der späten Hochkulturen, welche Einsichten in die Gebrochenheit des Daseins, die Entfremdung des einzelnen wie der ganzen Menschheit gewonnen haben und daher an Stelle eines naiven Seinsvertrauens ein „Urmißtrauen" gegenüber Welt und Dasein verkünden, vertreten ein *Ethos der Weltflucht,* der grundsätzlichen und praktischen Distanzierung von den Bindungen an Welt und Leben, zumeist auch an die mitmenschlichen Verpflichtungen. Das jeweils vertretene Ethos ist also eine Folge des zugrundeliegenden Gesamtentwurfs von Welt und Leben. Zu dem zuletzt genannten Religionstypus gehören u. a. der Buddhismus, jedenfalls in seiner klassischen Form, die Gnosis, der Manichäismus, aber auch gewisse Strömungen im Christentum. Dieses ist in dieses hier vorgezeichnete Schema schwer einzupassen, da es in sich logisch widersprechende Elemente enthält, die wiederum aus seiner historischen Genesis stammen. Einerseits steht hinter ihm die hebräische Tradition des Alten Testaments mit seinen drei Hauptformen der „Weisung" (= Gesetz, Thora), der Propheten und der Weisheit; andererseits ist es beeinflußt von der Apokalyptik, der essenischen Asketik und der hellenistischen Gnosis.

Als Gesamtcharakteristik des alttestamentlichen Glaubens kann gesagt werden, daß sich dieser Glaube zu dem in der Geschichte sich offenbarenden Gott bekennt und damit zu dessen Weisungen und

Geboten. Der Glaube im AT meint sowohl den einzelnen wie das Volk, ruft beide zur sozialen Verantwortung und zur Heiligung auf. Der soziale Bereich, innerhalb dessen Glaube und Weisung zunächst gelten, ist das Volk Israel, das sich geschieden weiß von den Sitten und Gebräuchen der vorderorientalischen Umwelt. Glaube ist daher zunächst als Gehorsam gegenüber Jahwe zu verstehen, der sich dieses eine Volk aus der Fülle der Völker erwählt hat, auf daß es ein Segen sei für die Völker (Gen. 12, 3). Erwählung und Volkstum bedingen sich gegenseitig, denn Volk ist hier nicht biologisch gemeint, sondern geradezu durch Erwählung hervorgerufen. Darum ist dieses Volk zugleich Gemeinde (kahal) und Bundesgenossenschaft (berit), deren besonderer Auftrag darin besteht, „inmitten einer verfallenen und gottlosen Schöpfung dazu berufen zu sein, dem Schöpfer wieder seine Ehre zu geben und damit selber in der Geschichte ein Zeichen dafür zu werden, wie er sich um seine Schöpfung auf die Neuwerdung aller Dinge hin bemüht" (H. van Oyen, S. 18). Eine rationale Begründung gibt es für die Weisungen Gottes nicht; sie haben darin ihren Rechtsgrund und ihren Sinn, daß *Gott* sie gewollt hat. Wenn er auch sich als Gott dieses einen Volkes zu erkennen gibt, so ist er doch der Herr der ganzen Welt; er hat einen „penetranten Immanenzwillen" (von Rad), will in die Alltäglichkeit der Dinge eingehen. Dieses Eingehen in die Welt ist historisch initiiert durch den Bundesschluß am Sinai und gekrönt durch die Kundgabe der zehn Gebote (Dekalog: Ex 20, 1—17; Dt 5, 6—21). Diese Sammlung von Geboten und Verboten, die den Kultus wie das alltägliche Leben betreffen, ist zu verstehen als die „Inpflichtnahme des Bundespartners durch den Stifter des Bundes, Jahwe" (van Oyen, a. a. O., S. 85). Sittliche und kultische Elemente sind zunächst als Einheit verbunden, wobei die Entwicklung so verläuft, daß in der späteren priesterlichen Unterweisung die kultischen Elemente überwiegen, wogegen die Propheten die sittlichen Elemente wieder stärker betonen als Umkehr von dem falschen Wege äußerlich gewordener Frömmigkeit zur einstigen Totalität von Glauben und Handeln. Heil und Leben sind für Israel im Horizont des Dekalogs eingebettet, und wohl nirgends sind Religion und Ethos eine so innige Verbindung eingegangen wie hier. „Gerechtigkeit" (zedaka) im Sinne von Gemeinschaftstreue, Redlichkeit, Loyalität gegen Gott und die Genossen des Bundes ist neben der Liebe (chēsed) ein Grundbegriff dieser Ethik. In beidem geht es nicht um proportionale Gerechtigkeit, sondern um Heilschaffen, um Fördern der Fülle des Lebens innerhalb der Gemeinschaft. Vgl. H. H. Walz und H. H. Schrey, Gerechtigkeit in biblischer Sicht, 1955. Im Prophetismus verbindet sich ein hoher Grad von Personalisation, also kritischer Einsicht in die Unzulänglichkeit rein kultischer Frömmigkeit und unmittelbarer Konfrontation mit Gott, mit einem ebenso hohen Grad von Sozialisation. Das lebendige Bewußtsein von der Verantwortung gegenüber allen Gliedern des Gottesbundes, insbesondere auch den Armen und Bedürftigen, stellt weniger eine Art „proletarische Moral" (so C. Tresmontant, Sittliche Existenz bei den Propheten, 1962) dar, als vielmehr das Drängen auf die eschatologische Erfüllung dessen, was Inhalt der *berit* ist und was vor allem in Israel als Zeichen für alle Völker sichtbar werden soll (Jes 61, 8 f.).

Als weiterer Typus ethischer Weisung im Alten Testament sei noch die *Weisheit* erwähnt. Wenngleich sich die Weisheit im Sinne des Alten Testaments nicht völlig von theoretischen Fragen nach dem Sinn des Lebens trennen läßt, so liegt doch das Schwergewicht auf der praktischen Lebenseinstellung, denn „weise ist, wer sein Leben so einrichtet, daß es zu einem guten Ende führt" (W. Baumgartner, Israelitische und altorientalische Weisheit, 1933, S. 3). Dabei gilt das dem Leben immanente Gesetz der Vergeltung: wer sich richtig verhält, wird Segen davontragen; wer es nicht tut, ein „Tor" ist, wird Schaden erleiden und schließlich untergehen. Die Weisheitsliteratur verbindet das Alte Testament mit Traditionen anderer vorderorientalischer Völker, insbesondere mit Ägypten.

Ging die prophetische Botschaft davon aus, daß der Mensch als Gesprächspartner Gottes in der Geschichte durch seine Umkehr eine Wende herbeiführen kann, weil „das Sonderwesen Mensch zu einem Überraschungszentrum der Schöpfung erschaffen ist" (M. Buber, Sehertum — Anfang und Ende, 1955, S. 59), so geht die *Apokalyptik* davon aus, daß wir in einer Spätzeit der Geschichte leben, deren Zerfall sicher ist und nicht durch menschliche Entscheidung aufgehoben werden kann. Die Menschenwelt ist von Ewigkeit her eingeteilt in „Kinder des Lichts" und „Kinder der Finsternis". Der ethische Gehalt der Apokalyptik ist kein anderer als der der Weisheit, doch geht es ihr vor allem um die Tröstung der Frommen und um die Ermahnung zum Ausharren in der ihrem Ende zueilenden Welt.

Der Apokalyptik ist die *Gnosis* insoweit verwandt, als beide von einer Entfremdung des Menschen von seiner Welt ausgehen. Für die Gnosis, eine historisch-geographisch schwer einzuordnende religiösphilosophische Bewegung um die Zeitenwende, in der sich apokalyptische, pythagoreische, neuplatonische und iranische Motive mischen, ist die Schöpfung Gott entglitten, Ziel des menschlichen Strebens ist die Entmischung der Seele aus der Umfangenheit durch die (böse) Materie. Entsprechend folgt daraus eine entweder asketische Ethik oder ein Libertinismus, der das fleischliche Treiben in keiner Beziehung zum echten geistigen Wesenskern des Menschen sieht. Vgl. H. Jonas, Gnosis und spätantiker Geist, 2 Bände, 1954 ff.

Auf dem Hintergrund dieser eben beschriebenen Bewegungen muß auch die Ethik des *Christentums* gesehen werden. Es setzt die lange ethische Tradition des Alten Bundes voraus mit dessen Normierung im Dekalog, der hochgradigen Personalisation und Sozialisation im Prophetismus, aber auch die Einschläge der Weisheit und der Apokalyptik und nicht zuletzt der Entwicklung einer minutiösen Kasuistik im Rabbinismus. Die Auseinandersetzung mit dieser reichen Tradition, zu der noch Gnosis und Stoa als außerbiblische Momente hinzukommen, geschieht sowohl in Anknüpfung wie im Widerstand (vgl. R. Bultmann, Anknüpfung und Widerspruch. Glauben und Verstehen, II. Band, 1952, S. 117—132; leider beschränkt sich hier Bultmann auf drei Beispiele aus der außerbiblischen Welt, die hellenistische Popularphilosophie, vor allem die Stoa, die hellenistischen Mysterienreligionen und die Gnosis, ohne auf die altbiblische Tradition einzugehen). Momente der Anknüpfung sind die Anerkennung des alttestamentlichen Gesetzes (Mt 5, 17 f.), der Verantwortung vor dem Gericht Gottes (Röm 14, 10 ff.; 1 Kor 4, f.), die Geltung der „Goldenen Regel" (Mt 7, 12) und die Zusammenfassung des Gesetzes im Doppelgebot der Liebe (Lk 10, 27; Mt 22, 34 ff.; Mk 12, 28 ff.). Vor allem bei Paulus finden sich zahlreiche Übernahmen gnostischen Gedankenguts, ebenso aber auch polemische Stellungnahmen z. B. 1 Kor 13: Hervorhebung der Liebe gegenüber der Erkenntnis; 1 Kor 3, 12: Betonung der Vorläufigkeit christlicher Existenz gegenüber der Überschätzung der sittlichen Vollendung im Jetzt. Stoische Elemente finden sich bei Paulus im Gebrauch von Begriffen wie Natur (1 Kor 11, 14: Natur = Lehrerin des Schicklichen; Röm 2, 14: Natur = Ursprung guten Handelns bei den Heiden), Sinn oder Gemüt (νοῦς; Röm 7, 13: das eigentliche Ich des Menschen, welches das Gute will), Gewissen (συνείδησις; 1 Kor 8, 7—12; 10, 25—30: das Wissen des Menschen um das eigene Verhalten angesichts einer für dieses Verhalten bestehenden Forderung, vgl. R. Bultmann, Theologie des NT, § 19).

Mit all diesen historischen Zusammenhängen ist jedoch das Spezifische des christlichen Ethos noch nicht erfaßt. Es geht nicht nur um Verwirklichung eines Imperativs als eines über- und unpersönlichen Solls, durch die sich der Mensch einen sicheren Stand in der Welt und vor Gott schaffen könnte, sondern um ein Handeln auf dem Grunde einer präsentischen Heilszusage. Diese lautet in den synoptischen Evangelien: das Reich Gottes ist da, und zwar in der Person Jesu selbst und den von ihr ausgehenden Kraftwirkungen, bei Paulus ist es die Teilhabe am Leben, Sterben und Auferstehen Christi. Nachfolge wird als personaler Nachvollzug des Kreuzesweges Jesu verstanden (Mk 8, 34 par.; Lk 14, 27 par.). Das Subjekt des Handelns ist nicht mehr der alte Mensch, sondern der gewandelte, in der Christusgemeinschaft neugeborene oder „vollkommene" Mensch (Kol 3, 5—10; Röm 8, 29 etc.). Das Handeln ist nicht nach rückwärts orientiert als Realisierung eines aus der Tradition stammenden Gesetzesbuchstabens, sondern der Gegenwart verpflichtet (Mk 2, 23 ff.), offen für den Anruf des notleidenden Nächsten (Lk 15, 11—32). Beides gipfelt in der Urkirche in dem Glauben, im Besitz des für die Endzeit verheißenen heiligen Geistes zu sein und in ihm die wahre Freiheit zum sittlichen Handeln zu haben (Gal 5, 16—25; Röm 8, 12 ff.; 1 Joh 3, 9). Neutestamentliches Ethos ist eschatologisches Ethos nicht im Sinne der Apokalyptik, sondern indem die Person Jesu und das durch ihn ermöglichte Gottesverhältnis den Jesusjünger in seinem Tun bestimmt. Indem Jesus der Schnittpunkt zwischen Gegenwart und Zukunft, zwischen altem und neuem Aeon ist, ist auch ethisch eine rein temporale Abgrenzung zwischen Gegenwart und Zukunft nicht zulässig. Daß dieses Ethos vor allem geschichtliches Handeln ist, geht aus dem Hervortreten spezifisch „eschatologischer Tugenden" hervor: Wachsamkeit, Bereitschaft, Nüchternheit, Standhaftigkeit, Hoffnung (vgl. dazu R. Schnackenburg, Die neutestamentliche Sittenlehre in ihrer Eigenart, in: J. Stelzenberger [Hrsg.], Abhdl. z. Moraltheologie VI, Moraltheologie und Bibel, 1964, S. 39—69).

In der Gegenwart wird das Verhältnis von Ethik und Religion wissenschaftlich unter den Begriffen *Autonomie* und *Theonomie* verhandelt. Evangelische Theologen suchen eine Verbindung beider Begriffe. So nimmt L. Ihmels an, daß eine Kombination von Theonomie und Autonomie für eine christliche Ethik konstitutiv sei, weil der Mensch seinem Wesen nach auf Gott hingeordnet ist. „Ist die menschliche Persönlichkeit schöpfungsmäßig auf die Vollendung in Gott hin angelegt, dann gibt es für sie Autonomie nur im Sinne der Theonomie" (Theonomie und Autonomie, 1903, S. 25). Auch für P. Tillich sind Theonomie und Autonomie keine Gegensätze, denn „Theonomie ist im Gegensatz zu Heteronomie Erfüllung der selbstgesetzlichen Formen mit transzendentem Gehalt. Sie entsteht nicht durch Verzicht auf Autonomie etwa im Sinne des katholischen Autoritätsgedankens, sondern nur durch Vertiefung der Autonomie in sich selbst bis zu dem Punkt, wo sie über sich hinausweist" (Art. Theonomie in RGG², 1931, 5. Band, Sp. 1128). H. Blumenberg sieht in der Autonomie die notwendige Bedingung für die Möglichkeit der Theonomie. „Jede theologische Bestimmung des göttlichen Anspruchs auf Unterwerfung findet dort ihre Grenze, wo der freie Akt in den kausalen Vorgang umschlägt. Wahrhafte Erfüllung der Theonomie kann nur ein Gehorsam propter mandatum, d. h. ein autonomer Gehorsam sein" (Art. Autonomie und Theonomie in RGG³, 1957, 1. Band, Sp. 791).

Katholische Philosophen und Theologen sehen Theonomie und Autonomie in einem Verhältnis der Ausschließung. So sieht H.-E. Hengstenberg im „Autonomismus" ein Weltbild ohne Gott, das niemals Grundlage von Ethik sein könne; das sittliche Subjekt ist in seinem sittlichen Sollen nicht autonom, sondern rezeptiv (Autonomismus und Transzendenzphilosophie, 1950; Grundlegung der Ethik, 1969). Dabei ist Autonomie radikal säkular verstanden als Verselbständigung der technisch-wissenschaftlichen Vernunft gegenüber der Offenbarung, wobei dann als Gesetz und Wert nur das anerkannt wird, was aus dieser selbst stammt (vgl. A. Hartmann, Art. Autonomismus in LThK 1, 1957, Sp. 1131 f.).

Die Behauptung, Religion und Ethik bilden eine untrennbare Einheit, wird vor allem von dem kritischen Bewußtsein der *Aufklärung* bestritten. In Altindien leugnete der Materialismus der Cârvâkas sowohl die Existenz von Göttern wie einer sittlichen Weltordnung mit Belohnung oder Bestrafung guter oder böser Taten nach dem Tode; darum sei alles sittliche Streben eitel, vor allem wenn es als Askese zur Erlösung führen soll. Bei Guten und Bösen tritt eine Befreiung von allen Leiden schon mit dem Tode ein. Daraus ergibt sich eine sensualistisch-eudämonistische Ethik, deren höchster Wert die Sinnenlust ist. Wenn Transzendenz geleugnet wird, dann muß das Glück schon im Diesseits liegen. Wahre Lebenskunst liegt dann darin, dafür zu sorgen, daß man nur der Lust teilhaftig wird und den Schmerz meidet (vgl. H. von Glasenapp, Die Philosophie der Inder, S. 126 ff.). — Eine ähnlich hedonistische Konsequenz ergibt sich für die der griechischen Aufklärung zugehörige Schule der Epikureer. Auch für sie ersetzt das Lustprinzip, sei es in feiner geistiger Form, sei es in mehr sinnlicher Gestalt, das transzendentale Prinzip einer dem Streben nach der Idee des Guten verpflichteten Ethik. — In der französischen Aufklärung betont vor allem Pierre Bayle (1647—1706) die Unabhängigkeit von Moral und Religion. Er argumentiert nicht zuletzt auch historisch unter Hinweis auf die geschichtlichen Erfahrungstatsachen, daß einerseits Atheisten nicht unmoralischer sind als Christen, die im Namen Gottes schlimme Verbrechen begangen haben und noch begehen. Somit scheint bewiesen zu sein, daß die Religion nicht den geringsten Einfluß auf das tatsächliche Verhalten der Frommen hat, ja sie kann sogar einen schädlichen Einfluß auf den Menschen haben, wenn sie etwa den Haß gegen Andersgläubige, den Eifer für äußerliche Praktiken und die Heuchelei fördert. — Für die Aufklärung bestand die Verpflichtung, nach der Zerstörung einer auf der göttlichen Ordnung beruhenden Moral eine neue rein humanitäre aufzubauen. Man bezog sich auf die Vernunft und die Idee der Menschlichkeit, die einmal als Moral der honnêtes gens, also als Verhaltensmuster der Feudalschicht, dann aber auch rigoros als Ethos der Pflichterfüllung (Kant) verstanden werden konnte. Während die Philosophen des deutschen Idealismus zu einer Neubegründung der Religion durch die Ethik kommen (Kant: das Sittengesetz ist nichts anderes als die Ordnung der intelligiblen Welt, des Reiches der vernünftigen Wesen, deren Oberhaupt Gott ist; Hegel: die wahrhafte Religion geht nur aus der Sittlichkeit hervor), ist für die Philosophie der Linkshegelianer, vor allem Feuerbach (1804—1872), die Entmystifizierung der Religion und damit auch die Lösung der Ethik von der Religion die Bedingung für die freie Entwicklung der modernen Welt. Die Faszination durch die Entdeckung der historischen Entfremdungserscheinungen der christlichen Kirchengeschichte, des Verfalls von Glauben in Aberglauben, der politischen Verbindung von Kirche und reaktionären Mächten führt dazu, daß man sich eine glückliche und harmonische Entwicklung der Menschheit nur im Gegensatz zum Christentum denken kann. So wird der *Säkularismus* zum weltanschaulichen Programm, dem der Feuerbach-Schüler Fr. Jodl folgendermaßen Ausdruck verleiht: die absolute Immanenz dieser Weltanschauung, ihre unbedingte Verneinung des Transzendenten, die Solidarität mit dem Leben der Menschheit haben zum Ergebnis den kategorischen Imperativ der kulturellen Arbeit, des historischen Fortschritts, des Ideals und der Technik der sozialen Vorausschau und Hilfe (Fr. Jodl, Ludwig Feuerbach, 1904, S. 114 f.). Dieses in seinem Charakter technokratische Programm ist auch dasjenige des Marxismus (vgl. H. Lübbe, Säkularisierung. Geschichte eines ideenpolitischen Begriffs, 1965).

Für die moderne Situation der Ethik, die von einer religiösen Begründung und damit von einem originären Sinnzusammenhang von Welt und Mensch absieht, ergeben sich folgende Probleme, die auf dem Boden weltanschaulicher Vereinseitigung keine befriedigende Lösung finden können:

1. Eine biologisch ausgerichtete Lebensphilosophie, für die der „Kampf ums Dasein" und die absolute Lebensbejahung des Stärkeren letzte Grundsätze sind, kann den Menschen konsequenterweise auch nur in diesem Kontext sehen und wird ein Ethos kämpferischer Lebensbejahung vertreten (Nietzsche; Faschismus und Nationalsozialismus). Dieses Denken wird ontologisch begründete Unterschiede unter den Menschen annehmen und damit notwendig elitär-aristokratisch werden müssen. Damit bedeutet es einen Rückschritt hinter die Erkenntnis von der wesenhaften Einheit der Menschheit und der ihr zugehörigen Willensorientierung an der Idee der Humanität.
2. Eine utilitaristische Weltanschauung, für welche die individuelle Selbstvervollkommnung sowie das Handeln im Sinne des höchsten Nutzens für den einzelnen höchstes Prinzip ist, muß notwendig vor der Frage versagen, wie sich individuelles Verhalten zur politischen und sozialen Vervollkommnung der Gesellschaft verhält. Der ethische Individualismus, wie er heute in einigen Formen des Existentialismus vertreten wird, bedeutet einen Rückschritt hinter die Erkenntnis von der notwendigen Sozialisation des Menschen und der ihr zugehörigen Ethik der Hingebung (A. Schweitzer).
3. Eine sozialistische Weltanschauung, für welche die Integration des einzelnen in die Gesellschaft („Vergesellschaftung") und damit der Verzicht auf individuelle Entscheidungsfreiheit zugunsten übergeordneter politischer oder sozialer Entscheidungsgremien wesentliche Grundsätze sind, bedeutet einen Rückschritt gegenüber der in der abendländischen Tradition erreichten Personalisation und ein Aufgeben der in der religiös begründeten Ethik entwickelten Synthese von Personalisation und Sozialisation.

Literatur: Eine Aufzählung der wichtigsten Werke der philosophischen und theologischen Ethik seit 1800 findet sich bei W. Trillhaas, Ethik (Sammlung Töpelmann I 4), (1959) ³1970, S. XI—XIV. Außer den dort genannten Titeln vgl. zu unserem Thema: L. T. Hobhouse, Morals in evolution. A study in comparative ethics. London (1906) [5]1925. E. Westermarck, The origin and development of the moral ideas. London (1906—8) [2]1924—26; dt. 1907—9. Hobhouse und Westermarck sind Vertreter des Evolutionismus und kommen auf Grund der historischen Vielfalt ethischer Anschauungen zu einem relativistischen Verständnis der Ethik. Vertreter einer religiös begründeten Wertphilosophie ist W. R. Sorley, Moral values and the idea of God. Gifford Lectures. Aberdeen 1918. H. Bergson, Les deux sources de la morale et de la religion, 1932; dt. 1933, unterscheidet zwischen „geschlossener Moral" als geistigem Ausdruck einer festgefügten Gruppe und „offener Moral" als Appell an die unmittelbare Menschlichkeit. Bei A. Schweitzer, Kultur und Ethik. Kulturphilosophie 2. Teil, 1923 findet sich ein guter Überblick über die Geschichte der Ethik von den Anfängen bis zur Gegenwart unter dem Gesichtspunkt der Ethik der Selbstvervollkommnung und der Ethik der Hingebung. W. M. Bartley, Morality and religion. London 1970. G. Ebeling, Die Botschaft von Gott an das Zeitalter des Atheismus, in: Wort und Glaube II, 1969, S. 372—395.

Einzeldarstellungen: G. van der Leeuw, Phänomenologie der Religion, [2]1956. H. von Glasenapp, Die Philosophie der Inder (Sammlung Kröner, Band 195), 1949. Ders., Die nichtchristlichen Religionen. Fischer-Lexikon, 1. 1957. H. van Oyen, Ethik des Alten Testaments, 1967. H.-D. Wendland, Ethik des Neuen Testaments, 1970.

§ 4. Die ontologische Motivation

Die religiöse Begründung des Sittlichen wird in der geistigen Entwicklung abgelöst durch die ontologische. Wenn im Hintergrund der Ethik die Frage nach dem Sinn des Guten steht, dann bedeutet ontologische Begründung, daß das Gute im *Sein* selbst fundiert wird. Wenn hier vom Sein die Rede ist, dann wird dieses in der philosophischen Terminologie vom Seienden unterschieden. Sein ist in der platonischen Tradition des Abendlandes dem Seienden gegenüber als transzendent gedacht, d. h. es überschreitet den Bereich der spezifisch menschlichen Erkenntnisart, nämlich der auf Wahrnehmung von vielfältigem Seienden gegründeten Erfahrung. Im Dialog Phaidon sagt Plato: die Seiendheit (οὐσία), der wir im Fragen wie im Antworten das Sein zusprechen, wird nur von der Seele selbst, wenn sie am meisten „bei sich" ist, erkannt — dann also, wenn die Seele sich ganz in ihre eigene Überleiblichkeit und Überweltlichkeit sammelt. Transzendenz des Seins bedeutet also das Überschreiten der im empirischen Dasein sich vorfindenden Bedingtheit des einen durch das andere, der Teile durch das

Ganze und des Ganzen durch die Teile. „Sein" im platonischen Sinne ist „Substantialität im Sinne des In-sich- und Durch-sich-Seins" (H. Kuhn, S. 202). Diesem Ansatz liegt also die Annahme einer ontologischen Differenz zugrunde, nämlich des Unterschieds zwischen einem Grund (ἀρχή) und einem in diesem Grund Gründenden, daraus Abgeleiteten, Sekundären. Sein verhält sich zu Seiendem wie Geschichte zu Geschehen oder wie Werk zum Werken. Sein ist aber nicht nur Grund oder Ursache von Seiendem, sondern auch dessen Urbild, an dem sich Seiendes als Ab-bild orientiert. Seiendes existiert nie an sich, sondern immer als qualitativ bestimmtes Seiendes. Ein Pferd, ein Schuh, eine Arbeit ist nie „an sich" da, sondern immer als gutes oder schlechtes Pferd, Schuh usw. Seiendes als So-sein, d. h. als qualitativ bestimmtes Sein gewinnt seine Identität nur durch seine Teilhabe an einem es bestimmenden und ihm selbst überlegenen absoluten So-sein, auf das hin und von dem her es „zu sein" hat. Es ist im Zuge der platonischen Argumentation völlig logisch, daß das Sein und das Gute sich nicht dem äußeren Augenschein, sondern nur dem Denken entbergen, denn dieses allein leistet das Aus-sich-heraustreten der alltäglichen Existenz in die Sphäre des Seins. „Erkenntnis ist Selbstüberschreitung und Selbstentäußerung" (H. Kuhn, a. a. O., S. 206). Plato macht im ›Staat‹ am Beispiel der Sonne klar, wie sich die Dinge verhalten: die Sonne ermöglicht durch ihr Licht dem Sehvermögen das Sehen und dem Gesehenen das Gesehenwerden; sie selbst aber ist weder mit dem Sehvermögen, noch mit dem Licht identisch, sondern steht als Ursache hinter beidem (Pol. VI 507—508). Ebenso ist es mit der Idee des Guten, das dem, was erkannt wird, Wahrheit verleiht und dem Erkennenden das Vermögen gibt. Im Dialog Parmenides wird das Sein als das eine bezeichnet, das keineswegs vieles sein darf (Parm. 137 c 4 f.) und durch keine Einzelbestimmungen räumlicher oder zeitlicher Art definiert werden kann (vgl. H. Meinhardt, Teilhabe bei Platon. Symposion 26, 1968). Insofern läßt sich das Gute auch als Seinsvollkommenheit oder Fülle des Seins definieren, wobei das Vollkommene auch nur als Idee gedacht werden kann, ohne daß es ein konkretes Analogon in der alltäglichen Wirklichkeit hätte. Der im Parmenides genannte Zusammenhang zwischen Einheit und Gutheit verweist auf pythagoreische Zahlensymbolik, denn für Pythagoras ist das Einssein die Wurzel des Guten, Vielheit dagegen die Wurzel des Bösen oder Schlechten. Dieses Prinzip kann dann auch seine politischen Konsequenzen haben, vgl. Dante, De monarchia I, 15 ff., wo die

Forderung nach einem einheitlichen Regiment mit dieser von Pythagoras erkannten Überlegenheit der Einheit über die Vielheit begründet wird.

Der ontologische Begriff des Guten hat also nichts zu tun mit subjektiven „moralischen“ Wertungen, sondern mit der Trefflichkeit (ἀρετή) einer Sache und mit der Ordnung (τάξις). Im Dialog Gorgias versucht Sokrates eine Definition des Guten: es ist das Endziel aller und jeglicher Handlungen, das worumwillen alles Tun getan werden soll und tatsächlich getan wird (Gorg. 499e). Zur Natur des Guten gehört, daß es allen gemeinsam ist, d. h. daß es einmal Gegenstand einer allen Menschen gemeinsamen Anschauung ist, und sodann, daß diese Anschauung (θεωρία) eine ungeheure Anziehungskraft ausübt, den Menschen hinaufführt (ἐπάνοδος, ascensio). Nicht aufs Geratewohl kommt das Schönste, die Trefflichkeit, dem Seienden zu, sondern „nach der Ordnung und Richtigkeit und Kunst“, wie sie einem jeglichen zugewiesen ist. Ordnung ist die Vermittlung von Einheit und Vielheit zu einem harmonischen Seinsgefüge. Zur Wohlordnung des Guten gehört, daß sowohl in der menschlichen Seele wie im Sozialkörper dasjenige die Leitung habe, welches zum Herrschen bestimmt ist. Wir stehen hier vor einem grundlegenden Gedanken des platonischen Verhältnisses vom Sein zum Guten. Sowohl der Einzelmensch wie das menschliche Kollektiv ist nach Seinsschichten geordnet. Der triadische Aufbau der menschlichen Seele besteht aus dem der unteren Sphäre zugehörenden Triebteil (τὸ ἐπιθυμητικόν), der Affekt- oder Willenssphäre, Mut genannt (τὸ θυμοειδές), und dem als göttlich bezeichneten höchsten Vermögen der Vernunft (λόγος, νοῦς). Der Vernunft als dem obersten Seelenteil steht von Natur aus die Herrschaft über die anderen Seelenteile zu. Dieser triadischen Schichtung entspricht auch der Aufbau des Sozialkörpers. Die Basis bilden die Bauern und Handwerker („Nährstand“), darüber erhebt sich die Gruppe der „Wächter“ („Wehrstand“), und zur Leitung des Staatswesens berufen sind die Denker oder Philosophen („Lehrstand“). Jeder dieser Schichten sind bestimmte Tugenden zugeteilt. Die Selbstbeherrschung (σωφροσύνη) hat die Aufgabe, die Triebsphäre unter die Leitung der Vernunft zu stellen; die Tapferkeit (ἀνδρεία) hat die Aufgabe, das Gebot der Vernunft gegen Lust oder Unlust durchzusetzen; die Vernunft schließlich regiert kraft der Weisheit (σοφία). Als vierte Kardinaltugend erhebt sich gleichsam als krönende Zusammenfassung und Ordnung des Ganzen die Gerechtigkeit (δικαιοσύνη), die bei Plato auch als die Tugend oder Trefflichkeit schlechthin bezeichnet werden kann. Ethik mündet schließlich ein in eine harmonistische Kosmologie, wenn Sokrates seinen Gesprächspartner Kallikles beschwört: Die Weisen aber behaupten, o Kallikles, daß auch Himmel und Erde, Götter und Menschen nur durch Gemeinschaft bestehen bleiben und durch Freundschaft und Schicklichkeit und Besonnenheit und Gerechtigkeit, und betrachten deshalb, o Freund, die Welt als ein Ganzes und Geordnetes, nicht als Verwirrung und Zügellosigkeit (507e—508a). Damit ist zugleich die sophistische Bestimmung des Guten als Durchsetzung des Willens zur Macht als Unding entlarvt, denn es gehört dazu das Mehrhaben-wollen (πλεονεξία), das Sich-ausbreiten auf Kosten anderer und die damit verbundene Störung der kosmischen und sozialen Harmonie. Die wahre Seinserfüllung oder das Glück (εὐδαιμονία) als höchstes Ziel des sittlichen Strebens kann nur erreicht werden, wenn sich der Mensch diese Zusammenhänge stets geistig gegenwärtig hält und sich in einer aufsteigenden Bewegung zur Realisierung dieser Ideen hin befindet. Der philosophische Ansatz bei Plato mündet hier ein in den religiösen, wenn er feststellt, die Gottähnlichkeit (ὁμοίωσις θεῷ) werde dann erreicht, wenn sich der Mensch intensiv mit dem Göttlichen, d. h. den höchsten Ideen befaßt. Ähnlich wird in der Ethik des Talmud die Nachahmung Gottes als Ziel des Menschen betrachtet, vgl. Sifra zu Lev. 19, 2: wie er barmherzig ist, so sei auch du barmherzig; wie er gnädig ist, so sei auch du gnädig, usw.

Entsprechend der Auffassung vom Guten als der möglichst großen Seinsfülle wird das *Böse* als Seinsmangel verstanden, privatio boni (so bei Origenes, Augustin, der Scholastik, Giordano Bruno und Spinoza). Man tut besser daran, hier nicht vom „Bösen" zu reden, sondern vom „Schlechten". Dazu gehört nach griechischem Verständnis auch das Konturlose, das im Unendlichen Verfließende und daher Unfaßbare. Nur was Gestalt hat, ist gut, wahr und schön, d. h. kann als Entbergung der Ur-gestalt des Wesens (Idee) erfaßt werden. Das Gestaltlose als das Unfaßliche ist „schlecht". Auf dieser Stufe des ethischen Denkens ist der personale Charakter des Nicht-guten noch nicht entdeckt. Allenfalls tritt hier die Kategorie des *Übels* ein, das als metaphysisches Übel (Endlichkeit, Tod) und als physisches Übel (Krankheit, Unfall, Unglück) ausgelegt wird (vgl. Leibniz).

Für den Zusammenhang zwischen dem Guten und dem Sein kann in der platonisch-aristotelischen Tradition auch der Begriff der *Natur* (φύσις) verwendet werden. Natur ist nach Plato die Kraft zu handeln oder zu leiden (Phaidros 270 D), oder nach Aristoteles der Ursprung, aus dem das Werden entwächst, zugleich die Einheit von Stoff und Form, die Bewegung in sich hat und alles Lebendige zur Erreichung seiner Endgestalt treibt. Die Kategorien des Zwecks (τέλος) und der Gestalt (μορφή) sind bezeichnend für den griechischen Naturbegriff (vgl. R. Muth, Zum Physis-Begriff bei Platon, in: Wiener Studien 64, 1949, S. 53—70; M. Heidegger, Vom Wesen und Ursprung der Φύσις. Aristoteles, Physik B 1, in: Wegmarken, 1967, S. 309—371; D. Mannsperger, Physis bei Platon, 1969).

Es sind nunmehr die wichtigsten Kategorien genannt worden, die für die weitere Wirkungsgeschichte einer ontologischen Motivation der Ethik wichtig geworden sind. Diese wirken über die spätantiken Neuplatoniker (Proklos, Kommentar zum Parmenides und Theologia Platonis; Pseudo-Dionysius Areopagita sowie die an Proklos orientierte, für die Scholastik sehr wichtige Schrift Liber de causis [Über das reine Gute], Ausgabe von O. Bardenhewer 1882, Neudruck o. J.), die mittelalterliche Scholastik, den Renaissancephilosophen Nicolaus von Kues bis zur Erneuerung der Ontologie in der Gegenwart (M. Müller, H. Kuhn, H. Krings, J. Pieper) nach. In seinem Buch ›Die Wirklichkeit und das Gute‹ (^{5}1949) sagt J. Pieper: „Wer das Gute wissen und tun will, der muß seinen Blick richten auf die gegenständliche Seinswelt. Nicht auf die eigene ‚Gesinnung', nicht auf das ‚Gewissen', nicht auf ‚die Werte', nicht auf eigenmächtig gesetzte ‚Ideale' und ‚Vorbilder'. Er muß absehen von seinem eigenen Akt und hinblicken auf die Wirklichkeit" (S. 11). Auch das Urgewissen (synderesis) schöpft seine Normen aus der Wirklichkeit.

Am bedeutungsvollsten ist diese Tradition für die Lehre vom *Naturrecht* geworden. Sie umfaßt „den gesamten Bereich der Sittlichkeit im allgemeinen" (so J. Gründel, Art. Naturrecht, in SM, 3. Band, 1969, Sp. 707—719). Ausgangspunkt dieser Lehre war die Kontroverse der sokratisch-platonischen Schule mit den Sophisten, den Vertretern der antiken Aufklärung; diese behaupteten, die Gesetze des Staates beruhen lediglich auf menschlicher Übereinkunft (θέσει), hätten daher keine letzte Verbindlichkeit und könnten auch verändert werden. Demgegenüber betont die platonische Schule, nicht der Mensch sei das Maß aller Dinge, sondern Gott, und die Gesetze seien Ausdruck der Natur (φύσει). „Die ‚Natur' wird zur göttlichen Wesensnatur der Dinge, und diese gilt als die ‚wahre Natur', die allein wahres Sein hat, wogegen die konkrete Physis der zeitlichen und sinnlich wahrnehmbaren Dinge in die Sphäre des Unwesentlichen, Vermischten und Zerteilten herabsinkt“ (F. Flückiger, S. 138). Die Brücke zur christlichen Naturrechtslehre bildet die stoische Philosophie mit ihrer Lehre von der in allen Wesen vorhandenen samenartigen Verbreitung der Vernunft (λόγος σπερματικός) und der Natur als dem Prinzip kosmischer Ordnung (vgl. Cicero, De natura deorum II 34: wie alle Teile der Welt von der Natur geleitet werden, so wird auch die Welt selber von dieser regiert). Der Naturrechtsgedanke setzt Freiheit aller von Geburt aus, Gleichheit aller und einen kosmischen Bruderbund aller Menschen voraus. „Der Mensch als Würde tritt auf, Marc Aurel findet alles darin beschlossen, τὸ ἀνθρώπου ποιεῖν, das dem Menschen Zugeteilte zu besorgen, das ist, human zu handeln ... Großer Dank gebührt so der Stoa, der Wiege“ (E. Bloch, Naturrecht und menschliche Würde, 1961, S. 31). Ziel des Menschen ist, der Natur entsprechend, naturgemäß zu leben (ὁμολογουμένως τῇ φύσει ζῆν), wobei die Vernunft allen Wesen sagt, welches Verhalten daraus folgt. Letzte Rechtsgrundsätze sind: ehrbar leben, den anderen nicht verletzen, jedem das Seine geben (honeste vivere, alterum non laedere, suum cuique tribuere. Inst. Corp. iur. I 1, 3). In der Zeit des römischen Imperiums war vielleicht eine der wichtigsten konkreten Rechtsfolgen des Naturrechtsdenkens die unter Kaiser Caracalla (212) erfolgte Verleihung des römischen Bürgerrechts an alle freigeborenen Untertanen des Reiches; hier zeigt sich allerdings auch die Schranke, denn die Gleichheit aller wurde nicht auf die Sklaven ausgedehnt, ebensowenig wie auf die Besitzverhältnisse in Hinsicht auf Verwirklichung einer — allerdings nur im „goldenen Zeitalter“ dagewesenen — communis possessio aller Güter.

Bei der Übernahme des stoischen Naturrechts durch die christliche Theologie konnte die Differenzierung zwischen dem Stand des Menschen vor dem Fall (status incorruptus) und nach dem Fall (status corruptionis) nicht ohne Auswirkung auf die Naturrechtslehre bleiben. So wird zwischen einem primären und einem sekundären (bei E. Troeltsch, Die Soziallehren der christlichen Kirchen: absolutes und relatives Naturrecht) Naturrecht unterschieden: die sittlichen Grundnormen wie die sozialen Primärstrukturen von Ehe, Staat und Gesellschaft sind in den Menschen von Natur angelegt, sie haben jedoch nach dem Sündenfall eine Anpassung an den gefallenen Zustand der Menschheit erfahren. So unterscheidet Petrus Lombardus (Lib. II, Dist. 44, Art. 2, Quaest. 2) zwei Arten von Gewalt (potestas): die eine ist die dem primären Naturrecht zugehörende patria potestas oder potestas praesidendi des Hausvaters, die es immer gegeben hat und die nicht erst durch den Fall in die Welt gekommen ist, und die potestas dominandi, die Herrschergewalt des Fürsten, die es nur wegen des Sündenfalls gibt. Für Augustin ist das Naturgesetz nicht Schicksalsordnung, wie für die Stoa, sondern ewige Ordnung des Schöpfergottes (lex aeterna), das sich als natürliches Gesetz in den Herzen der Menschen niederschlägt und im Gewissen als Prinzip der Gerechtigkeit wirkt (lex naturalis). Ihm entspricht das zeitliche Gesetz (lex temporalis), das als positives Recht den jeweiligen historischen Umständen entspricht und nur soweit verbindlich ist, als es dem ewigen Gesetz entspricht. Die bei Augustin noch offene Frage, ob Gott das Recht gesetzt habe, weil es *Recht* ist, oder ob es Recht ist, weil *Gott* es so gewollt hat, wird vom größten Theologen des Mittelalters, Thomas von Aquino, eindeutig im ersten Sinne entschieden: Gottes Wille ist Weisheit, ist als solcher an die Gerechtigkeit gebunden und kann von dieser allgemeinen Norm nicht befreit werden. Hier lag einer der großen Kontroversprobleme zwischen dem Realismus der thomistischen Schule und dem Nominalismus der Scotisten (von Duns Scotus, schottischer Theologe des 13. Jh.). Nach Thomas hat der Mensch ein ihm eingeborenes sittliches Erkenntnisvermögen (synteresis), das ihm die obersten und allgemeinsten Sätze des Naturrechts einleuchtend macht, z. B.: Gott ist zu verehren; niemand darf verletzt werden; jedem das Seine; was du nicht willst, das man dir tu, das füg auch keinem andern zu (goldene Regel); Verträge sind zu achten. Irrtumsfähig dagegen ist das Gewissen (conscientia), dem die Aufgabe zufällt, die obersten Grundsätze in Einzelentscheidungen des konkreten Lebens umzusetzen. — In der Reformation finden wir eine Gleichsetzung des Naturgesetzes mit dem Gesetz Christi und der Liebe (am ausführlichsten J. Heckel, Lex charitatis. Eine juristische Untersuchung über das Recht in der Theologie Martin Luthers. Abh. d. Bayer. Ak. d. Wiss. Phil.-hist. Kl. NF Heft 36, 1953). Bei Melanchthon wird die Weisheit der Heiden als Erziehung auf Christus hin verstanden (pädagogischer Sinn des Gesetzes). Der von den Gegnern des Nominalismus gewagte Satz, das Naturrecht müsse auch dann kraft der ihm innewohnenden Vernunft gelten, wenn es keinen Gott gäbe oder dieser unvernünftig sei, bildet die Brücke zum Verständnis des Naturrechts in Rationalismus und Aufklärung. Nunmehr entfallen die theologischen Voraussetzungen und die Vernunft wird die einzige Instanz, die im Streit der Konfessionen und Nationen entscheiden soll. Unter dem Einfluß des Historismus und der Romantik (Hauptvertreter: Savigny 1779 bis 1861) sowie des Positivismus wird der geschichtlich bedingte Charakter aller Rechtssetzungen erkannt und schließlich der Staat als die alleinige Quelle des Rechts angesehen. Die soziologische Rechtsauffassung, die im Recht nur das ideologische Widerspiel ökonomischer und gesellschaftlicher Bedingungen sieht, zerstört den abendländischen Gedanken des Naturrechts, das allerdings in der Mitte unseres Jahrhunderts eine „Wiederkehr" (vgl. H. Rommen, Die ewige Wiederkehr des Naturrechts (1936) [3]1949) erlebt. Seit der Neubelebung des Thomismus unter Leo XIII (1810—1903) gewinnt in der katholischen Kirche das Naturrechtsdenken wieder Auftrieb. In Deutschland stand es bei den theoretischen (R. W. Füsslein; H. Coing; V. Rüfner; H. Ryffel; A. Süsterhenn; H. Welzel u. a.) und praktischen (Nürnberger Prozesse, deutsche Bundes- und Länderverfassungen) Versuchen der Rechtserneuerung nach 1945 Pate.

Zur *Kritik des Naturrechts* sind im wesentlichen fünf Argumente vorgebracht worden:

1. Die theologische Kritik von seiten der reformatorischen Theologie. Die Naturrechtslehre setzt eine natürliche Theologie voraus, d. h. eine Einsicht des natürlichen Menschen in Willen und Gebot Gottes, kann also von Alleinoffenbarung Gottes im biblischen Wort absehen. Sie widerspricht auch insofern dem biblischen Gottesgedanken, als die Bibel keine Bindung Gottes an eine ewige Gesetzlichkeit kennt, die u. U. sogar abgesehen von Gott Bestand hätte. Diese Annahme wäre eine Verletzung der Freiheit Gottes und der Souveränität seines Willens. Die obersten Grundsätze des Naturrechts gelten nicht in der gefallenen Welt, sondern nur im Urstand und sind in der durch die Sünde verderbten Natur weder vollständig zu erkennen noch zu verwirklichen. Das „ewige Gesetz" ist nichts anderes als eine negative Spiegelung der tatsächlichen Unrechtsordnung der gefallenen Welt, und die von der Unrechtsordnung zur idealen Seinsordnung gezogene Schlußfolgerung bleibt doch äußerst fragwürdig. Diese Fragwürdigkeit kommt darin zum Ausdruck, daß das Naturrecht zwischen einer konservativen Auslegung, auf die Erhaltung der bestehenden Verhältnisse ausgerichteten Auslegung, und einer revolutionären, auf die Veränderung der geschichtlichen Zustände in Richtung auf eine ideale Ordnung hin tendierenden Auslegung schwankt. — Zur theol. Kritik vgl. K. Barth, Christengemeinde und Bürgergemeinde, 1946: das Naturrecht setzt eine irgendwie geartete natürliche Offenbarung voraus und die von ihm begründeten Sätze bleiben letztlich eine Illusion; H. Thielicke, Theol. Ethik I, 1951, teilt die theologischen Bedenken Barths, läßt jedoch die Frage nach einem Naturrecht gelten als eine Art uneingestandenen Bekenntnisses, daß wir in die Welt der Relativitäten gestürzt sind und daß das Gute erst gesucht werden muß (S. 688). Während die katholische Moraltheologie der Gegenwart zwar offen ist für die in der Geschichte der Ethik oft genug zu beobachtende Verwechslung geschichtlich-kontingenter Gesellschaftsnormen mit „ewigen Ordnungen“ (vgl. H. D. Schelauske, Naturrechtsdiskussion in Deutschland. Ein Überblick über zwei Jahrzehnte: 1945—1965, 1968), hält sie doch an der Naturrechtslehre fest, einmal weil für sie „das Geschöpf die Dichte eines eigenständigen Wesens und den Raum eines freien, selbständigen Handelns als Geschenk des Schöpfers hat“ (R. Hauser, Autorität und Macht, 1949), sodann weil „die Lehre vom Naturrecht zu jenen Grundlagen zählt, auf denen der Christ das Gespräch über ethische Fragen mit allen Menschen aufbauen könnte“ (J. Gründel, a. a. O., Sp. 709). Evangelische Theologie und die von ihr beeinflußte theologische Begründung des Rechts (Erik Wolf, H. Dombois) erkennt zwar die relative Bedeutung eines Naturrechts an, betont jedoch stärker den heilsgeschichtlichen Zusammenhang und die Bedeutung der biblischen Weisung für die sittliche Erkenntnis sowie die Orientierung an der Eschatologie (so H.-D. Wendland; vgl. H.-H. Schrey, Kennt der Protestantismus ein Naturrecht? ZEE 5, 1961, S. 339—358).

2. *Die metaphysische Kritik.* Im Naturrecht liegt ein Zirkelschluß vor, denn es entwickelt aus dem Begriff der Natur und der naturgemäßen Seinsordnung eine Wertordnung, während eigentlich die Wertordnung vorausgeht und nachträglich in die Seinsordnung hineinprojiziert wird. Wenn etwa behauptet wird, der Schwache habe „von Natur“ Anspruch auf Hilfe durch den Starken, so liegt das keineswegs in der „Natur der Sache“, sondern setzt die christliche Wertordnung voraus; oder die Annahme es gäbe „von Natur“ Menschen, die zur Sklaverei bestimmt sind, setzt das antik-feudalistische Gesellschaftsmodell voraus. Diese Kritik zeigt den relativ geringen Wert der naturrechtlichen Argumentation, wenn „Natur“ im Sinne des Feudalismus oder der biologischen „Kampf-ums-Dasein“-Lehre verstanden wird.

3. *Die historisch-ideologiekritische Sicht* des Naturrechts ist verwandt mit der metaphysischen Kritik: es ist nichts anderes als eine Spiegelung geschichtlicher Gegebenheiten, die zu überzeitlichen Wahr-

heiten und Werten verabsolutiert werden. Nietzsche sieht in den angeblichen „Naturgesetzen" die Formeln für Machtverhältnisse, ähnlich auch Marx. — Diese Argumentation richtet sich eigentlich nicht auf die letzten Grundsätze des Naturrechts, sondern auf dessen Konkretion in positiven Rechtssätzen, die allerdings häufig genug naive Ideologisierungen bestehender Herrschaftsverhältnisse waren (vgl. H.-H. Schrey, Entideologisierung als hermeneutisches Problem. Ein Programm [SgV 256], 1969).

4. Die anthropologisch-psychologische Kritik. Im Naturrecht ist ein Menschenbild vorausgesetzt, bei dem die Vernunft über dem Willen steht — im Sinn der platonischen Anthropologie —, wobei die Vernunft als unversehrte Größe verstanden wird, aus der wir unmittelbare Erkenntnis des Guten und Seinsollenden gewinnen können. Diese Argumentation berührt sich mit der theologischen, setzt jedoch nicht die Erbsündenlehre, sondern die moderne Vor-ordnung des voluntativen Moments gegenüber dem intellektualen voraus. Eine einseitige Überbetonung des Willensmoments im Menschen überliefert diesen einem unkontrollierbaren Irrationalismus; jedoch übrig bleibt schließlich entweder der Machtmensch, der politisch die Diktatur anstrebt, oder der Triebmensch, der sich der Triebkontrolle durch das Vernunftvermögen entzieht. Beide Typen sind aber ein Rückschritt zu Leitbildern, die in der menschlichen Entwicklung als überwunden betrachtet werden müssen und in deren Nachfolge die Menschheit keine Zukunft haben dürfte.

5. Die juristische Kritik. Aus den rein formalen obersten Grundsätzen des Naturrechts ergeben sich keine inhaltlich bestimmten Rechtsnormen oder konkrete gesetzliche Weisungen, wie dies immer wieder von dem die Einzelfälle des Lebens regelnden kasuistischen Naturrecht behauptet wird. Auch können die sog. mittleren Axiome (= Übergang von den obersten Grundsätzen zu den konkreten Fällen) niemals den gleichen Grad von Verbindlichkeit haben wie die obersten Prinzipien. — Die juristische Kritik weist in der Tat auf einen Punkt hin, durch den sich das Naturrecht in der Geschichte immer wieder fragwürdig gemacht und gerade auch heute oft falsche Hoffnungen erweckt hat. Kasuistik entstammt dem Bereich des Rechts, während sich die Ethik weitgehend einer Vergesetzlichung entzieht (vgl. J. Klein, Ursprung und Grenzen der Kasuistik, in: Skandalon. Um das Wesen des Katholizismus, 1958, S. 366—392 und Exkurs über Recht und Sittlichkeit, S. 139 f.).

Solange Sein als transzendentale Idee verstanden wurde, war das Verhältnis zum Sollen unproblematisch, denn die Vorstellung eines idealen Seins war mit der des Sollens im Sinne des Strebens nach dem Ideal identisch. Problematisch wird dieses Verhältnis, sobald in der Geschichte des Denkens ein empirischer Seinsbegriff herrschend wird. Wird unter Sein die Summe der konkreten Bedürfnisse, Interessen und Wünsche eines geschichtlich gegebenen Seienden verstanden, dann bestimmt sich offensichtlich der Inhalt des sittlichen Sollens von diesen Bedürfnissen, Interessen und Wünschen her und nicht mehr von einem übergeschichtlichen, die Empirie übersteigenden und unterdrückenden Seinsideal her. Die seit Renaissance und Aufklärung einsetzende Wendung zur Diesseitigkeit bedeutet auch für die Ethik die entscheidende Krise, denn nunmehr fallen Sein und Sollen auseinander, bzw. wird der Begriff des Sollens den Bedürfnissen der Diesseitigkeit angepaßt als Nützlichkeit (Utilitarismus) oder Lustprinzip (Hedonismus) oder als Wille zur Macht (Vitalismus).

Unter diesen geschichtlichen Bedingungen steht die in der Phänomenologie und der Ontologie der letzten Generation (Husserl, Heidegger, Scheler u. a.) erfolgte „Auferstehung der Metaphysik“ unter dem Verdacht, Rechtfertigungsideologie für bestimmte historischpolitische Mächte zu werden, weil in ihr die Momente der kritischen Rationalität zum Schweigen gebracht worden sind, vgl. Th. W. Adorno, Zur Metakritik der Erkenntnistheorie. Studien über Husserl und die phänomenologischen Antinomien (Ges. Schr. 5, 1971), S. 40:

> Die auferstandene Ontologie regrediert: den Systemzwang schüttelt sie ab, um jenes Ersten sich schlagartig zu bemächtigen, das durch seine universale Vermittlung hindurch fragwürdig ward. Ihr Aufbruch aus der Immanenz opfert Rationalität und Kritik im objektiven Einverständnis mit einer Gesellschaft, die sich aufs Finstere der unmittelbaren Herrschaft zubewegt. Aber die subjektive Willkür des Ausbruchs rächt sich: er mißlingt.

In der neueren Geschichte der Ethik war es vor allem der englische Philosoph D. Hume, der auf die Differenz zwischen "is" und "ought" aufmerksam gemacht hat, bzw. auf die stillschweigende Vermischung der beiden Begriffe. Aus dem Sein geht für ihn keineswegs eindeutig ein Sollen hervor, vgl. Treatise of human nature, III. Buch, I 1. Im Gefolge des modernen Empirismus ist in der Ethik ein *Deskriptivismus* vertreten worden, der die objektiven Eigenschaften eines Gegenstandes ohne Rücksicht auf die betrachtende oder beurteilende Person feststellen und beschreiben will (R. M. Hare, Descriptivism, in: W. D.

Hudson, The Is-Ought question. A collection of papers on the central problem in moral philosophy, 1969, S. 240—258).

Literatur: J. Pieper, Die Wirklichkeit und das Gute, (1935) [4]1949. P. Engelhardt (Hrsg.), Sein und Ethos I, 1963 — C. A. van Peursen, Ethik und Ontologie in der heutigen Existenzphilosophie, in: ZEE 1, 1958, S. 98—112. — H. J. Krämer, Arete bei Platon und Aristoteles. Zum Wesen und zur Geschichte der platonischen Ontologie (Abh. d. Heidelberger Akademie d. Wiss., phil.-hist. Kl. 6), 1959.

Zum Naturrecht: H. H. Schrey, Die Wiedergeburt des Naturrechts, in: ThR 19, 1951 S. 21—75; 154—186; 195—221 (stellt kurz die Geschichte des Naturrechts von der Antike bis zur Gegenwart dar und die seit 1945 in und außerhalb Deutschlands entstandene Diskussion über die Neubegründung des Naturrechts). Ders., Art. Naturrecht, in: ESL, hrsg. v. Fr. Karrenberg, (1954) [4]1963 — F. Flückiger, Geschichte des Naturrechts, I. Band: Altertum und Frühmittelalter, 1954 (mehr nicht erschienen). H. Coing, Die obersten Grundsätze des Rechts. Ein Versuch zur Neugründung des Naturrechts, 1947. Erik Wolf, Das Problem der Naturrechtslehre. Versuch einer Orientierung, (1955) [3]1964 (stellt neben der Mehrdeutigkeit des Naturbegriffs doch eine Eindeutigkeit der Funktion des Naturrechtsgedankens fest, der den Grundfragen des Seins folgt). W. Maihofer (Hrsg.), Naturrecht oder Rechtspositivismus? (Wege der Forschung, Bd. XVI) 1962 (enthält 28 wichtige Beiträge von Theologen, Philosophen und Juristen zur Frage des Naturrechts). E. Garzón Valdés, Über das Verhältnis zwischen rechtlichem Sollen und dem Sein, in: ARSP, Beiheft 41, 1965, S. 299 ff. N. Hörster, Zum Problem der Ableitung eines Sollens aus einem Sein in der analytischen Moralphilosophie, in: ARSP 55, 1969, S. 11—39. H. Kuhn, Das Sein und das Gute, 1962.

§ 5. Die eudämonistische Motivation

Ethik hat es mit dem Verhalten des Menschen zu tun, sofern dieses ein werthaltiges Verhalten ist; darin unterscheidet sie sich von der beschreibenden Psychologie. Menschliches Verhalten strebt ein Gut an, das nicht identisch ist mit dem gegebenen Zustand der Existenz, sondern als objektives Ziel vor dieser steht, ihr aufgegeben ist. Dieses Verhalten kann man als Wesensvollendung bezeichnen: aus dem bloßen Vorhandensein in der Welt soll ein geglücktes Dasein werden. In der griechischen Philosophie ist dafür der Begriff des *Glücks* (εὐδαιμονία, lat. beatitudo) gebräuchlich. Man bezeichnet diejenigen

Richtungen der Ethik, welche die Erreichung des Glücks als oberstes Ziel menschlichen Handelns und Strebens lehren, als *Eudämonismus*.

Kant hat als erster den Begriff „Eudämonist" gebraucht (Metaphysik der Sitten, II. Teil, Vorrede, S. 214):

nun sagt der Eudämonist: diese Wonne, diese Glückseligkeit ist der eigentliche Bewegungsgrund, warum er tugendhaft handelt. Nicht der Begriff der Pflicht bestimme *unmittelbar* seinen Willen, sondern nur *vermittelst* der im Prospekt gesehenen Glückseligkeit werde er bewogen, seine Pflicht zu tun.

Seither hat sich das Abstraktum Eudämonismus in der philosophischen Sprache eingebürgert.

Wird das Wesen des Glücks in der Erreichung von *Lust* gesehen, spricht man von *Hedonismus* (vom griech. ἡδονή). Wird die *Nützlichkeit* als Motiv des Handelns betont, spricht man von *Utilitarismus* (von lat. utilis = nützlich). Alle drei Begriffe haben gemeinsam, daß sie das ethische Verhalten von einem objektiven Gut her definieren, das ein höchstmögliches Maß an Wohlbefinden des Subjekts meint. Dieses Wohlsein kann in verschiedener Weise bestimmt werden.

1. Auf der Stufe der archaischen Ethik gehören zum Wohlsein großer Besitz, öffentliches Ansehen und Prestige, Macht und Einfluß. Diese Auffassung findet sich sowohl in der griechischen wie der römischen und germanischen Antike, aber nicht minder im Alten Testament, wo der Segen Gottes sich sichtbar äußert (z. B. Hiob 42). Diese Auffassung findet ihre Fortführung in der Ethik der Sophisten, welche den „Willen zur Macht" als erstrebenswertes Ziel preisen, dem vor allem der Logos der öffentlichen Rede dienen soll.

2. Schon bei Demokrit (5. Jh. v. Chr.) erfolgt eine Sublimierung und Verinnerlichung des Glücksideals, wenn er die Seele als die Heimstatt des Glücks, den Seelenfrieden und die ruhige Heiterkeit des Gemüts als Bedingungen des Glücks preist (Stobaeus Ecl. II 76), wobei geistige Güter den leiblichen und vergänglichen vorzuziehen sind (Fr. 167 und 189). In der *platonischen Schule* wird dieser metaphysische Aspekt der Glücksidee noch weiter gesteigert: höchstes Glück ist die Wesensvollendung des Menschen in der Verähnlichung mit Gott. Bei Aristoteles erreicht der Mensch in der intellektuellen Anschauung (θεωρία) die höchste Annäherung an die göttliche Glückseligkeit; im reinen Erkennen ist der Mensch dem Zustand des „ersten Bewegers", der interesselosen und darum auch leidlosen Schau des ganzen Kosmos, am nächsten. — Für die *Stoa* liegt in der Erkenntnis der natürlichen Not-

wendigkeit, der Einstimmung in die Schicksalsfügung und der dadurch erreichten Ruhe und Freiheit von den Unbilden des Lebens das Glück. — Im *Neuen Testament* ist der Glücksgedanke keineswegs ganz fremd, jedoch wird die Glückszusage (Seligpreisungen, Mt 5, 3—12) den Armen zuteil und in Zusammenhang mit dem Anbruch des künftigen Heils gebracht (Reich Gottes als Zustand des vollendeten Glücks, Mt 20, 21; 25, 34 u. ö.). — Bei Augustin verbindet sich der antike, über den Neuplatonismus vermittelte Eudämonismus mit den christlichen Bestimmungen der ewigen Glückseligkeit. Er unterscheidet eine natürliche Glückseligkeit, die in einer analogen Schau des Seins durch den Weisen besteht, und eine übernatürliche, die visio Dei (= Gottesschau), die Gott seinen Auserwählten gnadenhaft gewährt. Der eschatologisch-geschichtliche Akzent des Neuen Testaments wird bei Augustin in eine zeitlose Übergeschichtlichkeit transponiert, wenn gesagt wird, die volle Glückseligkeit könne der Mensch in diesem Leben nicht erreichen, sondern erst im jenseitigen. — Dieser religiös-transzendentale Glücksbegriff bleibt im Mittelalter herrschend. Für Thomas von Aquino besteht das Wesen der Glückseligkeit in einem Akt des Intellekts (essentia beatitudinis in actu intellectus consistit, S. Th. II 3, 4). — Bei Spinoza findet dieser Glücksbegriff seinen extremsten Vertreter: die geistige Liebe zu Gott (amor Dei intellectualis) macht uns gottähnlich. Daraus ergibt sich sein mystisches Ideal vom Glück: da es in Gott weder Trauer noch Freude gibt, also keine Affekte, ist mit der Seligkeit eine völlige Vernichtung unserer Triebstruktur, letztlich eine Entpersönlichung verbunden. Bei Spinoza ist der Punkt erreicht, wo die mystische Intensität inhuman wird und die Orientierung an der Übernatur die Natur vernichtet. Nachklänge davon finden sich noch bei Schopenhauer, wenn er in der Überwindung des principium individuationis (= der Bedingungen subjektiver Einzelexistenz) und der Vernichtung des Willens zum Leben sowie positiv in der Kunst als dem interesselosen Schauen des Schönen die Bedingungen für das Glück findet. Er steht hier in der Tradition der Klassik, in der das religiöse Glücksideal durch das ästhetische säkularisiert und ersetzt wird (vgl. Shaftesburys Harmonie-Ideal; Schillers ästhetische Erziehung des Menschengeschlechts; Goethes „tiefes und ruhiges Anschauen der Natur“). Eine Erneuerung der Schillerschen Konzeption findet sich bei H. Marcuse, der dem von Freud betonten Realitätsprinzip mit der Herrschaft von Arbeit und Leistung das *Lustprinzip* und die Umwandlung von Arbeit in Spiel entgegenstellt (Eros and Civilisation,

1955; dt. 1957); nur so findet der im technokratischen Leistungssystem geknechtete „eindimensionale" Mensch zur Freiheit als Bedingung des Glücks. „Alle Freude und alles Glück entspringen der Fähigkeit, die Natur zu transzendieren — eine Transzendenz, bei der die Naturbeherrschung selbst der Befreiung und Befriedigung des Daseins untergeordnet ist" (Der eindimensionale Mensch, 1970, S. 248 f.).

3. Die in der christlichen Tradition erfolgte Verjenseitigung der Glücksidee wird im Gefolge der Aufklärung radikal abgebaut. „Wir halten die Gegenwart in Händen, aber die Zukunft ist eine Art Scharlatan, der sie uns wegschwindelt, indem er uns blendet", sagt Fontenelle in seinem Buch Du bonheur (zit. nach P. Hazard, Die Krise des europäischen Geistes. S. 343). Zwei Voraussetzungen sind für die Glücksidee der Aufklärung erforderlich: daß der anthropologische Pessimismus des christlichen Denkens, der seinen Ausdruck fand in der Lehre von der Erbsünde und dem Jüngsten Gericht, ebenso verlassen wird wie das Gefühl für den tragischen Grundcharakter des Daseins, und daß an ihre Stelle ein *optimistisches Weltbild* tritt, in dem Harmonie und Schönheit die dunklen Seiten der Welt ebenso überstrahlen wie die natürliche Güte des Menschen seine Schattenseiten.

Das Glück ist die Entfaltung einer Kraft, die ursprünglich in uns selbst vorhanden ist: man braucht sie nur zu lenken. Die Hinnahme der Leiden, die Sucht nach Opfer, der Kampf gegen die Instinkte, der Wahnsinn des Kreuzes sind nur noch Irrungen unseres Urteils, schlechte Gewohnheiten (Hazard, S. 350).

Diese Wandlung der Glücksidee ist verbunden mit dem soziologischen Wandel von der Vorherrschaft von Adel und Kirche zum Bürgertum. Mit dem in der Aufklärung erwachenden Selbstbewußtsein des bürgerlichen Menschen (vgl. B. Groethuysen, Die Entstehung der bürgerlichen Welt- und Lebensanschauung in Frankreich, 2 Bde., 1927/30) verbindet sich die wachsende Gewißheit, sein Dasein selbst hier und jetzt zu einem geglückten Dasein zu gestalten. Selbst die Theologen der Zeit gehen auf diese Denkart ein, etwa wenn im Jahr des Ausbruchs der Französischen Revolution C. Fr. Bahrdt schreiben kann:

Moral ist die Anweisung zur Glückseligkeit, wiefern dieselbe ihren Grund hat in den inneren Beschaffenheiten, d. h. Vorstellungen, Urtheilen, Gesinnungen des Menschen (zit. nach A. Schlingensiepen-Pogge, Das Sozialethos der lutherischen Aufklärungstheologie am Vorabend der Industriellen Revolution, 1967, S. 138).

Es sind typisch bürgerliche Tugenden, die als Bedingungen dieses Glücks genannt werden: Zufriedenheit und Selbstgenügsamkeit, Bewußtsein erfüllter Pflicht, Zuversicht und Lebensfreude. „Der Unzufriedene ist der Selbstmörder seiner eigenen Glückseligkeit“ (Zschokke, Stunden der Andacht I, S. 34). Die Glückseligkeit der Aufklärung setzt die Vorstellung von einer perfekten Gesellschaftsordnung voraus und fordert die bedingungslose Bescheidung des einzelnen in seinem Stande. Züge dieses aufklärerischen Glücksideals finden sich noch bei A. Camus:

Was ist Glück, wenn nicht die einfache Zustimmung des einzelnen mit dem Leben, das er führt. Und welche Zustimmung könnte den Menschen mit dem Leben besser verbinden als das doppelte Bewußtsein von seinem Wunsch zu überdauern und seinem Todesgeschick? (Le désert, S. 94 f.).

Camus ist allerdings stärker desillusioniert als die Optimisten der Aufklärung, denn er ringt mit der Todeserfahrung und der Sinnfrage. Sisyphus vollbringt zwar eine sinnlose Routine-arbeit, ist insofern Prototyp des absurden Menschen, doch schließt ihn das nicht vom Glück aus, weil er es versteht, sein Schicksal geistig zu bewältigen. Das Glück und das Absurde sind untrennbar.

Sisyphus lehrt die höhere Treue, welche die Götter verneint und Felsen bewegt. Auch er kommt zu dem Schluß, daß alles gut ist. Diese Welt, hinfort ohne Meister, scheint ihm weder steril noch vergeblich ... Allein schon das Ringen um die Erreichung der Höhe genügt, um eines Menschen Herz zu erfüllen. Man muß sich Sisyphus als glücklich vorstellen (Der Mythus des Sisyphus, S. 123).

In der Wendung zum Menschen findet Camus den Weg zur Überwindung der Absurdität. Die großen kosmischen Probleme vom Sinn und Ziel der Geschichte bleiben unbeantwortbar; Glück kann der Mensch nur finden, wenn er sich für die Schönheit der Natur und die Leiden seiner Mitmenschen offen hält und sie zu lindern versucht. Vgl. P. Nguyen-van-Huy, La métaphysique du bonheur chez A. Camus, 1961.

4. Zu der in der Aufklärung erfolgenden Säkularisierung des Glücksideals kommt als weiteres Moment hinzu die Sozialisierung (Sozialeudämonismus). Bei Leibniz verbinden sich antike und christliche Elemente, indem er erklärt, die Unwissenheit bringe den Egoismus hervor und das Wissen führe dazu, sein Wohl im Wohl aller zu finden. „Lieben heißt, sich des Glücks des anderen erfreuen“ (Amare sive diligere est felicitate alterius delectari. De notione iuris et iustitiae). —

Für Shaftesbury ist die Sympathie ein Grundgefühl des Menschen, und es besteht ein Gleichgewicht zwischen den auf das Selbst bezogenen und den die Sozialität betreffenden Affekten. Glück muß als allgemeine Glückseligkeit verstanden werden, nicht nur als individuelles Wohlbefinden. — Bei Hutcheson (1694—1746) und J. Bentham (1748 bis 1832) findet sich die für den Sozialeudämonismus klassisch gewordene Formel: es ist oberstes Ziel des sittlichen Menschen, das größte Glück der größten Zahl (the greatest happiness of the greatest number) zu befördern. Damit ist der Individualismus und Egoismus überwunden, für den die individuelle Daseinsgestaltung im Sinne der Erreichung von Glück im Mittelpunkt stand. — Seine Vollendung findet der Sozialeudämonismus bei J. St. Mill (1806—1873). Er macht die Entdeckung, daß nur diejenigen glücklich sein können, die ihren Geist auf etwas anderes richten als auf ihr eigenes Glück. So ist ein wesentlich größeres Glück das edle Verhalten (nobleness of conduct). Die Glücksidee wird so zu einem Nebenprodukt sozialen Verhaltens, aber nicht mehr das allein und ausschließlich anzustrebende. Ein edler Charakter ist ein solcher, der andere Menschen glücklicher macht, wovon dann die Welt im ganzen einen Gewinn hat. Daraus ergibt sich, daß die einfache Formel von Lustgewinn und Schmerzvermeidung als Wesen des Glücks nicht der Weisheit letzter Schluß sein kann, denn es kann sein, daß einer Leiden und Elend auf sich nehmen muß, wenn dadurch die Menschheit im ganzen glücklicher wird.

Zusammenfassend läßt sich sagen, daß die Grundsätze des Sozialeudämonismus die den modernen Wohlfahrtsstaat tragende Ideologie geworden sind.

5. Die Grundthese des *Hedonismus* lautet: Glück heißt negativ Vermeidung von Unlust und Schmerz und positiv möglichst großer Lustgewinn. Der Hedonismus hat eine alte Tradition, die auf die griechische Antike zurückgeht. Die Kyrenaiker lehren, Lust (ἡδονή) sei um ihrer selbst willen zu suchen und unbedingtes Gut. In abgemilderter Form lehrt Hegesias, die Schmerzlosigkeit sei das Ziel des sittlichen Strebens, weil mehr nicht zu erreichen sei. Für die Schule der Epikureer ist die Lust — und zwar Lust in der Ruhe und Lust in der Bewegung — das Prinzip des glücklichen Lebens. Obwohl an sich keine Lust schlecht ist, ist doch die geistige die höchste und am meisten erstrebenswerte. Da nur diejenige Lust als wirklich gut bezeichnet werden kann, der keine Schmerzen folgen, bedarf es einer richtigen Abmessung der Lust und ihrer Folgen, also keines unreflektierten Lustgenusses. Hier nähert

sich das epikureische Lebensideal wieder dem der platonischen Schule, wenn Einsicht, Gerechtigkeit und Maßhalten als Bedingungen des glücklichen Lebens genannt werden, die nur durch Tugend erreicht werden können. — An die epikureische Schule knüpft der Renaissancephilosoph Laurentius Valla (1407—1457) an in seiner Schrift De voluptate (1431). Er hält die Pflicht- und Tugendlehre der Stoa für unhaltbar, denn die sinnliche Natur des Menschen verlangt nach Lust und Glück. Der christliche Traditionseinschlag erscheint bei Valla, wenn er sagt, die vollkommene Glückseligkeit sei hier und jetzt noch nicht zu erreichen, sondern erst in der ewigen Seligkeit. — Die naturalistischen Richtungen der Aufklärung sehen in der *Selbstliebe* das einzig gültige Motiv des Handelns, und diese strebt nach Lust und Vermeidung von Unlust (so Helvetius [1715—1771]), wobei diese Konzeption etwa bei Holbach (1723—1789) durch das Prinzip des Gesamtinteresses modifiziert wird. Das *erleuchtete Selbstinteresse* (enlightened self-interest) muß durch Erziehung zur Synthese mit dem Interesse der Gesamtheit gebracht werden, so daß schließlich ein Zustand sozialer Harmonie entsteht. — Rousseau (1712—1778) differenziert diesen Gedanken noch, indem er zwischen einer ursprünglich legitimen, sozial unschädlichen Selbstliebe (amour de soi) und der zur sozialschädlichen Eigenliebe oder Selbstsucht (amour propre) sich entwickelnden natürlichen Neigung des Menschen unterscheidet.

Daß S. Freud einen „groben Hedonismus“ vertreten habe, wie dies H. Reiner in seiner Philosophischen Ethik (1964, S. 46) behauptet, muß bezweifelt werden. Freud ist zunächst von der Pathologie des menschlichen Bewußtseins ausgegangen und stößt in der Analyse von Krankheitsphänomenen auf krankhafte Verdrängungen von Libido. „Grob“ könnte der von Freud theoretisch vertretene Hedonismus nur dann genannt werden, wenn er die Alleinherrschaft des Lustprinzips propagiert hätte. Dem steht jedoch die von Freud betonte Verdrängung des Lustprinzips durch das Realitätsprinzip entgegen, d. h. die kulturellen Bedingungen verlangen eine Unterwerfung und Ablenkung der Lust, die sie in ihrer Substanz verändert. So ergibt sich bei Freud als Ergebnis seiner Tiefenschau einerseits die These, daß die Menschen nach Glück streben, anderseits „ist die Absicht, daß der Mensch glücklich sei, im Plan der ‚Schöpfung‘ nicht enthalten“ (zit. nach L. Marcuse, Sigmund Freud — Sein Bild vom Menschen, 1964, S. 111).

Einen intuitionistischen Hedonismus vertritt der englische Ethiker H. Sidgwick (The Methods of Ethics, [7]1930). Er bezweifelt nicht die

Möglichkeit einer objektiven Wertschau (Intuition), sieht jedoch in dem subjektiven Moment des Wohlgefallens ein Kriterium für den auf das Subjekt bezogenen Wert der Elemente, die das Gute ausmachen.

6. Der *Utilitarismus* wird in zwei Formen vertreten: als individualistischer Utilitarismus (Ziel des Handelns ist der individuelle Nutzen) und als sozialer Utilitarismus (Ziel des Handelns ist das Gesamtwohl der Gesellschaft). Der Utilitarismus geht davon aus, daß Funktion und Gebrauch der Dinge darüber entscheiden, ob sie gut sind. Ihre Dienlichkeit für Zwecke des Menschen geben den Ausschlag für deren Gutsein. So kann schon Sokrates in der Überlieferung des Xenophon als Vertreter einer Nützlichkeitsethik verstanden werden, weil er nicht über das Sein der Dinge an sich spekuliert, sondern darüber nachdenkt, welche Funktion sie für den Menschen haben (anthropologische Wende der Philosophie!). — In der Neuzeit sind Hobbes und Spinoza Vertreter eines Utilitarismus. Bei diesen Denkern tritt schon die Idee der sozialen Nützlichkeit ins Spiel, denn als nützlich wird nicht nur das erklärt, was der Erhaltung des Individuums dient, sondern der menschlichen Gemeinschaft (Spinoza, Eth. IV, prop. XL). Helvetius kann die öffentliche Nützlichkeit als das Prinzip aller menschlichen Tugenden bezeichnen. — Der Utilitarismus wird hauptsächlich im englischen Liberalismus vertreten. J. Bentham sieht in der Maximation des Glücks das Ziel des menschlichen Handelns (s. o.). In einem „Moralkalkül" sollen die nützlichen und schädlichen Folgen einer Handlung abgewogen und berechnet werden; dabei zeigt sich, daß der Egoismus schädlicher als der Altruismus ist und letzterer daher aus wohlverstandenem Eigeninteresse ersterem vorzuziehen ist. — Der Ausdruck "utilitarian" wird erstmalig von Bentham, dann wieder von J. St. Mill gebraucht (Utilitarianism, 1861). Bei den letztgenannten Vertretern des Utilitarismus geht dieser in den Sozialeudämonismus über (s. o.).

Auch im *Pragmatismus* ist die Grundtendenz utilitaristisch, denn Wahrheit wird von dem Gesichtspunkt der Nützlichkeit her beurteilt. Wahr ist, was dem Leben dienlich ist und in der Praxis befriedigende Resultate bringt. Hauptvertreter: Ch. S. Peirce (1839—1914), William James (1842—1910) und John Dewey (1859—1952).

Zur Kritik der eudämonistischen Motivation.

1. In den nun folgenden Ansätzen einer Kritik der eudämonistischen Motivation soll deutlich unterschieden werden zwischen den drei Spielarten des Eudämonismus, des Hedonismus und des Utilitarismus. Es

ist der Fehler der kantischen Kritik gewesen, daß von ihm die hier vorliegenden Unterschiede nicht berücksichtigt worden sind. Das menschliche Streben nach Glück ist nicht von vornherein identisch mit dem Streben nach Lust oder Vergnügen, ebensowenig wie mit dem Streben nach Nützlichkeit. Tillich hat recht, wenn er feststellt, daß das Wort Eudaimonia zu den Begriffen gehört, die einen besonders großen Sinnverfall erfahren haben (Das religiöse Fundament des menschlichen Handelns, in: Ges. Werke, Band III, S. 26). Das Wort bedeutet an sich Erfüllung mit göttlicher Hilfe und daraus folgendes Glück. Dieses Glück schließt Lust nicht aus, aber Lust ist nicht das Ziel, wie auch das Glück an sich nicht das Ziel ist. Lust und Glück begleiten die in diesem Begriff gemeinte Erfüllung des Daseins. Würde der Begriff der eudaimonia abgelehnt, so müßte etwa auch die christliche Hoffnung auf die „ewige Seligkeit" abgelehnt werden, denn selbst wenn sie nicht unmittelbares Ziel des christlichen Glaubens ist, also nicht dasjenige, um dessentwillen geglaubt wird, so gehört sie doch zu dem „Lohn", der den Glaubenden verheißen ist (vgl. zum Lohnbegriff die Studie von G. Bornkamm, Der Lohngedanke im Neuen Testament, 1947). Der religiöse Lohngedanke trübt keineswegs die Reinheit der sittlichen Forderung, ebensowenig wie er den Inhalt dieser Forderung bestimmt. „Ein niederer Eudämonismus macht ja das Urteil über Gut und Böse abhängig von den Folgen, die unser Handeln hat. Solche Gedanken sind dem NT völlig fremd. Was gut oder böse ist, sagt das göttliche Gesetz, aber keine andere Instanz" (Bornkamm, S. 13). Man sollte also keinen Gegensatz konstruieren zwischen der Frage nach den Bedingungen eines erfüllten Daseins (Glück) und dem unbedingten Charakter des moralischen Imperativs. „Ein Widerspruch besteht nur dann, wenn die Funktion des Selbst-Transzendierens im Geist des Menschen geleugnet und der Mensch als völlig in seine Endlichkeit gefangen angesehen wird."

2. In einigen Formen säkularisierter Philosophie scheint diese Entwicklung des Eudaimoniebegriffs allerdings tatsächlich stattgefunden zu haben, vor allem dort wo der Eudämonismus zum Hedonismus geworden ist. Wenn den Menschen der Rat gegeben wird, das Leben so einzurichten, daß sie ein größtmögliches Maß an Lust gewinnen, dann ist tatsächlich eine Verkehrung von Substanz und Akzidenz eingetreten: als Substanz des sittlichen Handelns muß ein Verhalten angesehen werden, das mit dem von der Subjektivität des Handelnden nicht abhängigen Unbedingten zu tun hat; als Akzidenz dagegen die

subjektiven emotionalen Begleitumstände des Handelns. Schon die Stoa machte auf diesen Punkt aufmerksam: die Lust ist nicht der Beweggrund der Tugend, sondern etwas zu ihr Hinzukommendes (accessio). Nicht weil die Tugend uns erfreut, billigen wir sie, sondern wenn wir sie billigen, dann erfreut sie uns auch (so Seneca, De vita beata 9, 2). Kant nimmt diese Argumentation auf, wenn er streng zwischen Pflicht und Neigung unterscheidet und die Pflichterfüllung zum Kriterium des Sittlichen macht. Kant leugnet nicht, daß im konkreten Vollzug sittlichen Handelns auch subjektive Momente wie Neigung und Lust eine Rolle spielen; sie können aber rein begrifflich nicht zur Bestimmung des Wesens der Sittlichkeit dienen. „Wenn dieser Unterschied nicht beobachtet wird, wenn *Eudämonie* (das Glückseligkeitsprinzip) statt der *Eleutheronomie* (des Freiheitsprinzips der inneren Gesetzgebung) zum Grundsatze aufgestellt wird, so ist die Folge davon *Euthanasie* (der sanfte Tod) aller Moral" (Metaphysik der Sitten, II. Teil, Vorrede, S. 215). — Vom Standpunkt der phänomenologischen Werttheorie aus sieht M. Scheler den entscheidenden Grund gegen den Eudämonismus darin, daß „Gefühlszustände aller Art weder Werte sind, noch Werte bedingen, sondern höchstens Träger von Werten sein können. Nicht daß der Hedonist der Lust einen positiven Wert zuweist, ist ein Irrtum, sondern daß er diesem Wert einen falschen Rang in der Rangordnung der Werte gibt". (Der Formalismus . . ., S. 267).

3. Wie unsere Darstellung zeigt, entwickelte sich der Eudämonismus von einer ursprünglich individualistischen Fassung zum *Sozialeudämonismus.* Damit schwankt aber diese Begründung des Ethischen zwischen Egoismus als individuellem Streben nach Lusterfüllung und Altruismus als Wahrnehmen der Interessen und Bedürfnisse anderer hin und her. Indem eine Instanz postuliert wird, die in diesem Zwiespalt einen Ausgleich schafft, die soziale Vernunft, wird aber insgeheim eine das Lustprinzip transzendierende Größe angenommen. „Die individualistische Nützlichkeitsethik, auch Eudämonismus genannt, hebt sich selber auf, sowie sie wagt, mit sich konsequent zu sein" (A. Schweitzer, Kultur und Ethik, 1923, S. 36). Trotz dieser Einwände darf ein Moment nicht übersehen werden, das in der gegenwärtigen Diskussion des Problems eine besondere Rolle spielt: das mit dem kantischen Rigorismus verbundene Arbeitsethos hat die Menschen nicht ins „Reich der Freiheit" gebracht, sondern hält sie in einem Zustand der Unfreiheit und gebannt durch Notwendigkeit und Zwang. In dieser geschichtlichen Situation bedeutet die Idee des Eudämonismus ein Programm

der Befreiung, eine neue ästhetische Sensibilität (H. Marcuse, Versuch über die Befreiung, 1969) und darin die Voraussetzung für die Erfahrung des Selbstseins des Menschen.

4. Mit J. St. Mills Utilitarismus setzt sich ausführlich einer der führenden englischen Ethiker G. E. Moore in seinem Buch ›Principia Ethica‹ (1903) auseinander. In der Behauptung Mills, das Gute könne als natürliche Qualität, d. h. als Wünschbarkeit definiert werden, sieht er den naturalistischen Irrtum (naturalistic fallacy); aus der Wünschbarkeit einer Sache geht noch nicht notwendig deren Güte hervor. So ist der Hauptfehler der Utilitaristen, daß sie die nicht-natürliche Eigenschaft des Guten mit den der empirischen Natur zugehörenden Kategorien des Begehrenswerten und der Lust verwechseln.

Der Utilitarismus kann als Rechtfertigungsideologie des Liberalismus und der modernen Demokratie verstanden werden. Daß er auf die mittleren Bedürfnisse der Massen zugeschnitten ist, spricht kaum gegen ihn, wenn der Prozeß der Fundamentaldemokratisierung bejaht wird. Die *Grenze* dieser Anschauung liegt in dem mit ihm verbundenen optimistischen Glauben an die immanente Geltung übergeordneter sittlicher Werte in der Gesellschaft und der automatischen Selbstregulierung der Gesellschaft im Sinne dieser Gesetze. Wird der Begriff der Gerechtigkeit durch den der sozialen Nützlichkeit ersetzt, so machen die geschichtlichen Erfahrungen unseres Jahrhunderts bedenklich, denn mit dem Grundsatz „Recht ist, was dem Volke nützt", konnte die Vernichtung von völkischen Minderheiten gerechtfertigt werden. Daher wenden sich viele Strafrechtslehrer der Gegenwart gegen die Tendenz, eine Tat nach dem aktuellen Nutzen oder Schaden des Handlungserfolgs zu bestimmen vgl. H. Welzel, Das deutsche Strafrecht, ^{10}1967, S. 3: bei der Utilitarisierung des Strafrechts wird übersehen, daß es dem Strafrecht weniger auf das aktuelle Ergebnis der Handlung als auf die bleibende positive Handlungstendenz des Rechtsgenossen ankommen muß. Der Utilitarismus der juristischen Zwecktheorien löst das Strafrecht zwangsläufig von seinen ethischen Grundlagen los (M. E. Mayer, Deutsches Strafrecht, Allgem. Teil, S. 435).

Literatur: E. Albee, A history of English Utilitarianism, (1901) ^{2}1957. J. Plamneatz, The English Utilitarians, (1949) ^{2}1958. J. Thyssen, Glückseligkeitsethik und das Aequivokative des Ethischen, in: R. Wisser (Hrsg.), Sinn und Sein, 1960, S. 575—593. H. Reiner, Kants Beweis zur Widerlegung des Eudämonismus und das Apriori der Sittlichkeit, in: Kant-Studien 54, 1963, S. 129—165.

H. Marcuse, Zur Kritik des Hedonismus, in: Kultur und Gesellschaft, Bd. I, (1965) [8]1968, S. 128—168. H. Buhr, Das Glück und die Theologie. Wider die Weltflucht, 1969. G. M. Martin, Wir wollen hier auf Erden schon ... Das Recht auf Glück, 1970. L. Marcuse, Philosophie des Glücks — Von Hiob bis Freud, 1972. N. Hoerster, Utilitaristische Ethik und Verallgemeinerung, 1971. O. Höffe (Hrsg.), Einführung in die utilitaristische Ethik. Klassische und zeitgenössische Texte, 1975.

§ 6. Die axiologische Motivation[1]

Unter axiologischer Motivation ist ein Verhalten zu verstehen, das durch einen Wert oder ein Gut evoziert ist. Der Begriff Wert ist ein Begriff sowohl der Ökonomie wie der Philosophie und meint etwas Erstrebenswertes, das der Anerkennung würdig oder im Hinblick auf ein bestimmtes Ziel nützlich ist. Werte haben immer eine Beziehung auf den Menschen, und das ist auch der Grund, warum der Begriff des Wertes nicht völlig mit dem des Gutes im aristotelischen Sinne zur Deckung gebracht werden kann, denn das Gute im antiken Idealismus ist eine Qualität der teleologischen Ordnung der Natur und insofern auch wertvoll (s. u. Ontologische Motivation), aber nicht abhängig von der menschlichen Anerkennung und Strebung. Moderne Wertethik verzichtet auf die klassische Sicht des Guten als transzendentales Attribut des Seins, sucht vielmehr die vorhandene Welt der Werte sowohl vom Wert selbst wie vom wertenden Subjekt her zu analysieren. Damit ist schon implizit der von der Wertphilosophie zu diskutierende Problemkatalog aufgeführt:

1. Was ist das Wesen der Werte? Gibt es Werte „an sich“ oder macht erst das Werten und Erstreben das Wesen von Wert aus?
2. Gibt es eine Priorität von Werten, die an und für sich bestehen, oder sind Werte immer vom Urteil des Wertenden abhängig?
3. Sind Werte tendenziell auf ein wertendes Individuum bezogen oder hängen sie von der gesamtgesellschaftlichen Situation ab?
4. Gibt es eine Ordnung oder Hierarchie der Werte sowie Klassifizierungen von Werten?
5. Gibt es Beziehungen zwischen den Werten, Abhängigkeitsverhältnisse und gegenseitige Beeinflussungen?

[1] Axiologisch = (griech.) auf einen Wert bezogen.

6. Wie entstehen Werte sowohl im Einzelbewußtsein wie in der Geschichte? Wie entfalten sie sich und wie zerfallen sie?

Die hier aufgeworfenen Fragen lassen sich in einem Gang durch die Dogmengeschichte des Wertbegriffs beantworten. Der Sache nach hat der Wertbegriff in der alten Philosophie seinen Sitz an der Stelle, da von Vollkommenheit die Rede ist; indem Thomas Grade der Vollkommenheit annimmt, verbindet er Seinslehre (Ontologie) und Wertlehre (Axiologie). Diese Verbindung bleibt bis zur Schulmetaphysik des 18. Jh. bestehen, vgl. Chr. Wolff: die Schönheit besteht in der Vollkommenheit einer Sache, sofern sie die Kraft hat, Lust in uns hervorzubringen (Psychol. rationalis § 544). — Bei Kant findet sich der Begriff des inneren Wertes des Menschen, der identisch ist mit der unverlierbaren Würde und der Selbstachtung (Metaphysik der Sitten I, 1. Buch, 2. Hauptst. II, S. 287), dann aber auch der Begriff des absoluten Wertes des Daseins, den der Mensch in sich selbst findet und der mit dem Endzweck der Welt zusammenfällt (Kritik der Urteilskraft, S. 312 f.). — Thematisch in die Philosophie eingeführt wurde der Wertbegriff durch R. H. Lotze (1817—1881). Er vertritt einen teleologischen Idealismus, d. h. zu der reinen Kausalbetrachtung der Welt als Mechanismus muß die „ideale Ausdeutung ihres Wertes" kommen im Sinne einer Sendung, welche dieser Mechanismus im Bau der Welt zu erfüllen hat. Zur „Nachtansicht" der mechanischen Naturbetrachtung, wie sie die Naturwissenschaften betreiben, muß als notwendige Ergänzung die „Weltansicht des Gemütes" kommen. „Im Gefühl erfassen wir den lebendigen Zusammenhang mit einem Reich von Inhalten, die in sich wertvoll sind" (Mikrokosmos, Bd. I, S. 275). Man hat zumeist behauptet, Lotze vertrete einen subjektiven Wertbegriff, weil er in der Lust den Maßstab der Wertsetzung sieht, doch weiß er auch darum, daß es über die Lustempfindung hinaus eine sachliche Inhaltsbestimmtheit geben muß, wodurch die Lust erst angeregt wird. „Von dem eigenen Wert der Dinge werden wir bezwungen, er wird durch die Lust bloß *anerkannt*" (Mikrokosmos, Bd. II, S. 321). Das an sich Wertvolle umschließt bei Lotze das Gute, Schöne und das Heilige.

Im Neukantianismus wird die Wert-Theorie weiter ausgebaut. Lotzes Schüler W. Windelband (1848—1915) versteht Philosophie als Wissenschaft von den Werten. „Werthaftigkeit kommt immer nur in Beziehung auf ein wertendes Bewußtsein, niemals dem Gegenstande allein zu" (Einleitung in die Philosophie, 1914, S. 253). Das Gewissen ist der Ort, wo „Wertungen des Wertens" stattfinden. In der Nachfolge Kants unterscheidet Windelband ein empirisches und ein transzendentales Bewußtsein, was sich insofern auch auf die Wert-Theorie auswirkt, als Wertungen nicht nur Sache des empirischen, sondern des „Normalbewußtseins" oder der „absoluten Vernunft" sind. Windelband nimmt logische, ästhetische und ethische Werte an; mit ihnen soll das ganze Gebiet der Seelentätigkeiten erschöpft sein. Sie haben gemeinsam, daß sie Beurteilungen sind. Ein letzter metaphysischer Zusammenhang der Werte in einer Urwirklichkeit, die wissenschaftlicher Erkenntnis verschlossen bleibt, wird in der Religion vollzogen, die „metaphysisches, transzendentes Leben" ist (Präludien II, S. 273). — Der andere Vertreter der badischen Schule des Neukantianismus, H. Rickert (1863—1936), sieht in der Wertproblematik *das* Problem der Philosophie schlechthin. Werte fallen weder mit der Objektwirklichkeit zusammen noch mit subjektiven Wertungen. Sie sind also weder Güter, die objektiv feststellbar wären, noch reine Urteile, die das Subjekt fällt, sondern „sie bilden ein Reich für sich, das jenseits von Subjekt und Objekt liegt" (System der Philosophie I, 1921, S. 146). Gegen den Psychologismus, wie er den emotiven und voluntativen Motivationen der Ethik zugrunde liegt, wendet Rickert ein, daß Sinnprobleme auf allen Gebieten eben nur durch Deutung auf Grund einer Wertlehre, nicht aber durch Beschreibung und Erklärung des psychisch Realen in Angriff genommen werden können. Gegen den Vitalismus, der Werte in ihrer bloßen Lebendigkeit begründen will, stellt Rickert seinen Satz: nicht etwa steht die Kultur im Dienste des Lebens, sondern es darf nur das Leben im Dienste der Kultur stehen (Logos, Bd. II, S. 165). So geht bei Rickert die Wertlehre in eine Kulturphilosophie über, denn der Wirklichkeitsbereich, welcher der Wertlehre ihr Material zu bieten hat, ist die Welt der Kultur; Kultur ist „wertbehaftete Wirklichkeit". Um jedoch der Gefahr des Historismus zu entgehen, d. h. einer Festlegung der Werterkenntnis auf einmalige historische Wertgebilde, möchte Rickert seine Wertlehre als „offenes System" verstehen, in dem noch Platz für kommende neue Werte bleibt.

Weitere wichtige Vertreter der Wertphilosophie: H. Münsterberg (1863—1916) begründet seine ›Philosophie der Werte‹ (1908, ²1924) in der Philosophie Fichtes (Verankerung der Werte in den Tiefen des Über-Ichs oder Urwillens); J. Volkelt (1848—1930) versteht in seinem ›System der Ästhetik‹ (3 Bde., 1905—1914) das Sein als die Selbstverwirklichung des absoluten Wertes; Unterscheidung von relativen

Werten und Selbstwerten. — D. von Hildebrandt, Die Idee der sittlichen Handlung, in: Jb. f. Phil. u. phänomenol. Forschung, Bd. III, 1916 (Werte werden durch „Wertnehmen" zur Kenntnis genommen). — J. Hessen, Wertlehre, 1948.

Die Wert-Theorie wurde als materiale Wertethik von M. Scheler (1874—1928) und N. Hartmann (1882—1950) ausgebaut. Scheler knüpft an Fr. Brentano (1838—1917) an, der den Ursprung der sittlichen Erkenntnis in den Akten des Vorziehens, Liebens und Hassens sieht, sofern diese mit Evidenz sich als richtig oder angemessen einsehen lassen (Vom Ursprung sittlicher Erkenntnis, [1889] ^{3}1955). Pascal mit seiner ›ordre du cœur‹ oder ›logique du cœur‹ klingt an, wenn Scheler in seinem Hauptwerk „Der Formalismus in der Ethik und die materiale Wertethik" (1913, ^{4}1954) davon spricht, daß „im Lieben und Hassen selbst, d. h. in der Linie des *Vollzugs* jener intentionalen Akte die Werte und ihre Ordnungen aufblitzen" (S. 64). Nicht das Lieben und Hassen als solches schafft Werte, vielmehr kommen diese in diesen Gefühlen als echte und wahre Qualitäten oder „ideale Objekte" zur Selbstgegebenheit, ähnlich den Farben oder Tönen. Es gibt Objektivierungen von Werten in den Gütern, die eine „dinghafte Einheit von Wertqualitäten darstellen, die in einem bestimmten Grundwert fundiert sind" (S. 15 f.). Die Frage, ob es eine Rangordnung oder Hierarchie der Werte gibt, bejaht Scheler. Werterkenntnis vollzieht sich im Vorziehen und Nachsetzen, wodurch wir die Rangstufen der Werte, ihr Höher- oder Niedrigersein erfassen. Insofern vertritt Scheler eine objektive Wertlehre, als Werte nicht erst durch das Hinzutreten und Urteilen des Menschen geschaffen werden, sondern von diesem in Liebe und Haß zu entdecken sind. „Werte können nicht geschaffen werden, sie bestehen unabhängig von aller Organisation bestimmter Geisteswesen." Gegenüber der rein formalen Bestimmung des Sittlichen bei Kant (vgl. Kategorischer Imperativ!) behauptet Scheler das Apriori-Materiale in der Ethik, d. h. das Vorhandensein von Werten, die sich „material", d. h. inhaltlich präzise beschreiben lassen. Das eigentliche materiale Apriori für unsere Werteinsicht bilden die apriorischen Rangbeziehungen der Wertmodalitäten untereinander. Scheler unterscheidet vier derartige Modalitätskreise: die sinnlichen Werte des Angenehmen und Unangenehmen, die von den sinnlichen Empfindungsgefühlen von Lust und Schmerz erlebt werden; die Werte des vitalen Fühlens des Edlen und Gemeinen sowie des Wohls; die geistigen Werte des Schönen und Häßlichen, des Rechten und Unrechten sowie der Wahrheitserkenntnis; die Werte des Heiligen und Unheiligen.

Neben Scheler hat insbesondere N. Hartmann die Wertethik vollendet. In der Grundtendenz trifft er sich mit Scheler: Werte sind Wesenheiten, d. h. sie sind dasjenige, wodurch alles an ihnen Teilhabende so ist, wie es ist, nämlich wertvoll. Sie sind nicht bloß formale Gebilde, sondern Inhalte, Strukturen, die ein bestimmtes Quale an Dingen, Verhältnissen oder Personen ausmachen, als innere Bedingung der Wertschätzung und als Voraussetzung für Erstreben und Begehren. Noch differenzierter als Scheler ist die Beschreibung des „Reichs der Werte" bei Hartmann. Aufbauend auf den dem Subjekt anhaftenden Wertfundamenten (Leben, Bewußtsein, Tätigkeit, Leiden, Kraft, Willensfreiheit, Vorsehung und Zwecktätigkeit) folgen die Güterwerte (Dasein, Situation, Macht, Glück), worauf die eigentlich sittlichen Werte des Guten, Edlen, der Fülle und der Reinheit folgen (seltsamerweise fehlt das Schöne!). Es schließen sich an die eigentlichen Personwerte oder Tugenden, wobei Hartmann eine Synthetisierung antiker und christlicher Tugendreihen vornimmt: Gerechtigkeit, Weisheit, Tapferkeit, Beherrschung, die aristotelischen Tugenden des Freisinns, der Milde, Ehrliebe, Hochsinnigkeit und Scham werden durch eine weitere, vornehmlich aus christlichem Denken stammende Reihe fortgesetzt: Nächstenliebe, Wahrhaftigkeit und Aufrichtigkeit, Zuverlässigkeit und Treue, Vertrauen und Glaube, Bescheidenheit, Demut; Fernstenliebe und „schenkende Tugend" entstammen dem Denken Nietzsches. Der Wert des Heiligen fehlt bei Hartmann, wie überhaupt kein Verhältnis zum religiösen Bereich bei ihm festzustellen ist.

In diesem Zusammenhang soll E. Sprangers (1882—1956) aus der Lebensphilosophie W. Diltheys hervorgegangene Systematik der ›Lebensformen‹ (^{6}1927) nicht unerwähnt bleiben. In einem idealtypischen Verfahren wird ein Verstehen der menschlichen Lebenswelt versucht. Es ergeben sich dabei sechs Haupttypen: der theoretische Mensch, der nach der allgemeinen gegenständlichen Gesetzlichkeit der Welt forscht; der ökonomische Mensch, der der Welt unter dem Gesichtspunkt der Zweckdienlichkeit und Nützlichkeit begegnet; der ästhetische Mensch, dem es um Form und Ausdruck geht; der soziale Mensch, für den wertbejahende Hinwendung zu fremdem Leben und das Sich-im-anderen-fühlen typisch ist; der Machtmensch, der alle Wertgebiete in den Dienst seines Machtwillens stellt; der religiöse Mensch, der sein Einzelerleben in positive oder negative Beziehung zum Gesamtwert des individuellen Lebenskerns setzt. Der Konflikt dieser verschiedenen Wertrichtungen ist die Entstehungsstelle des spezifisch ethischen Erlebnisses (s. § 15: Konflikt der Motivationen).

Drei Probleme sind nach unserer bisherigen Darstellung noch offen:

1. *Das Problem des Wertrelativismus und Wertpluralismus.* Sind die von den phänomenologischen Wertethikern postulierten Werthierarchien überzeitliche „ewige Ordnungen", oder sind sie Ausdruck einer bestimmten sozio-kulturellen Situation, selbst historisch entstanden und darum auch dem historischen Wandel unterworfen?

2. *Das Problem der Bestimmungsinstanz für menschliches Handeln.* Ist Handeln von einem Bewußtsein des Sollens und der Verpflichtung gegenüber Werten bestimmt oder nicht eher durch eine Entscheidung, die nicht unmittelbar etwas mit Werten zu tun hat?

3. *Welche Rolle spielen Werte in einer Welt der Tatsachen?* Muß Wissenschaft, die sich mit den Tatsachen der Erfahrung beschäftigt, nicht werturteilsfrei betrieben werden?

Zu Punkt 1. Problem des Wertrelativismus und -pluralismus. Die Relativität der Werte tritt dann ins Bewußtsein, sobald über die Grenzen des eigenen Kulturkreises und damit des Geltungsbereichs der eigenen Wertordnung hinausgeblickt wird, vgl. Pascal, Fr. 293: Drei Breitengrade näher zum Pol stellen die ganze Rechtswissenschaft auf den Kopf, ein Längengrad entscheidet über Wahrheit; nach wenigen Jahren der Gültigkeit ändern sich grundlegende Gesetze . . . Plaisante justice qu'une rivière borne! Es gehört zu den Elementen der kritischen Vernunft seit den Sophisten der Antike bis zur Aufklärung des 18. Jh., und darüber hinaus, die Absolutheit der eigenen Wertordnung in Frage zu stellen. Vielleicht am eindringlichsten geschieht diese Hinterfragung bei Nietzsche (1844—1900). Er reduziert den Wertekosmos auf seine Funktion, den „Willen zur Macht", also zur Seinssteigerung des Wertträgers, zu stärken. Die „Genealogie der Moral" ergibt, daß die gegenwärtige Wertordnung der platonisch-christlichen Weltanschauung mit ihrer Überbetonung der Jenseitigkeit und Überweltlichkeit einerseits und ihrer Abwertung der Diesseitigkeit und Leiblichkeit anderseits entstammt. Die von Nietzsche angestrebte „Umwertung der Werte" zielt auf eine Erneuerung der vorchristlich-archaischen Tugenden der Tapferkeit, Großmut, des Heroischen und Dionysischen als Erfahrung der überschwenglichen Fülle des Seins.

Versuche zur Überwindung des Relativismus. Zur *Überwindung des Relativismus* sind vor allem drei Versuche gemacht worden:

a) *der geschichtsmetaphysische* Versuch von E. Troeltsch (1865—1923). Troeltsch geht von der Einsicht in die individuelle Verschiedenheit und unaufhebbare Mannigfaltigkeit der Kulturgebilde aus. Er resigniert vor der Aufgabe, eine globale und alle Kulturen umfassende Werteinheit zu schaffen, hält aber die Gewinnung einer „Kultursynthese" innerhalb des eignen Kulturkreises für erreichbar. Sie geht von der Idee der Persönlichkeit und der Freiheit aus, den beiden höchsten Schicksalsideen des Europäertums als der „Wahrheit für uns" (vgl. Der Historismus und seine Überwindung, 1924). — Für Troeltsch gibt es also keine apriorisch begründete, menschheitlich verbindliche Absolutheit der Werte, wohl aber eine innerhalb unserer eigenen Kultur geltende *„relative Absolutheit"*.

b) der *phänomenologische* Versuch von M. Scheler. — Scheler differenziert zwischen verschiedenen Schichten der Betrachtung des Sittlichen: dem Ethos als der Struktur des Vorziehens von Werten und des Liebens und Hassens; der Ethik als der Sphäre des Urteils und der Beurteilungsregeln von Werten und Wertrangverhältnissen; der Moral als jeweilig geltendes System der Institutions-, Güter- und Handlungseinheitstypen. Der ethische Relativismus übersieht, daß in diesen drei sittlichen Betrachtungsweisen Variationen der Moralität vorliegen, die nicht durch die Verschiedenheit der Werte, sondern der jeweiligen menschlichen und historischen Dimensionen bedingt sind. Indem Werte immer in einem Bewußtsein von Werten, also relativ zu einem Menschen und seiner historischen Lage, zur Gegebenheit kommen, sind sie „relativ", ohne dadurch in ihrem Wesen durch diese Relationen bedingt zu sein.

c) der *existenzphilosophische* Versuch von K. Jaspers. — Jaspers gibt zu, daß die Geschichtlichkeit der Werte immer korrelativ zur Geschichtlichkeit der Existenz ist. Werte erfahren ihre Substantialität durch gegenwärtiges Existieren. Der Relativismus begibt sich in eine distanzierte Zuschauerhaltung des unverbindlichen Vergleichens und stellt sich damit außerhalb des Vorgangs der im Entscheiden zur Wertverwirklichung gezwungenen Existenz. In der Situation des ethischen Vollzugs gibt es so etwas wie eine *„existentielle Absolutheit"*, d. h. durch meine getroffene Wertentscheidung bekommt ein bestimmter Wert eine absolute Bedeutung für mich.

Zum Verständnis des von Nietzsche vorgetragenen ethischen Relativismus muß die geschichtliche Situation berücksichtigt werden, in der er entwickelt wurde: in einer Spätphase der abendländischen Zivilisation werden Entfremdungsprozesse entdeckt, die im Lauf der Geschichte den ursprünglichen Ansatz einer Ethik pervertiert haben, z. B. die Pervertierung von Nächstenliebe in Mitleid (Schopenhauer!), urchristlicher Eschatologie in asketische Weltflucht und Leibfeindlichkeit. In dieser Situation wird die kausal-genetische Betrachtungsweise des ethischen Relativismus zum Denkinstrument zur Rückgewinnung von verlorengegangenen Vitalwerten (vgl. M. Heidegger, Nietzsche, 1961).

Zu Punkt 2. Das Problem der *Bestimmungsinstanz für menschliches Handeln.* Die phänomenologischen Wertethiker hatten ein Wertereich angenommen, das unabhängig von des Menschen Wollen und Laufen besteht. Es gilt somit als handlungsbestimmend. Dem stellt der Existentialismus Sartres entgegen, daß Werte Seinsentwürfe des Menschen sind, während das normativ Bestehende kein Sein als Wirklichkeit hat. „Unsere Überlegungen gestatten die Behauptung, daß der Wert durch die menschliche Wirklichkeit in die Welt kommt. Nun ist der Sinn des Wertes, das zu sein, auf das hin ein Seiendes sein Sein überschreitet" (L'Être et le Néant, S. 137; dt. S. 148). Der Mensch ist für sich und sein Handeln total verantwortlich, hat weder hinter sich noch vor sich ein „Lichtreich der Werte, Rechtfertigungen oder Entschuldigungen".

Der Wert kann sich nur einer aktiven Freiheit enthüllen, die ihn als Wert nur auf Grund der Tatsache bestehen läßt, daß sie ihn als solchen anerkennt. Folglich ist meine Freiheit die alleinige Begründung der Werte und nichts, absolut nichts rechtfertigt mich, diesen und nicht jenen Wert, diesen und nicht jenen Wertmaßstab mir zu eigen zu machen. Insoweit ich das Sein bin, durch das die Werte bestehen, bin ich ohne Rechtfertigung (L'Être S. 77; dt. S. 82).

Führt dieser Standpunkt nicht zu einer völligen Willkür und Beliebigkeit im Setzen von Werten (gratuité)? Ist damit nicht zugleich das Ende des Wertbegriffs erreicht, wenn diesem keine Allgemeinheit und Allgemeingültigkeit eignet? Sartres Antwort schränkt den Gedanken an Willkür durchaus ein, denn indem sich der einzelne Mensch wählt, wählt er zugleich die ganze Menschheit mit, d. h. es wird mit der Wahl von Werten zugleich über ein Wesensbild des Menschen und der Humanität entschieden, womit deutlich ein Anspruch auf Allgemeingültigkeit verbunden ist. Diese Lösung erinnert an Kants kategorischen Imperativ, der auch nicht materiale ethische Aussagen meint, sondern bewußt in formaler Allgemeinheit gehalten ist. Wird auch weder bei Kant noch bei Sartre ein ideales Wertereich angenommen, so liegt doch der Bestimmungsgrund für das Handeln nicht in diesem selbst, sondern in der allgemeinen Idee der Menschenwürde und der Anerkennung des Rechtes auf Dasein, also in Werten, die zwar allgemein sind, aber in der jeweiligen Situation der Konkretisierung bedürfen.

Weitere Vertreter der existentialistischen Wertlehre: S. de Beauvoir, Pour une morale de l'ambiguité, 1947; dt. Soll man de Sade verbrennen?, 1964. R. Polin, La création des valeurs, 1944. G. Gusdorf, Traité de l'existence morale, 1949.

Zu Punkt 3. Wertfreiheit der Wissenschaft? In der Rechtswissenschaft der Gegenwart ist die sog. Wertungsjurisprudenz eine Richtung, die nicht nur soziale und wirtschaftliche Interessen, sondern auch objektive institutionelle und ideelle Werte als Schutzaufgaben der gesetzgeberischen und richterlichen Normierung erkennt. „Wertung heißt hier Lösung eines Konflikts nicht nur zwischen gegebenen sozialen Interessen, die notwendig miteinander kollidieren, sondern auch zwischen kulturellen und — noch allgemeiner gesagt — ideellen Werten" (J. Esser, Werte als Grundlage der Rechtsanwendung. Schriften der Ev. Akademie in Hessen und Nassau, Heft 68, 1966, S. 7). Dabei ist sich diese Richtung des dauernden Wertewandels durchaus bewußt, d. h. der Tatsache, daß z. B. der Begriff der „guten Sitten", von dem her sich viele Entscheidungen des bürgerlichen und des Strafrechts normierten, heute im Wandel ist. Jedenfalls befindet sich die Jurisprudenz in dem Dilemma einerseits von der Annahme einer „Ansicht aller billig und gerecht Denkenden" und von der wertmäßig homogenen Gruppe des eigenen Volkes als Wertgrundlage des Rechts ausgehen, andererseits aber die Wandlungen des Rechtsgefühls und der Wertvorstellungen in der Judikatur zur Kenntnis nehmen zu müssen.

In den Sozialwissenschaften spricht man seit den Aufsätzen des Soziologen Max Weber über „Den Sinn der Wertfreiheit der Sozialwissenschaften" (Ges. Aufsätze zur Wissenschaftslehre, ²1951) von einem Methodenstreit der Sozialwissenschaften. Positivistische Vertreter der Sozialwissenschaften treten für die Wertfreiheit wissenschaftlicher Aussagen ein (so K. Popper, H. Albert, E. Topitsch), Phänomenologen und Thomisten dagegen für eine wertende Wissenschaft. Man muß dabei drei verschiedene Fragestellungen unterscheiden, die nicht vermengt werden dürfen, aber doch untereinander in Beziehung stehen:

1. Das Problem der *Wertbasis*, d. h. inwieweit Wertungen die Grundlage wissenschaftlicher Aussagen bilden.

Ohne Frage sind wissenschaftliche Fragestellungen nicht ohne Beziehung zu Werten. Sofern Wissenschaft angewandte oder praxisbezogene Wissenschaft ist, muß der Gesichtspunkt der Dienlichkeit ihrer Ergebnisse sowohl auf die Auswahl der zu untersuchenden Probleme wie der anzuwendenden Methoden zutreffen. Dienlichkeit als „Interesse" der Wissenschaft ist aber ein Wert; insofern hat Wissenschaft eine Wertbasis.

2. Das Problem der Werte als *Forschungsobjekte der Wissenschaft.*

   Die Frage, ob Wertungen auch Gegenstand wissenschaftlicher Forschung sein können, muß durchaus bejaht werden. Es gibt für Wissenschaft keinen möglichen Gegenstand, der nicht Objekt wissenschaftlicher Forschung werden könnte; also sind geschichtlich auftretende Werturteile legitimer Gegenstand wissenschaftlicher Arbeit.

3. Das Problem des *Werturteils*, d. h. wieweit wissenschaftliche Aussagen selbst den Charakter von Werturteilen tragen können.

   Sicher sind hier zwei falsche Formen von Werturteilen abzulehnen: die dogmatische Voraussetzung von Begriffen, die in sich selbst schon eine Wertung bzw. Abwertung enthalten, etwa die Rede vom „Spätkapitalismus" als einer zu überwindenden Form der Dekadenz sowie die "naturalistic fallacy", d. h. der Fehlschluß von Sachaussagen auf Sollensnormen, etwa daß sich aus einer Sozialanalyse gewisse tendenzielle Entwicklungen ablesen lassen, die dann zu Normen künftigen Verhaltens umgemünzt werden.

Das Ergebnis der bisherigen Diskussion dürfte dahingehend zusammengefaßt werden können, daß zwar wissenschaftliche Ergebnisse insofern wertneutral sind als sie ambivalent sind, d. h. aus einem vorliegenden Befund nicht ohne weiteres auf künftige Entwicklungen geschlossen werden kann, aber doch der in der Entscheidung Stehende, vor allem der Politiker, sein Handlungsfeld bewußt durch Wertorientierungen einengen muß, die zwar nicht beziehungslos über den Tatsachen schweben, aber auch nicht unmittelbar aus ihnen abgenommen werden können. — Auch der Wissenschaftler wird die Wertfrage nicht völlig ausklammern können, vor allem wenn es um die humane Verantwortung von Wissenschaft geht und die Anwendung wissenschaftlicher Forschungsergebnisse zum Nutzen oder Nachteil der Menschheit (Atomproblem; biologische Genmanipulation; Mensch aus der Retorte; Umweltverschmutzung usw.). Vgl. Konflikt der Motivationen und Grenzen der Ethik (S. 157 ff.).

Wie bei der eudämonistischen Motivation die Gefühle des Angenehmen und Unangenehmen sowie der Nützlichkeit das subjektive Korrelat zur Objektkategorie Glück bildeten, so stellt der Begriff der *Tugend* das subjektive Korrelat zu der Objektkategorie Wert dar. Tugend ist zunächst zu begreifen als die Tauglichkeit (vgl. den etymologischen Zusammenhang von Tugend und Taugen!) zu einem werthaften Verhalten. Tugend (griech. ἀρετή, lat. virtus) hat es zunächst mit dem Vermögen zu tun, eine bestimmte Leistung zu vollbringen, die als werthaltig gilt und in deren Verwirklichung die Wesenserfüllung des handelnden Subjekts liegt. So liegt die „Tugend" eines Pferdes in seiner Stärke oder Schnelligkeit; menschliche Tugend wird in der Frühzeit primär politisch bestimmt als Fähigkeit, Herrschaft auszuüben. Am Beispiel des Politikers hat sich in der Antike die Diskussion um das Wesen von Tugend entzündet. Die Sophisten gehen von der Frage aus, wie sich der Mensch am besten in seiner und gegen seine Umwelt behaupten kann. „Tugend" wird hier zu einer Art Über-technik, durch das Mittel des Wortes, verstanden als sprachliche Fixierung der jeweiligen Entscheidungssituation, Anweisungen für das jeweils notwendige Handeln zu geben. Sokrates und die Schule Platons wehren sich gegen dieses Verständnis von Tugend und setzen dem ihre Auffassung entgegen: nicht der Mensch und sein „Wille zur Macht" ist das Bestimmende für die Tugend, sondern Gott, d. h. der die Welt durchwaltende Logos verpflichtet den Menschen und stellt seinerseits die Macht des Seins und des Willens in seinen Dienst (vgl. J. Kube, TEXNH und APETH. Sophistisches und platonisches Tugendwissen, 1969). So wird es verständlich, wenn in der Tugend die Voraussetzung für ein geglücktes Dasein (Eudaimonia) gesehen wird. Der Tugendbegriff nimmt teil an dem nunmehr einsetzenden Prozeß der Verinnerlichung und Vergeistigung. Tugend wird eine Eigenschaft des inneren Menschen, des Charakters und der Gesinnung, des geistigen Habitus (ἕξις), der final auf die Realisierung von Werten gerichtet ist. In der platonischen Schule werden vier Haupttugenden angenommen, die der Struktur des individuellen und sozialen Organismus entsprechen und ohne die es kein Wohl-sein geben kann: Selbstbeherrschung, Tapferkeit, Weisheit und als krönende, den Ausgleich im Ganzen schaffende Tugend die Gerechtigkeit. Vgl. dazu das unter dem Abschnitt über die ontologische Motivation Gesagte. — Aristoteles behält die vier platonischen Tugenden bei, ergänzt sie jedoch durch einige weitere, die zum Verständnis des Menschen als „homo politicus" (ζῷον πολιτικόν) gehören: Freigebigkeit, Sanftmut, Freizügigkeit, Ehrgeiz, Edelmut, Teilnahme an fremdem Ergehen und Schamgefühl.

Unter dem Einfluß des Christentums werden diese politischen Tugenden der Antike, die in der spätantiken Philosophie der Stoa in einer Art Indifferenz gegenüber dem politischen Bereich (Unerschütterlichkeit, Gleichmut, ἀταραξία) neutralisiert wurden, durch die Entdeckung der eigentlich sozialen Dimension ergänzt. Nächstenliebe, Wahrhaftigkeit, Aufrichtigkeit, Treue, Vertrauen, Demut und Hingabe sind die mitmenschlichen Tugenden, die durch die drei „theologischen Tugenden“ ergänzt werden: Glaube, Liebe und Hoffnung, in denen die Richtung auf Gott ausschlaggebend ist und die nur durch göttliche Gnade wirklich werden.

In nichts anderem zeigt sich der geschichtliche Wandel der herrschenden Schichten deutlicher als im Wandel der Tugendlehren. Im aufstrebenden Bürgertum der Neuzeit treten wieder andere Kategorien in den Vordergrund als sie bisher gültig waren: Ordnung als „Muttertugend“ (so der Pädagoge Campe), Sparsamkeit, Reinlichkeit, Fleiß, Arbeitsamkeit, Fairneß. — Die Zielsetzungen des Kommunismus kommen in dessen Tugendkatalog zum Ausdruck: internationale Solidarität, Vaterlandsliebe, Begeisterung für den sozialistischen Aufbau, Kameradschaft, Achtung vor dem Volkseigentum, Leistungsstreben, Friedensliebe, Sauberkeit und Familientreue (vgl. Ulbricht, Zehn Gebote der sozialistischen Moral und Ethik, in: H.-G. Koch, Neue Erde ohne Himmel? 1963, S. 7).

Aus diesem kurzen Überblick wird einmal deutlich, daß es offenbar kein abgeschlossenes „System der Tugendlehre“ mit überzeitlichem Geltungsanspruch geben kann, da jede Tugend auf eine geschichtliche Situation bezogen ist und innerhalb dieser ihren Sinn hat. Andererseits bleibt die Frage offen, ob hinter diesen das konkrete Verhalten in einer bestimmten sozialen Situation betreffenden Tugenden nicht unverlierbare menschliche Grundwerte stehen, die in diesen Einzeltugenden transparent werden, nämlich die Würde des Menschen und die Achtung vor seinem Recht auf Dasein in jeder geschichtlichen Situation.

Literatur: Zur Werttheorie: M. Wittmann, Die moderne Wertethik, 1940. E. Mayer, Die Objektivität der Werterkenntnis bei Nicolai Hartmann (Monogr. z. phil. Forschung VIII), 1952. A. C. Graham, The problem of value, London 1961. A. Rich, Das Wertproblem im Horizont der Theologie, in: EvTh 25, 1965, S. 399—412 (versucht Wertsubjektivismus und Wertobjektivismus durch eine dialogische Position zu vermitteln). R. G. Maliandi, Wertobjektivität und Realitätserfahrung, 1966. A. Stern, Geschichtsphilosophie und Wertproblem, 1967. W. Köhler, Werte und Tatsachen (The place of value in a world of facts), 1968. D. H. Parker, Philosophy of value, New York 1968.

Zum Problem des Wertrelativismus: H. Ryffel, Der Wertpluralismus unserer Zeit als philosophisches Problem, in: ARSP 42, 1957, S. 305 ff.

H. Kron, Ethos und Ethik. Der Pluralismus der Kulturen und das Problem des ethischen Relativismus, 1960.

Zur existentialistischen Wertlehre: R. Lauth, Versuche einer existentialistischen Wertlehre in der französischen Philosophie der Gegenwart, in: ZphF Bd. X, 1956, S. 244 ff. R. Mehl, De l'autorité des valeurs, 1957. H. Fahrenbach, Existenzphilosophie und Ethik, 1970.

Zum Tugendproblem: O. Fr. Bollnow, Wesen und Wandel der Tugenden, 1958. — R. Guardini, Tugenden. Meditationen über Gestalten des sittlichen Lebens, (1963) ²1967. J. Pieper, Das Viergespann, 1964.

Zum Werturteilsstreit: V. Kraft, Die Grundlagen einer wissenschaftlichen Wertlehre, ²1951. Chr. v. Ferber, Der Werturteilsstreit 1909—1959, in: Die Logik der Sozialwissenschaften, hrsg. von E. Topitsch, 1965, S. 165 bis 180. H. Albert, Art. Wertfreiheit (Werturteilsproblem) in Wörterbuch der Soziologie, hrsg. v. W. Bernsdorf, ²1969, S. 1279—1282 (Lit.). R. Lautmann, Wert und Norm, Begriffsanalysen für die Soziologie, 1969. H. Albert und E. Topitsch (Hrsg.), Werturteilsstreit (Wege der Forschung, Band CLXXV), 1971 (enthält 25 wichtige Beiträge aus Philosophie und Soziologie zum Wertproblem).

§ 7. Die deontologische Motivation[2]

Jeder Handlungsvollzug steht unter dem Gesetz einer Verpflichtung (Obligation). Die breite Fülle der Möglichkeiten wird bei der Verwirklichung einer Handlung eingeengt auf eine einzige, die als die „richtige“ oder „gute“ gewählt wird. Welches sind die Kriterien für diese „Einengung“? Entspringt das eine Handlung evozierende Sollen einer objektiven oder subjektiven Norm? Als objektive Norm gilt das *Gesetz,* als subjektive die *Pflicht*. Beides schließt eine Nötigung ein, die im Gewissen erfahren und von der praktischen Vernunft bejaht wird.

In der griechischen Tradition spielt der Begriff des ungeschriebenen Gesetzes (νόμος ἄγραφος) eine wichtige Rolle. Schon der Dichter Pindar nimmt ein Gesetz an, das König ist über alle, über die Sterb-

[2] Deontologisch — vom griechischen deon, δέον = Pflicht, bedeutet Verhalten, das sich aus einem Gesetz oder einer Pflicht herleitet. Der Begriff Deontology wurde erstmalig von J. Bentham in dessen 1834 erschienenem Buch ›Deontology‹ verwendet.

lichen wie die Unsterblichen. Chrysipp, der Vollender der stoischen Philosophie im 3. Jh. v. Chr., nimmt diesen Gedanken in seinem Buch über den Nomos auf:

Das Gesetz ist König über alles, über göttliche und menschliche Dinge. Es muß die Autorität sein, die bestimmt, was sittlich schön und was häßlich ist, muß Herr sein und Führer für die von Natur zur staatlichen Gemeinschaft veranlagten Wesen, und demzufolge die Richtschnur geben für das, was gerecht und ungerecht ist, indem es befiehlt, was getan werden soll, und verbietet, was nicht getan werden darf (SVF III 314).

Dieses Gesetz war da, ehe es geschriebene Gesetze oder einen Staat gab; es kann durch keinen menschlichen Beschluß geändert oder abgeschafft werden und gilt unverbrüchlich für alle Völker und zu allen Zeiten. Es ist nichts anderes als die göttliche Vernunft selbst, die allen Wesen innewohnt und ihr Leben regelt. Wer ihm nicht gehorcht, beschwört selbst die schwerste Strafe auf sich herab, auch wenn ihn menschliche Gerichte nicht erreichen. Wer gegen das Gesetz handelt, zieht nicht nur Strafe auf sich, sondern beraubt sich auch seines Menschentums, verzichtet auf den harmonischen Seelenfrieden, für den die Übereinstimmung mit der Natur und dem Logos die Voraussetzung ist. Vgl. M. Pohlenz, Die Stoa I, S. 132 f.

Dieses Gesetz ist im Grunde identisch mit dem Naturgesetz, ist nicht Produkt menschlicher Übereinkunft, wie die Sophisten das angenommen haben. Jedes positive Recht hat nur insoweit Verbindlichkeit, als es mit dem Vernunftgesetz in Einklang steht, und bürgerliche Gesetze, die gegen das ungeschriebene Gesetz der Vernunft verstoßen, haben keine sittliche Verbindlichkeit für den Menschen, wenngleich er ihnen als Bürger soweit gehorcht als er es verantworten kann. Nach stoischer Lehre ist eine vollkommen gute Handlung (κατόρθωμα) nur eine solche, die sich in vollkommener Übereinstimmung mit dem Gesetz befindet und vom Weisen in voller sittlicher Einsicht getan wird. An dieser Stelle führen die Stoiker eine für die Folgezeit wichtige Unterscheidung ein: außer dieser vollsittlichen Handlung gibt es solche, die zwar dem Gesetz gemäß verlaufen, aber nur den Charakter einer Pflichthandlung haben (καθῆκον). Zenon (4. Jh. v. Chr.) war der erste, der diesen Begriff in die griechische Ethik eingeführt hat. Dem Durchschnittsmenschen fehlt die tiefere sittliche Einsicht, die ihn zu einer vollkommenen Handlung befähigen würde; er bedarf daher einer höheren Instanz, die ihn bindet und verpflichtet, das Notwendige (τὰ δέοντα) zu tun. Pohlenz vermutet hier bei dem Semiten Zenon semitischen Einfluß, wenn er das Prinzip des „Du sollst!" in die Ethik einführt. „Aus der Verschmelzung des Glaubens an eine höhere Macht, der das menschliche Handeln untersteht, mit dem hellenischen Erleben der Physis ist der philosophische Pflichtbegriff entstanden, den Zenon für das Abendland entdeckt hat" (Pohlenz, a. a. O., S. 135). Pflicht ist im Sinne der Stoa einmal etwas unter der höchsten Norm Stehendes, sodann umfaßt dieser Begriff auch äußerliche Anstandsregeln des täglichen Lebens.

Der hier erstmalig gedachte Gedanke der sittlichen Verbindlichkeit geht im Mittelalter eine Synthese mit der eudämonistischen Gesamtauffassung der Ethik ein. So vertritt Thomas von Aquino einen „sanktionistischen Eudämonismus" (so H. Reiner, Die philosophische Ethik, S. 107). Nach Thomas gehört zum sittlichen Handeln, daß es durch ein Gesetz geregelt wird, dessen Merkmal die „virtus obligandi" (= Kraft zu verpflichten) ist. Die Verpflichtung wird von ihm verstanden als Auferlegung einer Notwendigkeit (impositio necessitatis conditionatae), die dadurch bedingt ist, daß sie auf die Erlangung eines Gutes oder die Vermeidung eines Übels zielt (De veritate, q. 17 a 3). Lohn und Strafe sind nicht die natürlichen Folgen einer Handlung, sondern die nach dem Willen Gottes verheißenen Folgen des jenseitigen Lebens.

Der sanktionistische Eudämonismus beherrscht über die Scholastik hinaus auch die Ethik der Aufklärung. So sieht Locke die Verpflichtung zum Guten und die Unterlassung des Bösen in Verbindung mit Sanktionen des Gesetzgebers, wobei für ihn drei Arten von Gesetzen in Frage kommen: das göttliche Gesetz der christlichen Offenbarung, das bürgerliche Gesetz des Staates und das Gesetz der öffentlichen Meinung und des Rufes. Dieselbe Dreiteilung findet sich auch bei Leibniz, vgl. Neue Abhandlungen über den menschlichen Verstand, 2. Buch, 28. Kap.: das erste (das göttliche Gesetz) ist die Regel der Sünden oder Pflichten, das zweite (das bürgerliche Gesetz) die der verbrecherischen oder unschuldigen Handlungen, das dritte (Gesetz der Meinung) die der Tugenden oder Laster. — Zur Kritik des sanktionistischen Eudämonismus, vgl. H. Reiner: der Grundfehler des sanktionistischen Eudämonismus besteht darin, daß er das Wesen des sittlichen Sollens verkennt. Er verwechselt mit dem sittlichen Sollen etwas, was diesem in gewisser Weise ähnlich, aber doch in seinem Wesen tief davon verschieden ist.

Eine ausführliche Lehre von der moralischen Verpflichtung (Obligation) findet sich in der philosophischen Ethik des 18. Jh.

A. G. Baumgartens Ethica philosophica von 1740 wird z. B. von Kant in seinen ethischen Vorlesungen zugrunde gelegt und enthält ein ausführliches Kapitel über die aktive und passive Obligation. Aktive Obligationen sind großmütige Handlungen gegen Personen, denen gegenüber wir eigentlich nicht persönlich verpflichtet sind, etwa Hilfeleistungen gegenüber Verunglückten. Solche Handlungen werden als Verdienst bezeichnet. Eine passive Obligation ist eine Verpflichtung gegenüber einer Person, die eine berechtigte Forderung gegen mich hat, z. B. ein Gläubiger, dem ich eine Geldsumme schulde. Bei der aktiven Obligation liegt eine Nötigung der Vernunft vor, bei der passiven eine Nötigung auf Grund einer Schuld. Verbindlichkeit setzt den Gebrauch der Freiheit voraus. Weiter wird eine natürliche Verpflichtung (obligatio naturalis) und eine positive Verpflichtung (obligatio positiva) unterschieden. Erstere ergibt sich aus der „Natur der Sache“, d. h. zum Beispiel: ich darf nicht lügen — nicht weil es Gott verboten hat, sondern weil es an sich böse ist. „Alle Moralität aber beruht darauf, daß die Handlungen ausgeübt werden wegen der inneren Beschaffenheit der Handlung selbst, also nicht die Handlung macht die Moralität, sondern die Gesinnung, aus der ich sie tue“ (Kant, Vorlesung über Ethik, hrsg. von P. Menzer, S. 27 f.).

Eine theonome Sollensethik liegt im biblischen Bereich vor. Sie unterscheidet sich vom griechischen Typus der Seinsethik vor allem durch die verschiedenen anthropologischen Voraussetzungen: wird im griechischen Denken der Gesetzesbegriff gebraucht, so meint er dort eine ungebrochene Entfaltung der in „Natur“ oder „Sein“ angelegten Strukturen, während er im biblischen Bereich durch die Differenzierung in Schöpfung, Sündenfall und Erlösung modifiziert wird. Nach der biblischen Darstellung ergeht das Gebot Gottes in mehreren geschichtlichen Manifestationen an die Menschheit: zunächst als Verbot, vom Baum der Erkenntnis zu essen, an das erste Menschenpaar, sodann nach der Sintflut in der Gestalt der sog. Noachischen Gebote, die bis in die Neuzeit auf die Entwicklung der Naturrechtslehre großen Einfluß gehabt haben (vgl. H. Grotius, De iure belli ac pacis I 1, 16; II 5, 13). Zu diesen Geboten gehören 7 Weisungen, die als Urrecht der gefallenen Menschheit überall in derselben Geltung haben sollen: 1. das Gebot der Rechtspflege, 2. das Verbot der Gotteslästerung, 3. des Götzendienstes, 4. des Blutvergießens, 5. der Unzucht, 6. des Raubes, 7. das Verbot, Fleisch und Blut von einem noch lebenden Tier zu genießen (vgl. Gen 9, 4—6). Die eigentliche Offenbarung des Gotteswillens aber ist der mosaische Dekalog (= Zehn Gebote, überliefert Ex 20 und Dt 5), der in seinem ersten Teil eigentlich religiöse, in seinem zweiten Teil Sozialgebote, bzw. -verbote enthält. Es sind apodiktische Gebote, d. h. solche, hinter denen die Autorität Jahwes steht und die keine Strafandrohungen enthalten. Ihnen stehen die kasuistischen Gebote gegenüber, also konkrete Rechtsentscheidungen mit konkreten Strafsanktionen im Falle der Überschreitung. Eine dritte Gruppe sind die eigentlichen Kult- oder Zeremonialgesetze, welche den Gottesdienst bis ins einzelne regeln sollen, ohne daß sicher ist, daß danach tatsächlich immer verfahren wurde. Kultus, Recht und Ethos bilden eine Einheit in Israel, wie denn später der Begriff „Gesetz“ (griechisch νόμος, hebr. thora) als Inbegriff der jüdischen Religion und Lebensform gelten konnte, wobei sich allerdings vor allem in der neutestamentlichen Zeit die Entwicklung einmal hin zu einer Universalisierung (Israel ist das Licht der Völker und sein Gesetz der Grundplan der Welt), sodann zu einer Konzentration auf Gottes- und Nächstenliebe unter Wegfall der kultischen und rechtlichen Partien bemerkbar macht. Im Neuen Testament begegnen wir einer eigentümlich zwiespältigen Stellung zum Gesetz, das einmal als Ausdruck des unveränderlichen Gotteswillens (Röm 7, 12; Mt 5, 17 ff.) verstanden, anderseits als in Christus erfüllt und zu seinem Ende gekommen (Röm 10, 4) betrachtet wird. Die theologische Reflexion über die Zwiespältigkeit des Gesetzes bildet eines der Hauptthemen der reformatorischen Theologie. Luther versucht sie von der Dialektik von Gesetz und Evangelium her zu lösen: das Gesetz wird verstanden als weltliche Ordnung der Gesellschaft (usus civilis), sodann als pädagogisches Instrument, den Menschen seiner Sünde zu überführen (usus elenchticus) und zu Christus hinzuführen (usus pädagogicus). In diesen Funktionen liegt sowohl seine unverlierbare Bedeutung wie auch seine Schranke, denn es führt den Menschen nicht zur Erlösung; das schafft allein das Evangelium und der Glaube. In der nachreformatorischen Theologie wird noch ein „dritter Gebrauch“ (tertius usus legis) des Gesetzes angenommen, nämlich seine Funktion, das Leben der Gläubigen gottwohlgefällig zu gestalten.

Jedenfalls entstammt der christlichen Tradition die feste Stellung, die der Gesetzesbegriff auch in der Ethik der Neuzeit hat. Seine verpflichtende Kraft begründet sich in der theonomen Verankerung und wird inhaltlich als Liebe zu Gott und dem Nächsten verstanden. Aus der reformatorischen Tradition stammt jedoch weiter das Mißtrauen gegen einen Verfall der Theonomie in Heteronomie, d. h. in eine institutionell objektivierte Normgebung, mit der sich der einzelne nicht ohne weiteres identifizieren kann, und die Entdeckung der Autonomie im Sinne der inneren Bejahung des Gesetzes durch den in Glauben und Vernunft mündig gewordenen Menschen. Damit wären die Voraussetzungen geschaffen für den Pflichtbegriff Kants. Kant geht von dem Gegensatz von Pflicht und Neigung aus und sieht im Bewußtsein des Sollens „das Urphänomen im Gebiet des Moralischen überhaupt" (Fr. Paulsen, Immanuel Kant, S. 322). Nachdem im Jahrhundert vor Kant die emotivistischen und eudämonistischen Moraltheorien die Überhand hatten, vertritt Kant eine formalistische Moralphilosophie, bei der an die Stelle Gottes die Vernunft tritt als autonome Gesetzgeberin. Pflicht ist die „objektive Notwendigkeit einer Handlung aus Verbindlichkeit" (Metaphysik der Sitten, 2. Abschn.). Pflicht und Gesetz gehören zusammen; die Pflicht enthält eine Unterwerfung unter ein Gebot, ist „Notwendigkeit einer Handlung aus Achtung fürs Gesetz." Diese These wäre aber mißverstanden, wollte man sie so verstehen, als sei es mit einer äußerlichen Unterwerfung schon getan, als leiste ein Buchstabengehorsam der Forderung der Pflicht Genüge. Der Zwang geht vom Menschen als Noumenon, d. h. als vernünftig-freiem Wesen aus. Pflicht ist also ein Prinzip des Willens, nicht der Absicht, welche durch eine Tat erreicht werden soll, ebensowenig wie der Neigung, die eine Handlung zwar begleiten kann, aber durch die sie keineswegs schon eine gute Handlung wird.

Läßt sich für die Pflicht, die Kant als den „erhabenen, großen Namen" apostrophiert (KrprV, S. 111), ein Inhalt angeben? Es ist der kategorische Imperativ, also eine sittliche Norm, die für alle Menschen gleichermaßen verbindlich ist. Er wird von Kant in zwei Formulierungen definiert: Handle so, daß die Maxime (= Grundsatz) deines Willens jederzeit zugleich als Prinzip einer allgemeinen Gesetzgebung dienen könne. Im Grunde ist es eine philosophische Umformulierung der „goldenen Regel", die zumeist negativ formuliert wird: was du nicht willst, das man dir tu, das füg auch keinem andern zu, aber natürlich auch positiv formuliert werden kann, wie das bei Kant der Fall ist. Der Grund für den kategorischen Imperativ liegt nach Kant nicht mehr in einer außermenschlichen Instanz, obwohl Kant nie leugnen würde, daß der Wille und das Gesetz Gottes hinter ihm stehen, sondern in der Wesensnatur des Menschen selbst. Kant formuliert diesen Gedanken mit Hilfe der Mittel-Zweck-Kategorie: Handle so, daß du die Menschheit, sowohl in deiner Person als in der Person eines jeden andern, jederzeit zugleich als Zweck, niemals bloß als Mittel brauchst. Die Achtung vor der Menschenwürde ist also der letzte Grund des kategorischen Imperativs. Im Pflichtbegriff Kants sind also zwei Bestimmungen des Sittlichen ausgeschieden: einmal die subjektive Begründung in der Neigung, als ob das Gefühl der inneren Befriedigung über eine gute Tat deren sittliche Rechtfertigung wäre, sodann die objektive Begründung, als ob die Verwirklichung eines äußerlich sichtbaren Erfolges oder Gutes der Grund wäre. Hinter Kants Begründung des Sittlichen im Pflichtbegriff steht eine bestimmte Auffassung vom Menschen: der Mensch als vernünftiges Wesen („Noumenon") muß sich als „gesetzgebend in einem durch Freiheit des Willens möglichen Reiche der Zwecke" betrachten, auf das sich alle Moralität bezieht; der Pflichtbegriff geht also aus unserem eigentlichen, übersinnlich-geistigen Selbst, aus der intelligiblen „besseren Person" in uns hervor (Metaphysik der Sitten, S. 291). Mit diesen beiden Annahmen — des homo noumenon, der sich einem selbstgegebenen Gesetz unterstellt und der Achtung der Menschenwürde sowohl in sich selbst als in allen anderen Menschen — kann Kant auch dem Einwand begegnen, der kategorische Imperativ sei zu formal und sage inhaltlich nichts über die Normen des Verhaltens aus. Es wäre ja denkbar, daß ein Verbrecher seine Handlungsnorm absolut setzt und den „Krieg aller gegen alle" als sittliche Maxime postuliert. Kant würde dem entgegnen, daß ein solcher Mensch sowohl die Menschenwürde in sich selbst als in den anderen mißachten und das soziale Chaos zum allgemeinen Grundsatz erheben würde. Eine Regel, die aber die Ordnung überhaupt aufhebt und damit die Grundlage menschlichen Zusammenlebens in Frage stellt, kann niemals „Grundlage einer allgemeinen Gesetzgebung" und damit Grundlage der Ethik werden.

Trotzdem ist das Argument von der Unzulänglichkeit des kategorischen Imperativs nicht zum Schweigen zu bringen gewesen. Hegel lobt zwar die Erhabenheit des kantischen Pflichtbegriffs, sieht jedoch darin einen Mangel, daß diesem Standpunkt jede Gliederung fehlt.

Denn der Satz: Betrachte, ob deine Maxime könne als ein allgemeiner Grundsatz aufgestellt werden, wäre sehr gut, wenn wir schon bestimmte Prinzipien über das hätten, was zu tun sei. Indem wir nämlich von einem Prinzipe verlangen, es solle auch Bestimmung einer allgemeinen Gesetzgebung sein können, so setzt eine solche einen Inhalt schon voraus, und wäre dieser da, so müßte die Anwendung leicht werden. Hier aber ist der Grundsatz noch nicht vorhanden, und das Kriterium, daß kein Widerspruch sein solle, erzeugt nichts, da, wo nichts ist, auch kein Widerspruch sein kann (Grundlinien der Philosophie des Rechts, Zusatz zu § 135, S. 318 f.).

Schiller nahm Anstoß an Kants Rigorismus, der das Moment der Neigung, also die emotionale Komponente, aus dem sittlichen Akt ausscheidet. In ›Über Anmut und Würde‹ sagt er: der treffliche Mann hat mit seiner Ethik leider nur für die Knechte des Hauses, nicht aber für die Kinder des Hauses Sorge getragen. Er meint damit, daß die Knechte zwar der Gehorsamspflicht unterliegen, die Kinder aber als die mündigen Erben aus Freiheit und Freude handeln (vgl. Gal 4.). Ähnlich hat es Schiller etwas spöttisch in seinem Epigramm ›Gewissensskrupel‹ ausgesprochen:

> Gerne dien' ich den Freunden, doch tu' ich es leider mit Neigung,
> Und so wurmt es mir oft, daß ich nicht tugendhaft bin.

Diese Kritik trifft allerdings Kant insofern nicht, als er nie geleugnet hat, daß im praktischen Vollzuge des Handelns emotionale Momente mit im Spiele sind; worum es ihm geht, ist nur, den transzendentalen Beweggrund des Sittlichen zu finden, der nicht in den psychologisch-praktischen Momenten liegt.

In unserem Jahrhundert ist der kantische Formalismus am schärfsten vom Standpunkt einer materialen Wertethik von M. Scheler kritisiert worden. In seinem Buch ›Der Formalismus in der Ethik und die materiale Wertethik‹ zeigt er auf, wie die von Kant vollzogene Identifizierung von Werten und Gütern und die damit verbundene Verdinglichung irrig ist und sich die Annahme eines objektiven Wertereichs für den phänomenologischen Standpunkt als evident ergibt. — In ähnlicher Weise wird im englischen Intuitionismus von G. E. Moore (Principia Ethica, 1903) der von Kant ausdrücklich abgelehnte Zweckgedanke wieder positiv aufgenommen, indem Pflicht als diejenige Handlung verstanden wird, die verursacht, daß mehr Gutes in der Welt existiert als jede mögliche Alternative. Moore vertritt eine Erfolgsethik, wenn er sagt, die Konsequenzen einer Handlung müßten immer mitbedacht werden, wenn es um Gut und Böse geht. H. A. Prichard (Moral Obligation, 1949) teilt insofern die kantische Position, als er die Selbstevidenz der sittlichen Einsicht betont, die ebenso unmittelbar gewiß ist, wie mathematische oder logische Evidenz. Skepsis ist daher in Sachen der Ethik ebenso unangebracht wie gegenüber dem logischen Apriori.

Scheler hinterfragt die kantische Ethik wissenssoziologisch und findet, daß sich Kant vermessen habe, ein ethnisch und historisch eng begrenztes Staatsethos, nämlich das des preußischen Staates unter Friedrich dem Großen, mit der reinen allgemeingültigen Menschenvernunft gleichzusetzen (vgl. die Aufsätze ›Von zwei deutschen Krankheiten‹ und ›Vom Verrat der Freude‹, Ges. Werke Bd. 6).

Im Zusammenhang der Erörterung des Pflichtbegriffs muß auch eine Frage diskutiert werden, die von Kant rationalistisch, aber wenig wirklichkeitsnah gelöst wird, die Frage der *Pflichtenkollision.* Es gibt ja nicht nur den Konflikt zwischen Pflicht und Neigung, sondern ein weitaus schwerwiegenderer Konflikt ist der zwischen mehreren Pflichten, die uns gleichzeitig beanspruchen, also der Gegensatz zwischen zwei Werten, die beide als notwendig und wertvoll gelten müssen. Vor allem in der modernen Dramatik wird der Pflichtenkonflikt als ein innerseelischer Konflikt entdeckt. Penthesilea bei Kleist ist zugleich Soldat und Weib; in der Begegnung mit Achilleus gerät sie in den Konflikt zwischen Soldatenehre und Frauenliebe. Unsere Gebundenheit an Zeit und Raum und die Begrenztheit unserer Kraft bringen uns in Pflichtenkollisionen, z. B. wird sich ein Staatsmann nicht in zureichendem Maße um seine Familie kümmern können. Im Krieg kann ein überforderter Sanitäter nicht allen Verwundeten gleichzeitig helfen. Wem soll aber zuerst geholfen werden? Oft kollidiert die Pflicht zur Wahrhaftigkeit etwa beim Arzt mit der Pflicht, den Lebenswillen des Patienten so stark wie möglich zu erhalten. Oder es steht die persönliche Überzeugung im Konflikt mit der Pflicht gegenüber dem Gemeinwesen. In der kirchlichen Beichtpraxis wird das Problem seit dem 4. Laterankonzil von 1215 erörtert und führt zur Entwicklung einer iurisprudentia divina und einer moraltheologischen Kasuistik, in der eine Rangordnung der Werte aufgestellt wird, die in dieser Situation eine Orientierung geben soll. O. Schilling (Moraltheologie, 1922, § 33) gibt folgende Rangordnung an: zuoberst steht das natürliche Gesetz, dann folgt das positiv-göttliche (Zehn Gebote), dann die menschlichen Pflichten, die kirchlich-religiösen und schließlich die bürgerlichen. Der evangelische Ethiker Gottschick (Ethik, 1907) unterscheidet zwischen Rechts-, Berufs-, Selbst- und außerordentlichen Liebespflichten, wobei für ihn die Beachtung der Rechtspflicht vor der Liebespflicht geht. Aber auch diese Auskünfte können das Problem nicht lösen, sowenig wie Kant, wenn er meint, Pflicht und Verbindlichkeit seien Begriffe, welche die objektive praktische Notwendigkeit gewisser Handlungen ausdrücken und zwei einander entgegengesetzte Regeln könnten nicht zugleich notwendig sein (Metaphysik der Sitten, S. 27). Es bleibt dabei: der Konflikt der Pflichten, der Widerstreit der Werte ist das Zeichen einer Wunde am Leibe unserer Welt (H. Thielicke, Theol. Ethik II 1, 464). Es erweist sich, daß wir es hier mit einem theoretisch unlösbaren Problem zu tun haben, das mit der Endlichkeit unserer Existenz zusammenhängt.

Wenn vom Sollen die Rede ist, dann muß auch davon gesprochen werden, daß es *Grade der Verbindlichkeit* gibt. So haben die verschiedenen Varianten des Gesetzes — das göttliche, das natürliche, das menschliche und das positive — eine verschiedene Verbindlichkeit. Kant kennt neben dem kategorischen Imperativ noch den hypothetischen, d. h. die praktische Vorschrift, die kein Gesetz ist und den Willen nur bezüglich einer begehrten Wirkung bestimmt; es ist eine „Vorschrift der Geschicklichkeit", aber keine objektive Nötigung der Handlung (KprV, S. 24).

Vom absolut Gesollten und damit sittlich Notwendigen unterscheidet man das *Erlaubte,* das sich auf Güter und Dinge bezieht, die weder gut noch böse sind (Adiaphora). Dieser Begriff entstammt der stoischen Ethik und ist von dort in die abendländische ethische Tradition übernommen worden. In der Stoa wird das Gutsein als eine Qualität der Dinge betrachtet. „Alles Seiende ist entweder ein Gut oder ein Übel oder keines von beiden." Diese dritte Gruppe nennt die Stoa die indifferenten Dinge oder Adiaphora. Zenon war insofern kein strenger Rigorist, als er zugestand, daß man die der Natur gemäßen und förderlichen Dinge ergreifen dürfe, etwa Reichtum, Genuß, Ehre, ohne sich von ihnen oder ihrem Verlust abhängig zu machen. Rigoroser als die Stoiker waren die Kyniker, die in der Freigabe des Erlaubten ein Abweichen vom strengen Vernunftprinzip sahen und die relative Bewertung der außersittlichen Dinge als kompromißlerisch verwarfen. — In der Neuzeit entbrannte ein adiaphoristischer Streit zwischen Lutheranern und Calvinisten im 17. Jahrhundert, in dem es um die Stellung zu weltlichen Vergnügungen wie Musik, Tanz, Rauchen, Schmucktragen ging. Während die Lutheraner dies alles für indifferent im ethischen Sinne hielten, halten die Calvinisten das alles für Sünde, wie übrigens nach ihnen auch die Pietisten. Vgl. E. Konflikt der Motivationen und Grenzen der Ethik.

Kant hält nichts von den Mitteldingen, da die Freiheit der menschlichen Wahl nur durch die Maxime des guten Handelns geleitet sein darf, also die menschliche Gesinnung in Ansehung des moralischen Gesetzes niemals indifferent sein kann (Die Religion innerhalb der Grenzen der bloßen Vernunft, S. 20 ff.). Richtig daran ist sicher, daß es keine sittliche Indifferenz geben kann, wenngleich nicht alle vorkommenden Dinge von vornherein als gut oder böse abgestempelt sein müssen. Sie werden es aber im menschlichen Umgang und Gebrauch. Daher sagt der Apostel Paulus: alles ist mir erlaubt; aber nicht alles ist heilsam (1 Kor 6, 12). Nach christlichem Verständnis gibt es ein Kriterium für gut und böse in Hinsicht auf die Mitteldinge: alles, was nicht aus Glauben geschieht, ist Sünde (Röm 14, 23). — Daß der Begriff des Erlaubten insbesondere auch eine pädagogische Bedeutung hat, ist in der herkömmlichen Ethik meist übersehen worden. Für die heranwachsende Jugend, der noch die sittliche Reife fehlt, können bestimmte Dinge gefährlich werden und sollten daher als jugendgefährdend verboten sein, ebenso wie es dem Ethos bestimmter Stände entspricht, nicht alles für erlaubt zu halten.

Literatur: Zum theologischen Begriff des Gesetzes. a) *biblisch-theologisch:* E. Nielsen, Die zehn Gebote, 1965. A. v. Dülmen, Die Theologie des Gesetzes bei Paulus, 1967. b) *systematisch-theologisch:* K. Barth, Evangelium und Gesetz (ThExh 32), (1935) ^{2}1956, sieht im Gesetz eine „Form des Evangeliums", d. h. eine heilsame Weisung oder göttliche Orientierungshilfe. W. Joest, Gesetz und Freiheit. Das Problem des tertius usus legis bei Luther und die neutestamentliche Paränese (1951) ^{3}1961. P. Althaus, Gebot und Gesetz, 1952 (das dem Urstand zugehörige Gebot Gottes wird durch den Sündenfall zum Gesetz als Gericht über die Sünde und wird durch das Evangelium wieder zum Gebot als göttliche Weisung). G. Heintze, Luthers Predigt von Gesetz und Evangelium, 1958 (Lit.). W. Andersen, Der Gesetzesbegriff in der gegenwärtigen theologischen Diskussion (ThExh 108), 1969.

Zum philosophischen Gesetzesbegriff: F. Heinimann, Nomos und Physis. Herkunft einer Antithese im griechischen Denken des 5. Jahrhunderts, 1945. H. J. Paton, The categorical Imperative, 1948; dt. 1962. G. Kröber (Hrsg.), Der Gesetzesbegriff in der Philosophie und den Einzelwissenschaften, Berlin-Ost 1965. G. Abrahams, Morality and the Law, London 1970.

Zum Pflichtbegriff: R. Le Senne, Le Devoir, 1950. H. Reiner, Pflicht und Neigung. Die Grundlagen der Sittlichkeit erörtert und neu bestimmt mit besonderem Bezug auf Kant und Schiller, 1951. H. Neri Castañeda, "Ought" and Assumption in Moral Philosophy, in: The Journal of Philosophy LVII, 1960, S. 791 ff. G. H. v. Wright, An Essay in Deontic Logic and the General Theory of Action (Acta Philosophica Fennica 21), 1968.

C. SUBJEKTIVE MOTIVATIONEN

§ 8. Die rationale Motivation

Rationale Motivation sittlichen Handelns kann zweierlei bedeuten: einmal daß die Vernunft das subjektive Leitungsorgan im Menschen sei und also vor allem die Triebsphäre sich unterzuordnen habe. Dazu gehört weiter, daß das Objekt des sittlichen Handelns von der Vernunft her bestimmbar sei, woraus eine Überordnung der rationalen „Tugenden" und Werte gegenüber arationalen resultiert. Schließlich ergibt sich daraus eine pädagogische Konsequenz: Tugend ist lehrbar, ist nicht Sache der Anlage oder der Geburt, des edlen Blutes oder der vornehmen Abstammung, sondern der Einsicht, die jedermann offensteht, sofern er ein mit Vernunft begabtes Wesen ist.

Schon beim Urheber der philosophischen Ethik, Sokrates, erscheint die Vernunft als das Leitungsorgan für das menschliche Handeln. Erkennen und Handeln werden als Einheit betrachtet, und nur wer das Gute richtig erkannt hat, kann es auch tun. Fehlt einem Menschen die richtige Erkenntnis der Dinge, kann er auch nicht gut handeln; er wird irren und fehlgehen, weil er das Schlechtere für das Gute hält. Tugend, areté, ist nur praktische Anwendung und Ausübung des richtigen Wissens; sie ist richtiges Wissen in Tat umgesetzt. Weiter gehört zu diesem sokratischen Rationalismus in der Ethik die Annahme, daß der Weise, also der Mensch mit Einsicht in das Gute, dieses auch tut, denn absichtlich kann kein Mensch das Schlechtere wählen, weil das seiner Vernunftnatur widersprechen würde. Der Beweis für seine These wird nach der Überlieferung durch Xenophon (Mem. III 9, 4) folgendermaßen geführt: Jedermann tut das, was ihm als das ihm Zuträglichste erscheint. Wer unmäßig ist, glaubt, dies sei ihm zuträglich. Darin irrt er sich jedoch; Unmäßigkeit ist niemals dem Menschen zuträglich, also auch niemals gut für den Menschen. Untugend ist somit Irrtum. Wird hiergegen eingewandt, Viele täten doch das Gute nicht, das sie sehr wohl kennen, würde Sokrates erwidern, der Mensch handelt nach dem Begriff vom Guten, den er hat; wer schlecht handelt, hält das Schlechte, das er erwählt, für gut und hat folglich nicht die richtige Erkenntnis.

— Weiter ergibt sich für Sokrates aus diesem Ansatz die Lehre vom höchsten Gut. Wenn Tugend und Wissen als Einheit gesehen werden, dann sind beide auch die Grundlage des höchsten Gutes, der Glückseligkeit (εὐδαιμονία). Glück kann negativ definiert werden als die Vermeidung alles dessen, was der vernünftigen Selbstbestimmung entgegen ist und sie beeinträchtigt. Positiv ist es das gute Bestehen des Daseins nach dem Leitfaden der Vernunft und der Tugend. Weder Reichtum noch Macht, weder Genußsucht noch Sinnlichkeit können dieses Glück gewähren, sondern nur Mäßigung und Selbstbeherrschung, die den Menschen gottähnlich machen und ihn vom Tier unterscheiden.

Aus den sokratischen Voraussetzungen ergibt sich für Plato die höchste der Tugenden, die Weisheit (σοφία). Diese ist nicht nur eine Sache rationaler Abstraktion oder mathematisch-logisch definierbar, sondern hat mit dem Verhalten und Tun des Menschen zu tun, indem sie es steuert und das eigentliche Herrschaftsorgan im Menschen ist. Nicht die dem Leiblichen zugehörige Sinnlichkeit kann ermessen, was dem Menschen zuträglich ist, sondern nur die der Seele verbundene Weisheit. Weisheit wird in der platonischen Schule definiert als voraussetzungslose Erkenntnis, Einsicht in das immer Seiende, Sorge der Seele um den rechten Sinn (λόγος) (Pseudo-Plat. Def. 414 b). — Welche Eigenschaften werden dem *Weisen* als dem Prototyp des „guten" Menschen zugeschrieben? Aristoteles gibt sechs Bestimmungen an:

1. er weiß alles, d. h. nicht daß er jede Einzelheit wüßte, die wißbar ist, sondern daß es kein Gebiet gibt, das dem Weisen grundsätzlich verschlossen wäre;
2. der Weise vermag das Schwierige zu erkennen und was für die Menschen nicht leicht zu durchschauen ist; er richtet sich also nicht nur nach dem Augenschein oder der äußeren Wahrnehmung, auch nicht nur nach der augenblicklichen Lust, sondern geht dem nach, was das Sein in der Tiefe bestimmt;
3. der Weise ist genauer, weil er sich nicht mit dem Ungefähr der gemeinen Einsicht begnügt;
4. der Weise ist besser zum Lehren befähigt, weil er bessere Einsicht besitzt;
5. der Weise will Einsicht nicht um eines außerhalb der Einsicht liegenden Interesses willen (vgl. J. Habermas, Erkenntnis und Interesse), sondern um der Einsicht selbst willen;
6. der Weise ist eher zum Herrschen berufen als andere, denn die minder Weisen haben ihm zu folgen, nicht umgekehrt.

Dieser Weisheit kommt es nicht darauf an, etwas herzustellen im technischen Sinne, sie ist nicht instrumentale Vernunft, sondern theoretische im eminenten Sinne, d. h., sie ist auf die Erkenntnis der letzten Gründe und Ursachen aus. Theorie und Praxis sind im Sinne des aristotelischen Rationalismus keine Gegensätze, vielmehr ist „die Theorie selbst die höchste Praxis" (W. Bröcker, Aristoteles, [3]1964, S. 17). O. Gigon hat gezeigt, aus welchen geschichtlichen Motiven diese Lebensauffassung erwachsen ist: einmal aus der Naturphilosophie, die dem Menschen einen Gegenstand des Umgangs gibt, der unvergleichlich viel größer und dauerhafter ist als alles, was in der Praxis des alltäglichen Daseins anzutreffen ist; sodann aus religiösen Vorstellungen, wonach eben jener Himmelsraum, mit dem sich die Naturphilosophie befaßt, die wahre Heimat des Menschen und seiner Seele ist; ferner aus der Eigenart des Menschen im Vergleich zum Tier, nämlich seine Auszeichnung durch das Vernunftvermögen, den Logos (vgl. O. Gigon, Einleitung zur Nikomachischen Ethik. Artemis-Ausgabe, 1951). Daraus ergeben sich zwei Paradoxien: einmal widerspricht dieses Ethos dem natürlichen Streben des Menschen zur Entfaltung seiner Vitalität und seines Trieblebens; sodann verweist es ihn auf seine Innerlichkeit und sondert ihn von der Welt der Menschen und der Gemeinschaft ab. Dem entspricht das philosophische Lebensideal der Selbstgenugsamkeit (αὐτάρκεια), die souveräne Beherrschung der Welt und des Selbst, das keines anderen zu seiner Daseinsgestaltung bedarf. Gigon spricht allerdings mit Recht hier von einer Zwiespältigkeit der aristotelischen Ethik, denn es erheben sich zwei Fragen: entspricht dieses Ideal der wirklichen Situation des Menschen? Ist er wirklich das isolierte Individuum, das keines anderen zu seiner Existenz bedarf? Und kann er diese Autarkie tatsächlich durchhalten und erreichen? Gerade Aristoteles war es, der hier einen zweiten Begriff der ethischen Vernunft einführt, den der *praktischen* Vernunft (φρόνησις). Schon Plato kennt diese Unterscheidung, allerdings ohne sie terminologisch präzise von der Weisheit (σοφία) abzugrenzen. Sie ist jedenfalls die Gottesgabe, die den Staatsmann und den Philosophen zum Gesetzgeber befähigt. Damit ist schon bei Plato ein Bezug der praktischen Vernunft zur sozialen Lebensgestaltung gegeben. Praxis in der platonischen Tradition meint nicht das technische Herstellen von Gebrauchsgegenständen des täglichen Lebens — das ist Sache der „Kunst" (τέχνη) — sondern vor allem die Gestaltung des sozialen Lebens in Handel und Politik. Aristoteles hat hier einen Zusammenhang erkannt, der gerade heute wieder stark betont wird: die Produktion im technischen Sinne bedarf eines bestimmten Zweckes, der nicht unmittelbar in ihr liegt, sondern ihr von der praktischen Vernunft vorgeschrieben wird. „Jeder Hervorbringende tut dies zu einem bestimmten Zwecke, und sein Werk ist nicht Zweck an sich, sondern für etwas und jemanden"(NE VI 1139 a 30). Aristoteles legt das Wesen der praktischen Vernunft folgendermaßen dar: es gibt drei Komponenten des Handelns — Wahrnehmung, Vernunft und Streben. Wahrnehmung allein führt noch nicht zum Handeln, ebensowenig das Denken, vielmehr bedarf es des strebenden Willens, wenn eine Handlung zustande kommen soll; soll aber die Willensentscheidung gut sein, dann muß sie von der vernünftigen Einsicht geplant und gesteuert werden. Aristoteles hat weiter den Zusammenhang zwischen planender Vernunft und Zeitlichkeit des Menschen erkannt, wenn er feststellt, daß Vergangenes nicht Gegenstand einer Willensentscheidung sein könne, sondern nur Zukünftiges und Mögliches. So ist die praktische Vernunft immer in die Zukunft sich zweckhaft entwerfende prospektive Vernunft. Das Begehren oder Streben ist bei Aristoteles im wesentlichen ein Streben nach der Erlangung von fehlenden Gütern, also wesentlich egozentrisch gerichtet. Die Funktion der praktischen Vernunft besteht nun darin, zwischen scheinbaren und vordergründig nützlichen Gütern und den wahren bleibenden Werten zu unterscheiden. Hier hat Aristoteles, offenbar sich an der Medizin orientierend, seine Lehre von der *„goldenen Mitte"* entwickelt. Die vernunftgemäße Haltung ist die rechte Mitte zwischen zwei Extremen, und es ist Sache der praktischen Vernunft oder Klugheit, diese Mitte zu treffen und das Willensstreben dementsprechend zu steuern. So zeigt sich jede Tugend als die Mitte zwischen zwei Untugenden; die Tapferkeit ist ein Mittleres zwischen Feigheit und Verwegenheit; die Mäßigung ein Mittleres zwischen zügelloser Genußsucht einerseits und Empfindungslosigkeit andererseits; die Freigebigkeit die rechte Mitte zwischen Verschwendung und Geiz. Diese rechte Mitte zu treffen ist Sache der situations- und sachgerechten Abwägung durch die Vernunft. Damit ist zweierlei gegeben, einmal die harmonische Ausbildung der eigenen Persönlichkeit, sodann das harmonische Zusammenleben der Menschen, für die das Maß der Gerechtigkeit gültig ist, Jedem das Seine zuzumessen. Damit hält auch sie die Mitte zwischen völliger Selbstaufgabe und egoistischem Mehrhaben-wollen auf Kosten der anderen. (Vgl. als wichtigste Einzeluntersuchung über den aristotelischen Begriff der aurea mediocritas heute noch H. Schilling, Das Ethos der Mesotes. Heidelb. Abh. z. Philosoph. u. ihrer Gesch. XXII, 1930).

Aus dieser Bestimmung der praktischen Vernunft erwächst zugleich die Auffassung von Bildung und Erziehung, denn als erzogen kann einer gelten, der richtig beurteilen kann, ob richtig oder unrichtig ist, was ein anderer als These aufstellt, m. a. W. zur Bildung gehört die Herausarbeitung eines kritischen Bewußtseins.

Der ethische Rationalismus des Aristoteles wird im Mittelalter von Thomas von Aquino übernommen. Auch bei ihm hat die praktische Vernunft die Aufgabe, das wahre Gute (verum bonum) vom scheinbar Guten (apparens bonum) zu unterscheiden und den Willen zu bestimmen, ersteres zu wählen. Das Gute ist das Begehrenswerte (appetibile), das einem mangelt; wird dieser Mangel ausgeglichen, so kommt die Seinsvollendung (perfectio) zustande und mit ihr die Glückseligkeit (beatitudo).

Gibt es denn nun nur ein bewußt getanes und gewähltes Gutes oder kann das Gute nicht auch mehr oder weniger unbewußt erreicht werden? Diese Frage wird in der Stoa diskutiert und ganz im Sinne des ethischen Rationalismus behandelt. Die Stoiker geben zu, daß es auch Handlungsweisen geben kann, die zwar materiell dem Gesetz entsprechen, aber nicht aus bewußter sittlicher Überzeugung stammen. Sie verstößt zwar nicht gegen die Pflicht (καθῆκον), aber sie ist nur eine „mittlere Handlung“ (μέση πρᾶξις) ohne eigentlichen moralischen Wert. Nur eine Tat, die aus dem vollen Bewußtsein der Übereinstimmung mit der Pflicht und in voller Einsicht geschieht, kann den Anspruch darauf erheben, als vollkommen tugendhaft zu gelten (κατόρθωμα). — Ein anderes Problem wird von der Stoa im Sinne des Rationalismus beantwortet. Wieso gibt es denn in einer Vielvölkerwelt wie dem Hellenismus oder dem römischen Imperium eine Gemeinsamkeit der ethischen Ansichten und Normen? Diese gibt es, weil allen Menschen ohne Rücksicht auf ethnische oder religiöse Unterschiede der Logos gemeinsam ist und das Denken und Tun aller Menschen von den ›gemeinsamen Gedanken‹ (ἔννοιαι κοιναί) geleitet wird.

Der Begriff der *angeborenen Ideen* gehört zum kategorialen Grundbestand des abendländischen Rationalismus. Bei Cicero gehören zu den allen Menschen gemeinsamen Gemeinbegriffen (notiones communes oder innatae) die Idee der Gottheit, des Guten und der Unsterblichkeit. Die Lehre von den angeborenen Ideen wird zu Beginn der neuzeitlichen Metaphysik von deren Begründer Descartes wieder aufgenommen; es sind „notiones, quas ipsimet in nobis habemus“ (Princ. phil. II 75). Sie führen daher den Namen „angeboren“, weil sie „weder von den Objekten, noch von einer Willensbestimmung ausgehen, sondern allein von der Denkfähigkeit mit einer gewissen Naturnotwendigkeit“ (Meditat. III; Princ. phil. I 39 ff.). Der im Rationalismus vertretene Nativismus (= Lehre von der auf Vererbung zurückgehenden geistigen Grundausstattung des Menschen) wird vom Empirismus bestritten, der die Begriffe, auch die sittlichen, auf Erfahrung zurückführt. Kant lehnt die Annahme angeborener Ideen, wie sie der Rationalismus lehrt, ab, nimmt allerdings eine ursprüngliche kategoriale Fähigkeit im Menschen an, die Vielheit der Erfahrungseindrücke zu einer Einheit zu ordnen. Die moderne Wertethik, z. B. M. Scheler, lehnt ebenfalls den Begriff des Angeborenen ab, sofern dieser im Gegensatz zum Erworbenen steht. „Die Begriffe ‚angeboren‘ und ‚erworben‘ sind kausalgenetische Begriffe und haben darum da, wo es sich um die Art der Einsicht handelt, keine Stelle“ (Der Formalismus in der Ethik und die materiale Wertethik, [4]1954, S. 98 f.). Anderseits hat gerade die phänomenologische Wertethik betont, daß es ein ethisches Apriori gibt, das nicht primär vom Willen bestimmt ist, sondern sich der sittlichen Einsicht erschließt.

Zum Begriff der *praktischen Vernunft*: Die schon in der Antike gebräuchliche Unterscheidung zwischen zwei Vernunftvermögen, der theoretischen und der praktischen Vernunft, findet sich auch in der mittelalterlichen Scholastik. Thomas von Aquino unterscheidet zwischen intellectus speculativus und intellectus practicus. Die spekulative Vernunft ordnet eine Handlung auf ihr Ziel hin, die praktische Vernunft hat es mit der äußeren Tat zu tun, also mit der Ausführung (STh 2—2, 179, 2 c: Intellectus speculativus ordinatur ad actum proprium, ut ad finem; non autem ad actum intrinsecum, sicut intellectus practicus).

Die Unterscheidung der beiden Vernunftarten hält dann nach der Infragestellung durch den englischen Empirismus Lockes und Humes Kant wieder aufrecht. Praktisch kann die Vernunft genannt werden als „eine den Willen bestimmende Ursache“ (Grundlegung z. Metaphysik der Sitten, S. 90); als solche ist sie vernünftiger Wille, der autonom das Sittengesetz aufstellt. Die Kritik der praktischen Vernunft hat die Aufgabe, „die empirisch-bedingte Vernunft von der Anmaßung abzuhalten, ausschließungsweise den Bestimmungsgrad des Willens allein abgeben zu wollen“ (KrprV, S. 15 f.). Es ist Aufgabe der praktischen Vernunft, einen ›an sich selbst guten Willen hervorzubringen‹. Gegenüber der theoretischen Vernunft erkennt Kant der praktischen den Vorrang zu. Für Kant hat der Rückgriff auf die Idee der praktischen Vernunft den Sinn,

1. einen besseren Begründungszusammenhang für das Sittliche zu finden, als er in der im 18. Jh. verbreiteten Lehre vom sittlichen Gefühl gegeben war;
2. das Sittliche von der „Sinnlichkeit" zu trennen, als ob es beim sittlichen Tun auf Gefühle der Lust oder Unlust ankäme;
3. das Sittliche in einem objektiveren Sinne zu begründen als nur in der subjektiven Entschließung des einzelnen.

Der Begriff der praktischen Vernunft trennt also das sittliche Tun von allen empirisch-psychologischen, der Neigung oder der Sinnlichkeit verhafteten Begründungen, ebenso wie er positiv die Allgemeinverbindlichkeit und universelle Gültigkeit festhält. Das ist schließlich auch der Sinn des kategorischen Imperativs: Handle so, daß die Maxime deines Willens jederzeit zugleich als Prinzip einer allgemeinen Gesetzgebung gelten könne (KrprV, S. 39).

Für Kant ist klar, daß Vernunft nicht nur ein formales Vermögen ist, nämlich die Richtigkeit des schlußfolgernden Denkens, also logische und mathematische Verhältnisse umfaßt, sondern daß sie ebenso Normen des zwischenmenschlichen Verhaltens in sich trägt, die man als „Vermögen des Unbedingten" bezeichnen kann (so J. de Finance, Grundlegung der Ethik, dt. 1968, S. 351). „Jedesmal wird die menschliche Vernunft also recht, sich selber treu sein, wenn sie sich beim Urteilen als Vermögen des Absoluten erweist, d. h. jedesmal wenn sie sich urteilend auf das Absolute hin ausrichtet und öffnet, statt sich in die Besonderheit der Sinnlichkeit oder der Eigenliebe zu verschließen" (Finance, S. 351).

Daß es die Praxis des Handelns nicht nur mit den „letzten Dingen", den höchsten Zielen und dem Wert des summum bonum zu tun hat, sondern mit konkreten geschichtlichen Situationen, ist in der Geschichte der Ethik insofern bedacht worden, als man neben der „hohen Vernunft" noch eine andere Kategorie kannte: die *Klugheit.* Sie gehört zwar auch in den Erkenntnisbereich, doch nicht im Sinne ontologischer Wesensschau, sondern im Sinne des pro-videre der Möglichkeiten des Handelns in einer bestimmten Situation (vgl. die von Thomas von Aquino in 2—2, 49, 6, 1 gegebene Etymologie). Bei der Klugheit geht es um ein subjektives Vernunftvermögen, eine Fähigkeit der Anpassung der Mittel an die letzten Handlungsziele. Es geht also bei der Klugheit nicht um die letzte Entscheidung für das Endziel des Handelns, sondern um die Ermittlung der dem Endziel vorgelagerten Zwischenziele und die dafür notwendigen Mittel. „Mit Hilfe der Klugheit soll der Verstand leichter und sicherer jenen Marschbefehl für den Willen finden, der nicht in technischer, sondern in sittlicher Hinsicht möglichst situationsgerecht ist“ (J. Endres, Anteil der Klugheit am Erkennen des konkret Wahren und am Wollen des wahrhaft Guten, in: Studia Moralia I, Rom 1962, S. 242). Wenn bei Thomas die Klugheit unter die sittlichen Tugenden gerechnet wird, so ist dieser Sprachgebrauch dem heute üblichen entgegengesetzt, denn heute scheint die Bindung der Klugheit an die Werte des Guten und Wahren gelockert und man versteht darunter häufig etwa die Fähigkeit, ein Gesetz zu umgehen, ohne daß etwas nachgewiesen werden kann. Diese „Klugheit des Fleisches“ muß als defizienter Modus der echten Klugheitsauffassung betrachtet werden.

Mit dem Begriff der Klugheit verwandt ist ein in der modernen Ethik gebräuchlicher Begriff, der der *Sachlichkeit*. In der neueren Philosophie hat vor allem M. Scheler in Weltoffenheit und Sachlichkeit das Wesen des Menschen gesehen. „Geist ist Sachlichkeit, Bestimmbarkeit durch das Sosein von Sachen selbst“ (Die Stellung des Menschen im Kosmos, 1927). Diese Bestimmung nimmt H.-E. Hengstenberg in seiner Anthropologie auf, indem er Sachlichkeit, bzw. deren Verfehlung: Unsachlichkeit, als formale Grundstruktur alles menschlichen Weltverhaltens versteht. Unter diesen Oberbegriff fällt auch das sittlich gute Verhalten. „Alles sittlich Gute ist sachlich“, denn es geht dabei um ein „Konspirieren mit einem dynamischen Zielsinn“ (Philosophische Anthropologie, [1957] ²1960, S. 18 f.). — In der evangelischen Ethik der Gegenwart wird der Begriff der Sachlichkeit von D. von Oppen aufgegriffen einerseits im Anschluß an M. Webers Feststellung von der zunehmenden Rationalisierung der modernen Welt, anderseits im Gefolge der Theologie Fr. Gogartens, der den christlichen Glauben als Ermächtigung versteht, in der Welt sich sachgemäß und vernünftig zu verhalten. Die Frage der Sachgemäßheit menschlichen Tuns wird inhaltlich nicht aus dem Glauben bestimmt, sondern richtet sich allein an die menschliche Vernunft (vgl. R. Wagler, Der Ort der Ethik bei Friedrich Gogarten, 1961). Hier steht Gogarten ganz in der Tradition der lutherischen Theologie, für die die ratio zwar keineswegs in Sachen Gottes und des Glaubens, wohl aber im

Verhältnis zur Welt zuständig ist. Der Mensch hat kraft seiner ratio die Aufgabe, die Herrschaft in der Welt auszuüben, und diese Aufgabe verbleibt ihm auch nach dem Sündenfall. „Wie die Vernunft von der Schöpfung her ein Wissen um Gut und Böse hat, so auch um die Gesetze und um die Ordnungen des Lebens innerhalb der menschlichen Gemeinschaft; denn diese sind zugleich mit dem Menschen geschaffen" (B. Lohse, Ratio und Fides. Eine Untersuchung über die Ratio in der Theologie Luthers, 1958, S. 123).

Zur Kritik des ethischen Rationalismus.

1. Der Rationalismus setzt voraus, daß die sittliche Vernunft die Kraft hat, die übrigen Funktionen des Menschen, Gemüt, Willen und Triebe, zu lenken und in ihrem Verhalten zu bestimmen. Dem widerspricht die anthropologische Erfahrung, daß Trieb und Wille keineswegs immer, wenn überhaupt, sich von der sittlichen Vernunft leiten lassen. Vgl. Röm 7, 18 ff.: Wollen habe ich wohl, aber vollbringen das Gute finde ich nicht. Denn das Gute, das ich will, das tue ich nicht; sondern das Böse, das ich nicht will, das tue ich. Auch Kant hat diesem anthropologischen Pessimismus in seinem Wort vom „krummen Holz" Ausdruck gegeben: aus so krummem Holz, als woraus der Mensch gemacht ist, kann nichts Gerades gezimmert werden. (Die Religion innerhalb der Grenzen der bloßen Vernunft, III. Stück, IV. Abschn., S. 114; vgl. weiter H. Gollwitzer, Krummes Holz — aufrechter Gang. Zur Frage nach dem Sinn des Lebens, 1970.) — Diese Argumentation zeigt die Grenzen der ethischen Vernunft auf, die sich bei der Realisierung des Guten in der Praxis des Lebens ergeben. Keineswegs ist damit aber in Frage gestellt, ob es nicht doch eine ethische Evidenz gibt, die keine geringere Deutlichkeit besitzt als etwa die mathematische oder logische. Diese Position nimmt in der Gegenwart der englische Intuitionismus ein (Carritt, Prichard, Ross, C. D. Broad; vgl. M. Warnock, Ethics since 1900, [1960], ²1967).

2. Der moderne Empirismus in seinen verschiedenen Spielarten bezweifelt die Leitungsfunktion der Vernunft gegenüber den anderen menschlichen Komponenten und findet, daß sie eher deren Sklave sei. So sagt D. Hume: die Vernunft ist und sollte nicht nur der Sklave der Leidenschaften sein; sie kann niemals eine andere Aufgabe beanspruchen als ihnen zu dienen und zu gehorchen (Treatise II. Buch, Tl. III, Abschn. 3). Für Hume hat die Vernunft nur die Aufgabe der logischen Verknüpfung von Erfahrungstatsachen, sie ist also in keiner Weise schöpferisch, und daher ist ihr auch das Sollen oder das Gute als

etwas die Faktizität Überschreitendes nicht zugänglich (vgl. die berühmte Stelle im Treatise, Buch III, Tl. I, Abschn. 1 Ende, wo Hume auf die bei den Philosophen zu findende Verwechslung von Sein und Sollen [ought] aufmerksam macht). — Weiter wird die Selbständigkeit der Vernunft im Marxismus und in der Psychoanalyse bestritten, indem einmal die ökonomische Determiniertheit der Ideen Recht, Sittlichkeit usw., sodann die Abhängigkeit des Tagbewußtseins vom Unbewußten und der Libido aufgezeigt wird.

3. Der Begriff der *Sachlichkeit* kann dann fragwürdig werden, wenn er im Sinne der *Eigengesetzlichkeit* verstanden wird, d. h. als Befolgung der in einem bestimmten Sachbereich geltenden Spielregeln im technischen Sinne, ohne daß dieser Sachbereich und das ihm zugehörende Tun auf seine Dienlichkeit im Sinne der Menschlichkeit befragt wird. Problem der Atombombe, der Staatsräson, der wirtschaftlichen Konkurrenz!

Literatur: E. Schwartz, Ethik der Griechen, 1951 (besonders stark in der philologischen Analyse ethischer Begriffe). H.-G. Gadamer, Platos dialektische Ethik und andere Studien zur platonischen Philosophie, (1931) ^{2}1968 (Plato-interpretation im Sinne der Phänomenologie). W. Bröcker, Aristoteles, ^{2}1964. A. E. Murphy, Reason and the common good. Selected Essays, 1963. St. E. Toulmin, An examination of the place of reason in ethics, (1950) ^{2}1964. K. Acham, Rationale Moralbegründung. In: ARSP LIII, 1967, S. 387—413. D. von Oppen, Der sachliche Mensch, 1968. Chr. Gremmels, Zur Hegung der Vernunft, in: ZEE 13, 1969, S. 363 bis 373 (plädiert für eine Vernunft, die das „kohärente Gesamtbewußtsein" der heutigen Menschheit als moralisches interpretiert). R. W. Beadsmore, Moral Reasoning, London 1969.

§ 9. Die voluntative Motivation

Innerhalb der anthropologischen Begründungsversuche der Ethik spielt neben der rationalen und emotionalen nicht zuletzt die im Willen des Menschen, bzw. in der Freiheit des Willens liegende Motivation eine erhebliche Rolle. Es gibt kein Handeln ohne Willen, und daher muß der Wille, wenn die Handlung als „gut" bezeichnet wird, an dieser Prädikation teilhaben. Guter Wille hat aber insofern etwas mit der Freiheit zu tun, als eine aus Zwang oder reiner Notwendigkeit erfolgende Handlung von der Sicht des Handlungssubjekts aus kaum als

„gut“ bezeichnet werden kann. Gibt es aber in der menschlichen Realität diese Freiheit? Oder ist sie nicht ein Postulat, das sich empirisch nirgends aufweisen läßt?

Die hier vorgebrachte Frage mutet sehr modern an und erhält ihre Dringlichkeit auch in dem Augenblick, da die menschliche Existenz sich als auf sich selbst verwiesen erfährt und, wie in der modernen Existenzphilosophie, sich aus sich selbst begründen muß. Das mag nur gelingen, wenn für die Existenz Freiheit in Anspruch genommen werden kann. Tatsächlich ist aber diese Frage so alt wie das Fragen der Menschen nach sich selbst. In der griechischen Tragödie wird die tragische Grundstruktur des menschlichen Daseins entdeckt. Ödipus wird wider Willen schuldig, weil die Macht des Schicksals ihn in ausweglose Situationen hineinführt. Er wird damit zu einer Symbolgestalt, die noch in der modernen Psychoanalyse als Schlüsselfigur zur Erhellung von Phänomenen wie Gewissen und Schuld dient (vgl. Freud: Ödipuskomplex = menschliche Urerinnerung an die Verletzung eines sexuellen Tabus [Inzest!] als Erklärung für das Gewissensphänomen). Die andere aus der griechischen Antike stammende und bis in die moderne Dichtung nachwirkende Symbolgestalt ist die des Prometheus, der den Göttern das Feuer stiehlt und damit der Anfänger menschlicher Kultur wird. Freiheit wird hier verstanden im Sinne der Revolte gegen das Gebot der Götter, vgl. A. Camus, Der Mensch in der Revolte. Die Stoa verinnerlicht den Freiheitsbegriff, wenn sie erklärt: von Natur ist kein Mensch Sklave; alle sind zur Freiheit geboren. Freiheit wird hier von der sozialen Situation des einzelnen abgetrennt, wenn gesagt wird: nur der ist Sklave, der sich selbst zum Knechte seiner Begierden und der Außendinge macht; nur der ist frei, der sich seine innere Unabhängigkeit wahrt und dadurch imstande ist, sein Leben nach eigenem Ermessen zu führen. Freiheit und Knechtschaft sind keine äußeren Bedingungen des Daseins, sondern Sache der Innerlichkeit, vgl. Schiller: Der Mensch ist frei geschaffen, ist frei, und würd' er in Ketten geboren. Diese Freiheit gewinnt der einzelne nicht in der Auflehnung gegen das Schicksal, sondern indem er sich diesem fügt und ihm gehorcht nach dem Motto: das Schicksal führt den, der will, und zieht mit Gewalt den Unwilligen (fata volentem ducunt, nolentem trahunt), vgl. W. Kamlah, Der Ruf des Steuermanns, 1954. Freiheit gibt es für den griechischen Menschen nur in der Einordnung des einzelnen Bürgers in die Autonomie der staatlichen Gemeinschaft, die ihrerseits ja von der Mitbestimmung ihrer Bürger getragen wird (Vgl. D. Nestle,

ELEUTHERIA — Studien zum Wesen der Freiheit bei den Griechen und im Neuen Testament, 1968).

Um den modernen Freiheitsbegriff zu verstehen, muß außer der griechisch-antiken Komponente noch die biblische zur Kenntnis genommen werden. Gott selbst wird verstanden als der absolut freie Schöpfer, der die Welt aus dem Nichts hervorruft. Menschliche Freiheit wird nicht absolut verstanden, sondern als gehorsame Partnerschaft mit Gott, wobei Freiheit ihre Grenzen im unbedingten Gebot des Schöpfers wie des mit dem Volk Israel seinen Bund schließenden Bundesgottes findet. Freiheit als Grund der Geschichte konkretisiert sich aber als gefallene Freiheit, die sich als „Erbsünde" nicht selber aus der Entfremdung von ihrer Urbestimmung heraushelfen kann, sondern hierzu der Freiheit oder Gnade Gottes bedarf. Freiheit als ein für geschichtliches Dasein grundlegender Prozeß wird von der biblischen Sicht her in der Bewegung von Unfreiheit und Entfremdung zur Rückkehr in die durch Gnade und Glauben geheilte Existenz gesehen. Zu dieser religiösen Sicht des Freiheitsproblems gehört einerseits die Erkenntnis der Grenzen menschlicher Freiheit, sodann die Einsicht in deren Verlust und damit verbunden die Skepsis gegenüber einer überschwenglichen Freiheitsutopie, zugleich aber die Hoffnung auf die Wiederherstellung der verlorenen Freiheit. Beide Momente werden theologisch in der Frage nach der Prädestination diskutiert, also ob der Mensch die Kraft hat, sich aus dem Zustand des „unfreien Willens" (servum arbitrium) in den des „freien Willens" (liberum arbitrium) befreien zu können und welches der Anteil der göttlichen Gnade an diesem Vorgang sei. Schwerpunkte der theologischen Kontroverse liegen bei Augustin und bei Luther (Auseinandersetzung mit dem Humanisten Erasmus von Rotterdam in der Schrift De servo arbitrio (1525) sowie bei Calvin (Lehre von der doppelten Gnadenwahl (gemina praedestinatio), d. h. Vorherbestimmung eines Teils der Menschheit zum Unheil und eines anderen zum Heil).

In den seit der Renaissance vorherrschenden säkularisierten Verständnisweisen der Freiheit wirken beide Momente der christlichen Freiheitsauffassung nach. Bei Descartes wird der Irrtum in der menschlichen Erkenntnis auf die Sünde und auf die Maßlosigkeit unseres menschlichen Willens (4. Meditation De vero et falso der Meditationes de prima philosophia, 1641) zurückgeführt, in der Staatsphilosophie geht Th. Hobbes auf die im grenzenlosen Egoismus der Individuen gründende Selbstbehauptung zurück. Diesem anthropologischen Pessimismus stellen die Aufklärung und der deutsche Idealismus ihre optimistische Auffassung von der Realisierung der Freiheit in der Geschichte entgegen. Wenn Herder den Menschen als den „ersten Freigelassenen der Schöpfung" (Ideen zur Philosophie der Geschichte der Menschheit, Neudruck 1966, S. 119) bezeichnet, so begründet er dieses Urteil nicht mehr theologisch, sondern physiologisch und kulturphilosophisch; sein aufrechter Gang ist Zeichen seiner Freiheit. Kant ist der eigentliche Philosoph der Freiheit geworden. Einerseits muß er die Argumente des empirischen Determinismus anerkennen, daß alles Tun des Menschen durch empirisch-psychologische und soziologische Determinanten bestimmt ist, anderseits aber vertritt er einen ethisch-metaphysischen Indeterminismus, weil der Mensch sich nicht nur als ein von Sinnlichkeit usw. bestimmtes Wesen erfährt, sondern ein Vernunftvermögen besitzt, das eine freiwillige Achtung vor dem Gesetz bedeutet, ja sich als eigene Gesetzgeberin (Autonomie!) versteht, die sich selbst ihre Zwecke setzt. Freiheit ist negativ Freiheit von der Neigung und dem Begehren eines Objektes und positiv Autonomie als Selbstgesetzgebung kraft der praktischen Vernunft. Kant sieht den Menschen als ein Doppelwesen, das einerseits als der sinnlichen Erfahrungswelt zugehörig genauso kausal bestimmt ist, wie jede naturwissenschaftlich erfaßbare Erscheinung der übrigen Welt, anderseits jedoch als noumenales Wesen die Erfahrungswelt im Sinne der transzendentalen Freiheit überschreitet. In ähnlicher Weise, nur noch radikaler, versteht Fichte das Wollen als Selbstbestimmung seiner selbst durch sich selbst und sieht in der Freiheit den Grund allen Seins, im Vermögen, „durch absolute Spontaneität Begriffe von unserer möglichen Wirksamkeit zu entwerfen" (WW. III 9). Das Wesentliche des idealistischen Gedankenganges liegt darin, daß der Denker, der die Freiheit reflektierend beweisen will, in diesem Versuch sich unmittelbar selber befreien möchte. Das Denken über Freiheit soll sich entäußern in die Welt hinein (vgl. dazu A. Gehlen, Theorie der Willensfreiheit, 1933, abgedruckt in Theorie der Willensfreiheit und frühe philosoph. Schriften, 1965, bes. VI. Abschn.).

Ähnlich wie bei Fichte wird auch bei Hegel ein unmittelbarer Zusammenhang zwischen Denken und Freiheit postuliert. „Im Denken bin ich frei, weil ich nicht in einem anderen bin, sondern schlechthin bei mir selbst bleibe und der Gegenstand, der mir das Wesen ist, in ungetrennter Einheit mein Fürmichsein ist; und meine Bewegung in Begriffen ist eine Bewegung in mir selbst" (Phänomenologie des Geistes, S. 133).

Freiheit wird zum Grundthema der Geschichtsphilosophie Hegels, denn Geschichte ist nichts anderes als der Prozeß der zu sich selbst kommenden Freiheit, die freilich keine Individualfreiheit ist, sondern eine solche der Gattung Mensch, worüber einzelne und Völker durchaus untergehen und dem Endzweck der Freiheit geopfert werden können. Marx hat an diesen in der Philosophie Hegels angelegten Kollektivismus angeknüpft, wenn es ihm nicht um den Menschen als Einzelperson geht, sondern als Gattungswesen, das durch kollektive Arbeitsleistung aus dem „Reich der Notwendigkeit" in das „Reich der Freiheit" übergehen soll. Hegel wird von Marx insofern kritisiert, als für Hegel der Prozeß der Freiheit ein Prozeß im Geist und im Bewußtsein bleibt, aber nicht real erfolgt. Freiheit wird nach dem Denkgesetz des historischen Materialismus zur Emanzipation von den Zwängen der Natur, zur technischen Bewältigung der Welt und zur Aneignung der in der Produktion sich entäußernden Arbeit durch die Menschheit insgesamt.

Den bisher dargelegten Behauptungen der Freiheit stehen ebenso *Bestreitungen* derselben gegenüber.

1. Der mechanisch-metaphysische Determinismus. Er wird von Spinoza (1632—1677) vertreten. Für ihn ist ein freies Wesen ein solches, das allein aus der Notwendigkeit seiner Natur existiert und von sich allein zum Handeln bestimmt wird (ea res libera dicitur, quae ex sola suae naturae necessitate existit et a se sola ad agendum determinatur. Eth. I, def. 7). Diese Definition trifft aber nur auf Gott allein zu, nicht auf irgendwelche andere endliche Wesen. Daraus ergibt sich, daß sich die Menschen täuschen, wenn sie sich für frei halten; diese Meinung beruht nur darauf, daß sie ihrer Handlungen bewußt und der Ursachen unkundig sind, von denen sie bestimmt werden. Im Geist ist kein unabhängiger oder freier Wille; um vielmehr dieses oder jenes zu wollen, dazu wird der Geist von einer Ursache bestimmt, die ebenfalls von einer anderen bestimmt ist, und diese wiederum von einer anderen, und so ins Unendliche (Eth. prop. 48). Der Wille kann nicht freie, sondern nur notwendige Ursache genannt werden. Er ist von den Dispositionen und Trieben des Körpers abhängig. Wir haben bei Spinoza eine eigenartige Mischung theologischer und modern-naturwissenschaftlicher Argumentation.

Wenn die Freiheit so definiert wird, daß nur Gott frei sein kann; wenn die Ursache so definiert wird, daß es nur mechanische gibt; wenn das Geist-sein des Menschen nur im Zuschauen besteht, dann hat Spinoza recht, dann ist der Mensch unfrei. Aber weder muß Freiheit so definiert werden, wie Spinoza es tut, noch ist der Grund zu Veränderungen nur durch mechanische Kraftumsätze gegeben, noch besteht die Geistigkeit des Menschen im bloßen Ausgeliefertsein. Aus der Mechanik darf man keine Metaphysik machen (A. Antweiler, Das Problem der Willensfreiheit, 1955, S. 60).

Strenge Deterministen sind weiter Priestley (1733—1804), nach dem der Wille durch strenge Naturgesetze determiniert ist (The doctrine of philosophical necessity, 1777), Voltaire (alle Handlungen geschehen auf Grund eines guten oder schlechten Urteils; dieses ist notwendig, also ist es der Wille auch), Holbach (1723—1789) (der Wille ist notwendig determiniert durch die gute oder schlechte Qualität des Objekts oder des Motivs; wir handeln aus Notwendigkeit, denn unser Handeln ist eine Folge des Antriebes, den wir von diesem Motiv empfangen haben).

2. *Der ethische Determinismus.* Er wird von H. Groos vertreten (Willensfreiheit oder Schicksal? 1939). Willensfreiheit ist für Groos undenkbar, denn sie ist ontologisch unmöglich, sie behauptet eine existentia ohne essentia und führt auf einen Irrationalismus zurück, der jenseits aller Argumentation liegt. Sie muß einen Zufall annehmen, der weder von der Wesensart des Trägers noch vom äußeren Verlauf abhängig ist. „Einer Freiheit, die im Zufall besteht oder auf Zufall beruht, fehlt jedenfalls jeder ethische Wert" (S. 229). Freiheit ist empirisch-metaphysisch unmöglich, weil sie die Selbstschöpfung des Menschen, ihn selbst als causa sui (Ursache seiner selbst) behauptet. „Die Behauptung der Selbstbestimmung entspringt dem Traum des Menschen zu sein wie Gott. Dieser Traum scheitert an der einfachen Tatsache seiner Geschaffenheit und Beschaffenheit" (S. 135). Nicht zuletzt denkt Groos dabei an die biologische Beschaffenheit, das Erbgut, das für die Gesinnung ausschlaggebend sein soll. Das eigentliche Anliegen, warum Groos an der deterministischen Position festhalten zu müssen glaubt, liegt in seinem ethischen und pädagogischen Interesse, denn „ohne Determinismus wird jede sittliche und erziehliche Beeinflussung undenkbar" (S. 237). — Bedenkt man diese Stellungnahme, so zeigen sich die Widersprüche deutlich: einerseits wird eine biologisch bestimmte Determiniertheit angenommen, also eine Festlegung auch des Charakters durch Erbgut, anderseits aber wird die Bedeutung der Erziehung hervorgehoben. Wie soll aber ein Erzieher aus einem biologisch eindeutig festgelegten Wesen etwas machen können, das gerade diese Festlegung überwindet? Die gleichzeitige Betonung

von Erziehung und Erbgut sind ein unüberwindlicher Widerspruch bei Groos.

3. Der soziologische Determinismus. Er tritt erstmalig in der Form des *Sozialdarwinismus* auf, der nicht auf Darwin selbst, sondern auf Herbert Spencer (1820—1903) zurückgeht. Er sieht in der menschlichen Gesellschaft ein Stück der Natur, in der ebenfalls die Naturgesetze gelten. In der Natur herrschen die Gesetze des Kampfes ums Dasein (struggle for existence) und des Überlebens der Tauglichsten (survival of the fittest). Entsprechend der deterministischen Auffassung soll man in die Ökonomie der Natur nicht eingreifen, sondern dem sich kraft der sozialen Naturgesetze vollziehenden Fortschritt freien Lauf lassen. „Der neue naturwissenschaftliche Determinismus verschmilzt hier harmonisch mit der calvinistischen Prädestinationslehre" (W. E. Mühlmann, Art. Sozialdarwinismus, in: Wörterbuch der Soziologie, ^{2}1969, S. 952 f.), und beide zusammen werden zu einer naturalistischen Rechtfertigungsideologie der frühindustrialistischen Wirtschaftsgesellschaft. — Zum Typus des soziologischen Determinismus gehören alle Arten geschichtsphilosophischer Konstruktionen, die den Einzelmenschen oder ganze Klassen und Menschengruppen in ein ökonomisch (Marxismus) oder biologisch (O. Spengler, Untergang des Abendlandes, 1918—22) bestimmtes Strukturschema zwangshafter Abläufe einordnen. Diese Art des Determinismus ist überwunden durch das Geschichtsdenken Arnold Toynbees (geb. 1889): jede geschichtliche Situation stellt eine Herausforderung (challenge) an eine Menschengruppe dar, auf die diese ihrerseits die situationsgerechte Antwort (response) geben muß. Die Antwort ist zwar *konditioniert* durch die Herausforderung, aber nicht streng *determiniert* (vgl. A. Toynbee, A Study of History, 1934—54). — Zur Kritik des soziologischen Determinismus vgl. N. Monzel, Katholische Soziallehre, 1. Band, 1965, S. 176—207.

Gibt es Kriterien, anhand derer eine Entscheidung über Sinn oder Unsinn, Wahrheit oder Falschheit der beiden eben gekennzeichneten Positionen getroffen werden kann? Der Physiker Max Planck weist auf einen wichtigen erkenntnistheoretischen Unterschied hin, der bei den Vertretern beider Positionen übersehen worden ist. Die Feststellung einer naturgesetzlichen Kausalität kann nur von einem außerhalb des Vorgangs selbst stehenden, objektiven Beobachter gemacht werden. Von diesem äußeren Standpunkt unterscheidet sich der innere Standpunkt des Handelnden selbst. Vom äußeren Standpunkt aus erkennt man, daß menschliche Handlungen determiniert und einer naturwissenschaftlichen Analyse zugänglich sind. Tatsächlich gehen wir in der alltäglichen Erfahrung mit anderen Menschen auch immer davon aus, daß ihr Verhalten in bestimmten geordneten Bahnen verläuft, die in etwa berechenbar sind. Anderseits wenn wir den inneren Standpunkt einnehmen, m. a. W. in der existentiellen Situation einer Entscheidung stehen, „sagt uns das Selbstbewußtsein unmittelbar, daß wir in jedem Augenblick, wie unseren Gedanken, so auch unserem Willen jeden beliebigen Inhalt geben können" (Scheinprobleme der Wissenschaft, 1947, S. 25). Darin erfahren wir unmittelbar unsere Freiheit. „Es gibt einen Punkt, einen einzigen Punkt in der weiten unermeßlichen Natur- und Geisteswelt, welcher jeder Wissenschaft und daher auch jeder kausalen Betrachtung nicht nur praktisch, sondern auch logisch genommen unzugänglich ist und für immer unzugänglich bleiben wird: dieser Punkt ist das eigene Ich" (Wege zur physikalischen Erkenntnis, 1933, S. 120). Planck hat damit sehr deutlich die *Ungegenständlichkeit* und *Nichtobjektivierbarkeit* von Freiheit erkannt. Mit dieser Argumentation stimmt Planck mit N. Hartmann überein, der in seiner ›Ethik‹ (1926, [4]1962) feststellt, daß die kausale Determination „von außen" trotz ihrer kosmischen Totalität die innere Selbstbestimmung an ihrem Teil nicht ausschließt (S. 695). Willensfreiheit ist für N. Hartmann ein metaphysischer Gegenstand, der aber nicht direkt „gegeben" ist, nicht unmittelbar in die Erscheinung tritt. Daraus folgt dann ihre Unbeweisbarkeit. Was Philosophie hier leisten kann, ist lediglich den in ihr liegenden irrationalen Restbestand kritisch zu umreißen (S. 713). Aus der Unbeweisbarkeit folgt aber keineswegs zugleich die Nicht-Existenz des Unbewiesenen. Darum ist im Grunde die Debatte über Determinismus und Indeterminismus obsolet (vgl. P. Tillich, Die politische Bedeutung der Utopie im Leben der Völker, Ges. Werke VI, S. 158 ff.).

Damit ist der Punkt erreicht, auf dem in der *Existenzphilosophie* die Freiheitsproblematik diskutiert wird. Existenz ist ebensowenig gegenständlich fixierbar wie Freiheit, und doch ist beides praktisch gewiß, d. h. in der Situation unbedingten Handelns evident gegeben. „Freiheit ist existentielle, nicht eine beobachtende Erfahrung" sagt K. Jaspers (Der philosophische Glaube angesichts der Offenbarung, 1962, S. 357). Die die Freiheit wegdenkenden Gedanken — Jaspers denkt hier an die deterministischen Theorien (s. o.) — lassen sie doch in gedankenloser Form unausweichlich wieder auftreten, etwa wenn angenommen wird, daß Veränderung der soziologischen Verhältnisse oder Manipulation der Gene die Bedingungen für Freiheit schafft. „Wo ich selbst bin in dem ursprünglichen Sinn, der nicht mehr Gegenstand wird, ist der Ort der Freiheit, den Psychologie nie erreicht" (Philosophie, (1932) ²1948, S. 437). Freiheit kann also als Selbstverhältnis des Menschen zu sich selbst oder als „Selbstwahl, in der der Mensch sich selbst als den wählt, der inmitten der faktischen Bestimmtheiten seines Daseins seine Lebensführung zu entscheiden und zu verantworten hat" (so H. Fahrenbach, Existenzphilosophie und Ethik, 1970, S. 187), verstanden werden. — In der Ontologie M. Heideggers taucht der Begriff der Freiheit an der Stelle auf, da es um das Sein-können des Seins geht, das nicht in seinem faktischen Sein aufgeht, sondern sein eigentliches Ziel erst noch vor sich hat und dieses Sein selbst „zu sein" hat. In diesem Müssen liegt zugleich ein Können, denn das Sein ist sich selbst faktisch überantwortet und hat sich als Aufgabe zu verstehen. „Im Sich-vorweg-sein als Sein zum eigensten Seinkönnen liegt die existential-ontologische Bedingung der Möglichkeit des Freiseins für eigentliche existentielle Möglichkeiten" (Sein und Zeit, 1926, S. 193). — Hier denkt J. P. Sartre weiter, wenn er den Kern von Existenz als Freiheit versteht. Daß der Mensch als Bewußtsein existiert, besagt nichts anderes als daß er als Freiheit existiert, denn die Freiheit allein ermöglicht das Wesen des Menschen. Freiheit hat bei Sartre einen *futurologischen* Aspekt, wenn er sie als Entwurf (projet) bestimmt, d. h. als Überschreiten der gegenwärtigen Möglichkeiten auf zukünftige hin, auf das Noch-nicht, das allererst das Wesen des Menschen realisiert. Zur Freiheit als dem Wählenmüssen von Möglichkeiten ist der Mensch verdammt (so in L'Être et le Néant, S. 565; dt. S. 614); er kann ihr nicht entgehen, wenn er nicht zu existieren aufhören will.

Zur Freiheitsproblematik gehören ferner die Begriffe *Zurechnung*, *Verantwortung* und *Schuld*. Sie alle sind nur sinnvoll, wenn Freiheit als Kern der Persönlichkeit angenommen wird. Kant hat in einer ›Philosophia practica universalis‹ betitelten Vorlesung über Ethik (hrsg. v. P. Menzer 1924) nicht weniger als fünf Paragraphen der Imputation (= Zurechnung) gewidmet. „Alle Zurechnung ist das Urteil von einer Handlung, sofern sie aus der Freiheit der Person entstanden ist" (S. 69). Hinzu kommt das Gesetz, so daß sich eine Unterscheidung zwischen imputatio facti (= Zurechnung einer Tat) und imputatio legis (= Zurechnung auf Grund eines Gesetzes) ergibt. Handelt ein Mensch unter einem praktischen Gesetz, etwa ein General im Kriege, so war er nicht frei, darum kann ihm das Morden in der

Schlacht nicht persönlich imputiert werden. Die von Kant schon getroffene Unterscheidung zwischen moralischer und juridischer Zurechnung wird auch in der juristischen Diskussion dieser Frage durchgehalten, wobei allerdings immer auch eine enge Verzahnung des Moralischen und des Juridischen festgehalten wird, vgl. R. Maurach, Deutsches Strafrecht, Allgem. Teil, 1958, S. 372: Zurechnungsfähig ist der Täter, der auf Grund seines geistig-sittlichen Entwicklungsstandes fähig ist, das Unerlaubte seines Tuns einzusehen und nach dieser Einsicht zu handeln. Maurach stellt fest, daß der Streit um die Willensfreiheit seinen Höhepunkt längst überschritten habe, und betont mit der neueren Charakterologie, daß es auf die Möglichkeit menschlicher Selbstbestimmung ankomme als Voraussetzung der Zurechnungsfähigkeit und damit auch als Voraussetzung jeden Schuldurteils. — E. Schmidhäuser diskutiert in seinem Strafrecht, Allgem. Teil, 1970, die verschiedenen in der Jurisprudenz der letzten Generation gebräuchlichen Schuldbegriffe:

1. *Psychologischer Schuldbegriff.* Schuld setzt eine seelische Beziehung des Täters zu seiner Tat voraus. Dieser Schuldbegriff erscheint jedoch zu eng, etwa wenn an den Sachverhalt der Fahrlässigkeit gedacht wird, der ohne Zweifel auch als schuldhaft beurteilt werden muß.
2. *Normativer Schuldbegriff.* Schuld ist Verwerfbarkeit als reines Werturteil (Maurach), das Dafürkönnen des Täters für seine rechtswidrige Willensbildung (Welzel). Kritik: der Sachverhalt, der das Unrecht begründet, kann nicht allein schon auch die Schuld begründen; ihr muß ein weiterer Unwertsachverhalt zugrunde liegen.
3. *Charakterologischer Schuldbegriff.* Schuld ist Charakterschuld, denn an jeder Tat ist die Persönlichkeit derart beteiligt, daß das Einstehen für die Tat zugleich das Einstehen dafür sei, was man ist. Unser Charakter ist unser Schicksal! Vgl. Heraklit: der Charakter ist das Schicksal des Menschen (ἦθος ἀνθρώπῳ δαίμων, Fr. 57).

Vgl. K. Engisch, Die Lehre von der Willensfreiheit in der strafrechtsphilosophischen Doktrin der Gegenwart, 1963. — Zur Terminologie muß noch nachgetragen werden, daß in der heutigen juristischen Diskussion der Begriff der Zurechnungsfähigkeit zugunsten von Schuldfähigkeit fallengelassen wurde, vgl. H. Ehrhardt, Die Schuldfähigkeit in psychiatrisch-psychologischer Sicht, in: E. Frey (Hrsg.), Schuld — Verantwortung — Strafe im Lichte der Theologie, Jurisprudenz, Soziologie, Medizin und Philosophie, 1964, S. 227—263.

Ebenso wie Zurechnung und Schuld die Freiheit des handelnden Menschen voraussetzen, ist dies beim Begriff der *Verantwortung* der Fall. Im Begriff als solchem kommt schon die Besonderheit der condition humaine gut zum Ausdruck, nämlich daß der Mensch im Gegenüber der Frage steht und nun zu antworten hat. Freiheit ist insofern immer eingegrenzt, als sie auf ein Gegenüber hingeordnet ist. Dieses Gegenüber ist nicht eindeutig; es kann Gott, die Gesellschaft oder auch mein Selbst sein. Entsprechend unterscheidet man religiöse, soziale und Selbstverantwortung (so W. Weischedel, Das Wesen der Verantwortung, [1933] ²1958). Verantwortung ist also Ausdruck dialogischer Existenz. „Das Wesen der Verantwortung besteht in der Hinordnung des freien Handelns auf das Wohl der durch dieses Handeln betroffenen Personen, so daß der Grund der V. die der Würde der Personen geschuldete Achtung ist" (so W. Molinski, Art. Verantwortung, Verantwortlichkeit, in: SM IV, 1969, Sp. 1152—1158). Verantwortlichkeit kann nur begriffen werden, wenn eine Grundbefindlichkeit beim Menschen angenommen wird, die ihn befähigt, einen Einklang zwischen seiner Gewisseneinsicht und den Notwendigkeiten einer bestimmten Situation herbeizuführen. Diese Möglichkeit der Wahl und der Entscheidung aber ist seine Freiheit.

Beschränkt sich Verantwortung auf Individuen oder gibt es auch eine *Kollektivverantwortung*? Dieses Problem stellt sich insbesondere bei großen geschichtlichen Umbrüchen, Kriegen und Revolutionen und wurde nach 1945 in der Form der Frage nach der „deutschen Schuld" erörtert. Ergebnis der Diskussion ist, daß man schwerlich jeden Angehörigen eines Volkes für Verbrechen behaften kann, von deren Existenz er erst nachträglich erfahren und die er bestimmt nicht gewollt hat. Anders liegen die Dinge, wenn man eine politische Mitverantwortung annimmt, welche Zustände und Entwicklungen zugelassen, gebilligt oder gar gefördert hat, aus denen dann verbrecherische Handlungen hervorgehen konnten. So kann das Unterlassen der Mitarbeit an der Strukturierung der Machtverhältnisse, am Kampf um die Macht im Sinne des Dienstes für das Recht eine politische Grundschuld und zugleich eine moralische Schuld werden (vgl. dazu K. Jaspers, Die Schuldfrage, 1946). Schuld hat aber nicht nur mit den Ursachen eines Geschehens zu tun, sondern auch mit dessen Folgen. Hier kann von einer Kollektivverantwortung im Sinne einer *Haftungsgemeinschaft* gesprochen werden, d. h. alle Angehörigen einer Gruppe haften für die durch diese Gruppe initiierten Taten.

Literatur: Zur theologischen Freiheitsproblematik: P. Schempp, Die christl. Freiheit nach Luther, in: Ges. Aufs. 1960, S. 195—220. H. Vorster, Das Freiheitsverständnis bei Thomas und Luther, 1965. H. Gollwitzer, Forderungen der Freiheit, 1962 u. ö. J. B Metz, Freiheit als philosophisch-theologisches Grenzproblem, in: Gott in Welt I. Festgabe für K. Rahner, 1964, S. 287—314. E. Käsemann, Der Ruf der Freiheit, 1968. — *Zur philosophischen Freiheitsproblematik:* H H. Holz, Kategoriale Aspekte des F.begriffs, in: Das Problem der F. im Lichte des wissenschaftl. Sozialismus, Berlin-Ost 1956, S. 98 ff. H. Thomae, Der Mensch in der Entscheidung, 1960. W. Keller, Das Problem der Willensfreiheit (Dalp-TB 381), 1965. O. J. Hartmann, Der Mensch im Abgrund seiner Freiheit, [4]1969. B. Welte, Determination und Freiheit, 1969. J. Edwards, On freedom of the will, Indianapolis 1969. R. J. Lucas, The freedom of the will, Oxford 1970.

Zum Problem der Schuld: K. S. Bader, Ursache und Schuld in der geschichtlichen Wirklichkeit, 1946. P. Bockelmann, Schuld und Sühne (Göttinger Univ.reden, 19), 1958. W. Künneth, Schuld in der Politik als theologisch-ethisches Problem. Jb. d. Albertus-Univ. zu Königsberg 1961, Bd. XI, S. 3—49 (Lit.). M. Buber, Schuld und Schuldgefühle, 1958. P. Ricoeur, Phänomenologie der Schuld, dt. 1971.

Zum Problem der Verantwortung: P. Fauconnet, La Résponsabilité, Paris 1920. M. Buber, Ich und Du, 1923 u. ö. K. Löwith, Das Individuum in der Rolle des Mitmenschen, 1928, Neudruck 1969. J. M. Gustafson (Hrsg.), On being responsible — Personal Ethics, New York 1968. H. Fingarette, On responsibility, New York 1967. J. Feinberg, Doing and deserving. Essays in the theory of responsibility, Princeton 1970. R. Ingarden, Über die Verantwortung. Ihre ontischen Fundamente (Reclam 8363/64), 1970. G. Picht, Der Begriff der Verantwortung, in: Kirche und Staat. Festschr. f. H. Kunst, 1967, S. 189 ff.

§ 10. Die emotivistische Motivation [1]

Der Rationalismus hatte den Anspruch erhoben, alle Momente des Daseins in einen logisch einleuchtenden und sachlich zwingenden Zusammenhang bringen zu können. Der rationalistischen Mentalität entspricht es weiter, „das Leben des Geistes vollständig von der autonomen Spontaneität des begreifenden Verstandes her erklären

[1] Dieser im Deutschen bisher unübliche Sprachgebrauch stammt aus dem Englischen (emotive theory) und meint die auf dem Gefühl beruhende Begründung der Ethik.

zu können“ (K. Hecker im Art. Rationalismus, in: SM IV, 1969, Sp. 23). Auf die Vorherrschaft der Vernunft folgt fast mit Notwendigkeit ein Gegenschlag in der Richtung eines Irrationalismus, der die nicht-rationalen menschlichen Funktionen stärker in Ansatz bringt als dies dem Rationalismus möglich war. Gegenüber der angemaßten Autarkie der Rationalität als Grundlage eines universellen Daseinsverständnisses ist nunmehr die Vermitteltheit geistiger Prozesse, ihre offenbare Begrenztheit und Abhängigkeit von anderen als geistigen Funktionen, vor allem der „Sinnlichkeit“, zur Geltung zu bringen. Dieser Prozeß betrifft auch die Ethik. Wir stehen damit bei der emotivistischen Motivation, die als ethische Theorie erstmals von Lord Shaftesbury (1671—1713) entwickelt wurde. Shaftesbury verzichtet auf die „geometrische Methode“, wie sie der Rationalismus zur systematischen Erfassung der Welt verwendet hatte (Descartes, Spinoza), und sucht die Welt als ästhetisch schönes und harmonisches Sinnganzes zu verstehen, wozu es nicht der konstruierenden und analytischen Vernunft bedarf, sondern des ahnenden Gefühls und der Sympathie, die lebhaft die Einheit des einzelnen mit der Harmonie und Herrlichkeit des Kosmos empfindet. Shaftesbury schließt sich hier der ästhetischen Weltinterpretation des Neuplatonismus und der Renaissancephilosophie (G. Bruno) an. Subjektive Grundlage der Weltorientierung ist nicht das Denken als begriffliches Erfassen der Welt, sondern das Selbst, das im Fühlen zur unmittelbaren Gewißheit seiner selbst wie der Welt kommt. Er knüpft an die im 17. Jahrhundert ausgebildete Affektenlehre an, wenn er den “moral sense” in Zusammenhang mit den Affekten bringt. Diese sind keineswegs nur etwas zu Überwindendes, sondern wesentliche Träger des menschlichen Selbst. Ihr Wesen liegt im Streben, das seinerseits wieder mit Hinneigung und Ablehnung verbunden ist. Auch die höheren Gefühle, die “reflex-affections”, gehören der emotionalen Sphäre an. Das Wertbewußtsein ist als psychologischer Zustand mit den Lust- und Unlustgefühlen identisch. Shaftesbury leistet mit seinem Ansatz eines: er macht die ethische Motivation unabhängig von äußeren Faktoren wie Gesetz und Sitte und begründet sie im fühlenden Subjekt. Von zwei Grundtrieben geht Shaftesbury aus, dem egoistischen der Selbsterhaltung, den einige seiner Vorgänger wie Hobbes und de Mandeville für die einzig reale Motivation des Handelns hielten, und dem sozialen, der ursprünglich in allen Menschen angelegt ist und das Wohl der Gattung anstrebt. Den Ausgleich zwischen diesen sich widerstrebenden Trieben schafft der Affekt des Gefallens und Mißfallens, der mit dem natürlichen Sinn für Recht und Unrecht identisch ist. Eine „schöne Seele“ entsteht dann, wenn ein geordnetes, harmonisches Verhältnis zwischen den Affekten erreicht ist. Shaftesbury erneuert damit einen Begriff des Neuplatonismus und vermittelt ihn der deutschen Klassik, vgl. Schiller, Über Anmut und Würde: Eine schöne Seele nennt man es, wenn sich das sittliche Gefühl aller Empfindungen der Menschen endlich bis zu dem Grad entwickelt hat, daß es den Affekt der Leitung des Willens ohne Scheu überlassen darf und nie Gefahr läuft, mit den Entscheidungen desselben in Widerspruch zu geraten. Daraus ergibt sich nun für Shaftesbury eine Definition von Tugend: to stand thus well affected and to have one's affections right and entire, not only in respect of one's self, but of society and the public: This is rectitude, integrity, or virtue (An Inquiry concerning Virtue, or Merit, II. Buch, Tl. I, Abschn. 1, Ausg. v. 1699, 2. Band, S. 77). Trotz der dem Ästhetischen verwandten Färbung des Begriffs "moral sense" oder "moral taste" ist sich Shaftesbury des Unterschieds des ästhetischen Verhaltens vom ethischen bewußt: das Ethische ist eine auf Handlung abzielende Verhaltensweise, das Ästhetische dagegen ein handlungsfreies, interesseloses Gefühl der Sympathie.

Der Anhänger Shaftesburys und Begründer der schottischen Schule der Philosophie Francis Hutcheson (1694—1746) unterscheidet die ruhigen und dauernden Neigungen von den blinden und vorübergehenden Leidenschaften und mit Shaftesbury die wohlwollenden und die selbstischen Triebe. Im Unterschied zu Shaftesbury ist der moralische Sinn kein Organ aktiven Handelns, sondern nur der zuschauenden Beurteilung und insofern dem ästhetischen Sinn verwandt. Die Liebe von Mensch zu Mensch ist es, die das Motiv zum Handeln abgibt.

Als dritter Vertreter der emotivistischen Begründung des Sittlichen kann der Holländer Frans Hemsterhuis (1721—1790) genannt werden. Er nimmt den aus der Aufklärung stammenden Begriff des « bon sens » auf und versteht ihn als Quelle des Glücks, das allgemeines Ziel aller Wesen ist, weiter als die Gefühlsgrundlage aller menschlichen Erfahrungen. Gemeinsam mit Rousseau sieht Hemsterhuis, den seine Zeitgenossen als den „Plato des Jahrhunderts“ bezeichnet haben, im Gefühl nicht einen minderen Grad der Wahrheitserkenntnis, also etwa nur bis zur Wahrscheinlichkeit führend, sondern eine der Vernunft gleichberechtigte Erfahrungsweise des menschlichen Geistes, eine elementare und selbständige Weise der Selbstvergewisserung. Sie kann einer kritischen Befragung durchaus standhalten, weil sie mit der Intuition identisch ist, und diese vermittelt, gleichsam aus der Vogelschau (« vue d'oiseau ») eine Zusammenschau vieler Ideen und Wahrheiten zur Einheit (« coexistence » — vermutlich erstes Vorkommen dieses aktuellen Begriffs aus der politischen Sprache in der neuzeitlichen Philosophie!). Gefühl und Empfindung umfassen also nicht nur die Sinneseindrücke, sondern sind die synthetische Kraft der Erfassung der Gesamtwirklichkeit. Als solche unterscheidet sie sich auch von der induktiven Methode der Empiristen. Im « sentir » entbirgt sich die Gegebenheit des Seins sowohl als passive Erfahrung, wie — in der Form des « organe moral » — als Ermöglichung aktiv-sittlicher Lebensgestaltung (vgl. Kl. Hammacher, Unmittelbarkeit und Kritik bei Hemsterhuis, 1971).

Ebenfalls eine emotivistische Motivation vertritt der „Vater der Nationalökonomie" Adam Smith (1723—1790). In seinem 1759 erschienenen Werk ›Theory of moral sentiments‹ polemisiert er sowohl gegen die theologische Moral mit ihren Idealen der Weltflucht, der Lebensfeindlichkeit und Demut wie gegen den Intellektualismus der älteren Ethik. Er wendet sich aber nicht minder gegen die einseitige Betonung des Egoismus bei Hobbes und de Mandeville (1670—1733), welche "selfishness" als einzig relevantes Motiv des Handelns annehmen, und vertritt eine im Gefühl der Sympathie gründende Gefühlsmoral. „Sympathie entspringt nicht so sehr aus dem Anblick des Affektes, als vielmehr aus dem Anblick der Situation, die den Affekt auslöst . . . er entsteht in unserer Brust, sobald wir uns in einen Fall hineindenken, aus der Einbildungskraft" (Theory . . . I. Teil, 1. Abschn. 1. Kap. dt. Ausg. v. W. Eckstein, S. 7). Dieses Gefühl ist die Richtschnur oder der Kanon für das sittliche Handeln, und dieses tragen wir in uns selbst. Auch bei Smith finden wir eine Selbstbegründung des Ethischen in der Innerlichkeit des Subjekts, das im Gefühl seiner selbst bewußt und gewiß wird.

Die im klassischen englischen Empirismus von Hume und Berkeley vertretenen Ansichten haben in der neueren Philosophie innerhalb des angelsächsischen Sprachbereichs, vor allem im logischen Positivismus nachgewirkt. Für diesen stand zwar anfänglich fest, daß ethische Sätze sinnlos sind, weil sie weder Sätze der analytischen Vernunft noch der empirischen Deskription und Verifikation sind (vgl. das in der Einleitung über Carnap und Wittgenstein Gesagte). Daß diese Auffassung eine zu enge Interpretation dessen ist, was Sprache leistet, hätte schon bei einem aufmerksamen Studium Berkeleys (1684—1753) auffallen müssen. In der Einleitung zu seinem Hauptwerk ›Treatise concerning the Principles of Human Knowledge‹ (1710) stellt er fest, daß Sprache nicht nur den Zweck der Mitteilung von Ideen habe, welche durch Worte ausgedrückt werden, sondern die Erregung einer Leidenschaft, die Bewirkung eines Entschlusses, eine Handlung auszuführen oder zu unterlassen, die Versetzung des Gemüts in irgendeinen bestimmten Zustand; Affekte der Furcht, der Liebe, des Hasses, der Bewunderung, der Verachtung usw. entstehen unmittelbar im Geiste des Hörers, sobald er gewisse Worte vernimmt, ohne daß irgendwelche Ideen dazwischentreten (Einleitung zum Treatise, dt. Übers. von Fr. Überweg, S. 16 f.). Damit ist entdeckt, daß die Sprache keineswegs nur faktisch-deskriptive Funktionen hat, sondern emotionale, das Handeln und Werten des Menschen herausfordernde. Im Pragmatismus (= philosophische Lehre, die Denken und Erkennen als Werkzeuge im Dienste des Handelns versteht) des Amerikaners John Dewey (1859—1952) wird davon ausgegangen, daß Begriffe wie „wahr“ und „falsch“ mit dem Begriff des Guten zusammengehören und eine besondere Art der Befriedigung von Wünschen und Bedürfnissen sind. Vor allem hat die Sprache die Funktion, nicht nur über Vorhandenes zu berichten (deskriptiv), sondern künftige Handlungen hervorzurufen oder falls sie schon im Gange sind, zu unterhalten. In seinem Buch ›A Quest for certainty‹ (1929) sagt er:

Ein Urteil darüber, was wünschenswert und angenehm ist, ist ein Anspruch auf künftige Aktion; es besitzt eine de iure und nicht nur de facto Qualität ... Es ist tatsächlich ein Urteil, daß die Sache funktioniert. Es enthält eine Voraussage; es hat eine Zukunft im Blick, in der die Sache weiterhin dienlich ist.

Von der hier erreichten Aufhebung des Unterschieds zwischen Tatsachen- und Werturteilen gehen die neueren Emotivisten wie Ayer, Stevenson und Hare aus. Ayer sucht eine Alternative zu den Extremen des ethischen Absolutismus, der von der objektiven Geltung von Werten ausgeht, und dem Naturalismus, der Wertungen überhaupt ablehnt. Für ihn sind Begriffe wie „recht“ und „unrecht“ Ausdrücke des ethischen Gefühls, nicht objektive Aussagen über einen verifizierbaren Zustand der Dinge (vgl. Language, Truth and Logic, 1936). Der Begriff "emotive" wurde in die Diskussion eingeführt durch C. K. Ogden und I. A. Richards in deren Buch ›The Meaning of Meaning‹ (1923), worin sie klarmachten, daß das Verifikationsprinzip (= jede Aussage muß aus Erfahrung als wahr oder falsch bewiesen werden können) zu eng und in seiner Anwendbarkeit, gerade auch für den Bereich der Ethik, allzu begrenzt ist.

Als wichtigster Vertreter der "emotive theory of ethics" gilt der Amerikaner C. L. Stevenson (Ethics and Language, 1945). Seinem Hauptwerk gingen eine Reihe von wichtigen Artikeln voraus in der Zeitschrift Mind. Stevenson geht von einer sprachphilosophischen Unterscheidung aus, die entscheidend ist für die Anerkennung sinnvoller Verwendung ethischer Terminologie. Es gibt zwei Arten, wie Worte verwendet werden, die deskriptive und die dynamische Art. Dasselbe Wort kann sowohl zur Beschreibung und Information verwendet werden als auch zur Erregung von Sympathie, als Warnung oder Befehl usw. "The emotive meaning of a word is the tendency of a word, arising through the history of its usage, to produce (result from) affective responses in people." Dieser Doppelsinn der terminologischen Verwendung haftet auch dem Wort „gut“ an. Dieses beschreibt zumeist nicht nur einen dinglichen Zustand, sondern bedeutet zugleich: „Ich mag dieses oder jenes.“ Dieses Urteil entzieht sich exakter wissenschaftlicher Analyse ebenso wie empirischer Verifikation; es hat seinen Sitz im Gefühl, und zwar in zweifacher Weise, einmal indem es Gefühle ausdrückt in einem Subjekt, dann aber — im Sinne des Imperativs — dieselben Gefühle in anderen Subjekten erwecken will. So geht das Moment des Emotiven über in das Persuasive, d. h., es erhält den Zweck, die Interessen der Menschen in eine bestimmte Richtung zu lenken. Man hat es als das Verdienst dieser Schule der ethischen Philosophie bezeichnet, gezeigt zu haben, daß Begriffe der Ethik nicht in eine nicht-ethische Sprache übertragbar sind (vgl. M. Warnock, Ethics since 1900. Oxford Paperback Series, Opus 1, (1960) ²1967, S. 75).

Auch in der deutschen philosophischen Tradition wird das Gefühl als das Organ bezeichnet, mit dem Werte erfaßt werden. A. Messer lehnt eine Einengung des Gefühlsbegriffs auf das Erleben von Lust und Unlust, also der Annehmlichkeitswerte, ab und versteht darunter die Fähigkeit des echten innerlichen Werterlebens. „Gefühl bezeichnet insofern das seelisch Ergriffen-, Erwärmt-, Aufgewühlt-, Erhobenwerden bzw. das Gegenteil.“ (Sittenlehre, 1920). Man kann zwar Werturteile auch von anderen übernehmen, auf Autorität hin für gültig halten, aber zu einer eigenen selbständigen Wertüberzeugung kommt der Mensch doch nur, wenn er Werte gefühlsmäßig ergreift. Je mehr dies der Fall ist, um so stärker ist das Bewußtsein von der objektiven Gültigkeit der Werte. „Wir fällen sie mit ‚Evidenz', d. h. sie leuchten uns als gültig unmittelbar ein" (S. 19). — Auch G. Störring hält das Gewissen in erster Linie nicht für rein intellektuelle, sondern emotionale Instanz; als Disposition zu sittlichen Wertschätzungen entwickelt es sich höher und ist abhängig von Gefühlen (Ethische Grundfragen, 1906; Psychologie, 1923). — M. Scheler führt den Begriff des intentionalen Fühlens ein, d. h. das Gefühl ist kein vage bleibendes In-sich-ruhen des Subjekts, sondern ist auf Gegenständliches gerichtet, wozu auch Werte gehören. Im Fühlen als einem der Erfüllung fähigen Geschehen erschließt sich uns der Wertgehalt der Welt mit apriorischer Gesetzlichkeit. Hier übernimmt Scheler von Pascal die Formel von der „Logik des Herzens", d. h. es gibt nicht nur eine logische Seite der Vernunft, sondern auch eine emotionale, die ebensogut ihre Gründe hat wie die Logik (vgl. Der Formalismus in der Ethik, S. 260 ff.).

Zur Kritik des Emotivismus.

1. Wenn auch zuzugeben ist, daß es kein sittliches Verhalten ohne Beteiligung des Fühlens gibt, so darf das doch nicht zur Vergötterung von Spontaneität und Instinkt führen. Gefühl allein kann zu Wertblindheit führen, z. B. kann mit dem Gefühl des Mitleids die Duldung von Unrecht verbunden sein, Liebe kann zu Schmeichelei führen bzw. zur Duldung des Machttriebs. Ohne das Gefühl ist die Moralität schwach; ohne die praktische Vernunft blind (vgl. R. Le Senne, Traité de morale générale, 1961, S. 444).

2. Wenn das Gefühl als Grundlage der Welt- und Daseinsorientierung angenommen wird (vgl. Schleiermacher: Gefühl ist unmittelbares Selbstbewußtsein; Steffens: die unmittelbare Gegenwart des ganzen ungeteilten Daseins), dann kann davon auch die ethische Sphäre nicht ausgenommen werden. Fraglich bleibt freilich, ob in den Gefühlsakt auch Wertungen und Wertvorstellungen mit hineingenommen werden können. Wenn M. Scheler erklärt, Werte seien im Fühlen gegeben (Der Formalismus in der Ethik und die materielle Wertethik, S. 434), dann unterscheidet er immer noch zwischen bloßen Gefühlszuständen und dem intentionalen Fühlen, das eine aufnehmende Funktion hat, nämlich in dem Sinne, daß es auf die in ihrer Wesenheit vom Gefühl unabhängige Wertwelt hingeordnet ist. Diese Intentionalität fehlt dem modernen Emotivismus völlig, was mit seinem metaphysischen

Agnostizismus zusammenhängt. Für die Emotivisten hat das Gefühl eine rein kausale Funktion, indem aus ihm die ethischen Aussagen aufsteigen als Urteile über Lust- oder Unlustempfindungen und indem diese Gefühle dann im Gesprächspartner ähnliche Gefühle hervorrufen, etwa im Sinn der psychologischen Ansteckung, aber nicht indem im Partner ein kritisches Urteilsvermögen angesprochen wird, das auf Grund sachlicher Einsicht zu einem ethischen Urteil kommt.

3. Der Emotivismus nimmt an, daß Wertungen ein gänzlich nichtrationales Element menschlichen Verhaltens seien, auf die Begriffe wie „wahr" und „falsch", „gültig" oder „ungültig" nicht angewandt werden können. Hier liegt eine kategoriale Verwechslung vor: Werturteile werden zwar im alltäglichen Leben stets in emotionale Aussagen „verpackt" sein, aber ihr Geltungswert liegt nicht im Emotionalen begründet, sondern hat einen Geltungswert sui generis. Vor allem Kant hat auf diesen Sachverhalt aufmerksam gemacht, wenn er streng zwischen Pflicht und Neigung unterschied und das sittlich Gute nicht mit dem Angenehmen oder dem Tun aus Neigung identifizierte.

4. Im modernen Emotivismus wird ein Zusammenhang zwischen dem Gefühl und dem Hervorrufen von Haltungen und Einstellungen beim Gesprächspartner angenommen. Dabei bleibt aber offen, wie es von der Vagheit der Emotion zur Bildung einer festen Einstellung kommt. Die Emotion kann zwar das Vehikel sein, vermittelst dessen Vorstellungen ethischer Art einem Gegenüber zugeführt werden, doch gehört es gerade zum Wesen einer ethisch begründeten Einstellung, daß sie nicht nur als positives oder negatives Vorurteil, als bloße Meinung übernommen wird, sondern in eigener Einsicht gründet. Damit tritt ein rationales Moment in sein Recht, denn Einstellungen sind Angriffen ausgesetzt, die nicht nur emotional, sondern rational begründet und verteidigt werden müssen. Ebenso spielt schon bei der Vermittlung einer solchen Einstellung das rationale Moment eine wesentlichere Rolle, als es der Emotivismus wahrhaben will.

5. Insgesamt wird an den bisher vorgebrachten Momenten der Kritik überhaupt die Grenze des logischen Positivismus und der sprachanalytischen Schule sichtbar. Wir vermissen an den hier vorgetragenen Versuchen, das Anliegen der Ethik in der Begrifflichkeit des logischen Positivismus auszudrücken, jede inhaltlich relevante Aussage. Nicht umsonst hat man die Vertreter dieser Schule schon mit Amateuren verglichen, die sich der Palette eines Malers bedienen, um auf ihr Farben zu mischen, aber keine Ahnung von der künstlerischen Komposition

eines Bildes haben. So kann es zwar zu einer für die Amateure vergnüglichen Beschäftigung kommen, aber niemals zu einem Kunstwerk. So kommt es von dieser Position aus zu keinem echten Verstehen der Begriffe „Gut“ oder „Recht“.

Literatur: C. D. Broad, Is "goodness" the name of a simple non-natural quality?, in: Proceedings of the Aristotelian Society, 1933/34. R. Robinson, The Emotive Theory of Ethics, in: ebd. Supplementary Volume, 1948. G. C. Kerner, The Revolution in Ethical Theory, Oxford 1966. P. Dubois, Le problème moral dans la philosophie anglaise de 1900 à 1950 (Bibliothèque de l'Histoire de la Philosophie) Paris 1967. J. O. Urmson, The Emotive Theory of Ethics, London 1968. H. Fahrenbach, Sprachanalyse und Ethik, in: Das Problem der Sprache (VIII. Deutscher Kongreß für Philosophie Heidelberg 1966) München 1967, S. 373 ff. N. Hoerster, Moral und Emotionen. In: Phil. Rdsch. 17, 1970, S. 112—128. R. M. Hare, Die Sprache der Moral, dt. 1972.

§ 11. Die personale Motivation

Unter personaler Motivation ist die Begründung des Sittlichen aus dem *Gewissen* und der *Gesinnung* zu verstehen. Gewissen ist das subjektive Bewußtsein (lat. conscientia, franz. und engl. conscience) von Gut und Böse, das Wissen um den sittlichen Wert des eigenen Tuns und Verhaltens. *Gesinnung* ist die Willensdisposition und kontinuierliche Haltung, die einem Verhalten zugrunde liegt.

1. Gewissen gibt es als *böses Gewissen*, als Bewußtsein von einer Schuld, mythologisch verkörpert durch die Erinnyen, die den Übeltäter verfolgen und die böse Tat rächen, vgl. auch Sartre, Die Fliegen. Hieraus wird in der Phase der Entmythisierung die Rede von den „Gewissensbissen“. Im Gewissen meldet sich an, daß der Mensch der Mitwisser seiner eigenen Vergangenheit ist; in der Tradition der Ethik spricht man hier vom *nachfolgenden* Gewissen (conscientia consequens), das der Tröstung bedarf, damit es zu einem getrösteten Gewissen werde.
2. Das *vorausgehende Gewissen* (conscientia antecedens) ist auf künftige Handlungen gerichtet und warnt oder leitet positiv zu einer Tat an. Sokrates hat die Stimme, die er als „etwas Göttliches und Dämonisches“ (Apologie 31 C/D) bezeichnet, als warnendes Gewissen erfahren. Als vorausgehendes Gewissen ist es die Instanz, die beurteilt, ob eine Handlung recht oder unrecht sei (so bei Thomas, STh I 79, 13 c; Verit. 17, 1 c).

Im Neuen Testament wird das Gewissen als richterliche Instanz verstanden (Kant: innerer Gerichtshof, forum internum), vor dem sich die Gedanken untereinander anklagen oder auch verteidigen (Röm 2, 15). Das Gewissen ist in diesem Sinne ein profanes Organ für Wahrhaftigkeit und Rechtlichkeit, das allen Menschen eignet, ohne daß damit schon gesagt wäre, daß alle Menschen im Urteil Gottes schon gerecht wären. Ein „gutes Gewissen" entsteht nach neutestamentlichem Verständnis erst durch die Behebung der belasteten Vergangenheit in der Vergebung und dem göttlichen Geschenk des Glaubens und der Gnade, vgl. 1 Petr 3, 21: Taufe = Bund eines guten Gewissens mit Gott. Damit unterscheidet sich der biblische Gewissensbegriff charakteristisch vom römischen, für den das Gewissen eine Form der Selbstvergewisserung ist, daß das Handeln in Übereinstimmung mit dem Tugendgesetz und der Ordnung des Staates steht. Hier begründet sich das „gute Gewissen" in der innerlich festgestellten Übereinstimmung mit dem Gesetz, die wichtiger ist als der öffentliche Applaus (Cicero Tusc. II 26, 63 f.: nullum theatrum conscientia maius est).

Die Scholastik des Mittelalters unterscheidet zwischen synteresis (vom griech. τηϱεῖν = bewahren) und conscientia. Synteresis, auch Seelenfünklein genannt, ist die innerliche Gewissensanlage, die dem Menschen angeboren ist und ihm das Wertempfinden vermittelt, conscientia dagegen ist das Situationsgewissen, auf Grund dessen die Ermessensentscheidungen in der Konkretion des Alltags getroffen werden. Vgl. dazu J. Stelzenberger, Syneidesis, Conscientia — Gewissen. Studie zum Bedeutungswandel eines moraltheologischen Begriffes, 1963. Der Schulstreit geht darum, ob das Gewissen eine intellektuelle Fähigkeit oder eine solche des Willens sei. In der katholischen Moraltheologie des 17.—20. Jh. wird die Lehre vom Gewissen noch stärker differenziert. Die für die Beichtpraxis und die Verwaltung des Bußsakramentes bestimmten Lehrbücher behandeln sog. casus conscientiae (= Gewissensfälle). Im Vordergrund stehen die Grenzfälle des *irrenden Gewissens* (conscientia erronea), des *zweifelnden* (conscientia dubia) und des *skrupulösen Gewissens* (conscientia scrupulosa). Es geht dabei vor allem um die Frage, ob das göttliche Gebot stärker verpflichtet als das irrende oder zweifelnde Gewissen, also ob die Bindung an die objektive Norm stärker ist oder die an die subjektive Instanz des Gewissens, auch wenn dieses der Norm entgegen entscheidet. Die insbesondere in der spanischen Spätscholastik entwickelten Theorien des *Probabilismus* (= einer wahrscheinlichen Meinung darf man folgen, auch wenn die entgegengesetzte besser begründet ist), des *Tutiorismus* (= es ist nicht einer nur wahrscheinlich richtigen, sondern der sichereren Meinung zu folgen) und des *Aequiprobabilismus* (= von zwei sittlichen Meinungen darf die eine nur befolgt werden, wenn sie ebenso sicher ist wie die andere) gipfeln im *Laxismus* und haben zusammen mit der Lehre vom „Dirigieren der Intention" (Methodus dirigendae intentionis) und dem Grundsatz der Heiligung der Mittel durch den Zweck die Jesuitenmoral in Verruf gebracht, der im Protest Pascals (Lettres à un provincial, 1656) seinen klassischen Ausdruck erreichte. Zur „Jesuitenmoral" vgl. die Darstellung bei E. Luthardt, Geschichte der christl. Ethik II, 1893, §§ 11—18.

Den neuzeitlichen Gewissensbegriff, wie er seine vollendete Ausprägung bei *Kant* gefunden hat, wollte man geistesgeschichtlich auf die Reformation M. *Luthers* zurückführen. Luther soll mit seinem Gewissensbegriff „an der entscheidenden Wende vom Mittelalter zum ‚autonomen Denken' stehen" (so Th. Siegfried, Luther und Kant, 1930, S. 34), weil sich sein Protest gegen die Autorität der mittelalterlichen Kirche auf das nach eigenem Gewissen ausgelegte Wort Gottes stützt (so H. A. Korff, Geist der Goethezeit I, 1923, S. 21). Dem widerspricht E. Wolf in seiner Studie zu Luthers Gewissensbegriff (Vom Problem des Gewissens in reformatorischer Sicht, in: Peregrinatio I, 1954, S. 81—112): das Gewissen steht bei Luther nie über dem Wort, sondern unter ihm. Trotzdem dürfte wirkungsgeschichtlich im Autonomiebegriff des deutschen Idealismus eine historische Nachwirkung reformatorischer Ansätze zu finden sein. Kant jedenfalls versteht seinen Gewissensbegriff in der Nachfolge der Reformation, wenn er vom Gewissen als dem „Bewußtsein eines inneren Gerichtshofes im Menschen" (Metaphysik der Sitten II, S. 289) und der „Verantwortlichkeit vor einem von uns selbst unterschiedenen, aber uns doch innigst gegenwärtigen heiligen Wesen" (ebd. S. 291 f.) spricht. Allerdings wird dieses Wesen mit der moralisch gesetzgebenden Vernunft gleichgesetzt und damit praktisch mit der tiefsten Innerlichkeit des mündig und aufgeklärt denkenden und handelnden Menschen identifiziert. Mag im Gefolge Kants in der Philosophie des 19. Jh. das Gewissen auch eine *Stimme Gottes* genannt werden (so bei Schleiermacher, Grundlinien einer Kritik der bisherigen Sittenlehre, Sämtl. Werke III 1, S. 364 f.), so ist doch entscheidend, daß diese Stimme nicht aus der Bibel kommt, sondern aus dem Innern des Menschen selbst (so auch bei N. Hartmann, Ethik, S. 134).

Während der Idealismus im Gewissen einen selbständigen Wertträger sieht, der zugleich Quelle dieser Werte ist, betont die moderne Soziologie und Psychologie den *sozialen Ursprung* des Gewissens: es ist eine Form der Internalisierung sozialer Normen (so Nietzsche und Freud), ein „rückwärts gewandter Instinkt" und eine Vererbungsfolge der Schmerzen, die viele Generationen hindurch dem Täter als Strafe für die unsittliche Tat auferlegt wurden (so G. Simmel, Einleitung in die Moral I, S. 407 ff.). Diese Einsicht ist auch von der modernen Phänomenologie aufgenommen worden. So trennt M. Scheler sittliche Einsicht und Gewissen; letzteres ist eine persönliche Form der in Autorität und Tradition gestapelten Erkenntnis. Deshalb kann das Gewissen jedem bei gleicher Situation etwas anderes sagen (Der Formalismus in der Ethik, S. 335 ff.).

Die soziologisch-psychologische Gewissensanalyse hat richtig erkannt, daß es im Wesen des Gewissens liegt, ungezählte gesellschaftlich-geistige Vorgänge in sich zu tragen und sich durch sie mitgestalten zu lassen. Sie verkennt jedoch die im Gewissen liegende Paradoxie, daß dieses nicht nur eine mechanische Widerspiegelung eines sozialen Konformismus ist, sondern sich gerade in der Neuzeit auch als *Organ des Protests* und des nonkonformistischen Widerspruchs gegen gesellschaftliche Zwänge erwiesen hat. Beispiele: E. Zolas Protest ›J'accuse!‹ in der Dreyfus-Affäre 1898; Romain Rollands ›Au-dessus de la mêlée‹, 1915; die Göttinger achtzehn, Linus Pauling und Albert Schweitzer gegen die Atombombe. So wird das Gewissen in der modernen Philosophie weniger als Ausdruck der Sozialisation denn als *Ausdruck der Personalisation* und *Individualisation* betrachtet. Für Heidegger ist das Gewissen der Ruf des Daseins zu sich selbst, das es aus dem Verfall in Uneigentlichkeit zum Selbstsein und zur Eigentlichkeit aufruft (Sein und Zeit, [1926] ^{7}1957, §§ 54—60). Für Jaspers ist das Gewissen nicht Gottes Stimme, jedoch spricht aus ihm die Transzendenz. „Im Gewissen spricht eine Stimme zu mir, die ich selbst bin" (Philosophie, S. 524). Im Gewissen habe ich Distanz zu mir, sofern ich mich nicht als etwas Fertiges, Vorhandenes und Gegebenes begreife, sondern als eine Aufgabe, die erst zu gestalten ist. Somit hat das Gewissen immer eine kritische Funktion, bringt das Dasein zur Unterscheidung und Entscheidung. „Entschluß ist die Antwort auf das Gewissen in der Helligkeit des unterscheidenden Denkens." Die Doppelfunktion des Gewissens als autoritäres Gewissen, d. h. als Verinnerlichung äußerer Autorität, und als humanistisches Gewissen als der eigenen Stimme, die in jedem

Menschen spricht und die von äußeren Strafen oder Belohnungen unabhängig ist, wird auch in der neueren Psychoanalyse entdeckt (vgl. E. Fromm, Psychoanalyse und Ethik, 1954). In der modernen Existenzphilosophie hat das Gewissen seinen „moralischen" Charakter verloren; es ruft zum Handeln und zum Schuldigwerden, ohne daß dieses Handeln primär an einer Wertlehre normiert wäre. Darum hat P. Tillich für diese Form des Gewissens den Begriff des *transmoralischen Gewissens* geprägt. „Das gute, transmoralische Gewissen besteht in der Annahme des schlechten moralischen Gewissens, das unvermeidlich ist, wo immer Entscheidungen getroffen und Taten getan werden" (Das religiöse Fundament des moralischen Handelns V. Die Idee eines transmoralischen Gewissens, in: Ges. Werke III, 1965, S. 67; abgedr. in H. Thielicke-H. H. Schrey, Glaube und Handeln [Sammlung Dieterich 130], S. 269—286). Wie divergent die modernen Gewissensauffassungen sind, geht aus einem Vergleich von M. Scheler und J. P. Sartre hervor: während für Scheler die Reue als die „revolutionärste Kraft der sittlichen Welt" und die Kraftquelle zur sittlichen Wiedergeburt des Menschen gilt (Reue und Wiedergeburt, in: Vom Ewigen im Menschen, 1923 u. ö.), lehnt Sartre die Reue ab, weil sie den Menschen unfrei macht und in der Botmäßigkeit der Götter hält (so in Les Mouches, 1943). Dieser Vergleich zeigt, daß gerade in der Gewissensfrage die letzte Entscheidung eine theologische ist: ob der Mensch durch Gott seine Freiheit gewinnt oder ob Gott das eigentliche Hindernis ist zur Gewinnung der Freiheit. (Zu Sartres Les Mouches vgl. M. Otto, Reue und Freiheit. Versuch über ihre Beziehungen im Ausgang von Sartres Drama „Die Fliegen". Symposion 6, 1961.)

Entstehung und Erziehung des Gewissens. — Theorien über die Entstehung des Gewissens sind in der Gegenwart insbesondere von der psychoanalytischen Schule entwickelt worden. Das Gewissen bildet sich beim Menschen in der frühen Kindheit durch die Identifikation mit dem elterlichen Ich, in dem das Kleinkind die Begegnung mit der Welt und dem „Über-Ich" (Freud) als Träger der gesellschaftlichen Normen erfährt. Der Introjektion (= Verinnerlichung) des Über-Ichs durch das Kind entspricht die Projektion der Werte in die als Vor- und Leitbild empfundene Elterninstanz, wobei Autorität vor allem durch das Vaterbild geprägt wird. Die Ausbildung des Gewissens als Steuerungs- und Regulierungsorgan für angepaßtes Verhalten nimmt einen normalen Verlauf, wenn das Kind-Mutter-Verhältnis von einem

Urvertrauen und einem kontinuierlichen Liebesbezug getragen ist (E. Erikson, Kindheit und Gesellschaft, 1950; dt. [2]1965; D. J. de Levita, Der Begriff der Identität, 1971).

Auf diesem Wege macht das Kind allerdings auch die Erfahrung des hilflosen Ausgeliefertseins und der Befürchtung des Getrennt- und Verlassenwerdens. Daraus entwickelt sich Gewissensangst als Angst vor dem „Ausschluß aus der Horde" (Freud) und schlechtes Gewissen als Angst vor dem Zorn der Instanzen des Über-Ichs, wenn das Individuum hinter den Anforderungen desselben zurückbleibt (Hysterie!), Strafe und Liebesentzug droht. Das Gewissen zeigt sich als grausame, allwissende, ständig strafende Instanz, die im Schuldgefühl ihre stärkste Waffe hat (vgl. S. Freud, Das Unbehagen in der Kultur, 1930). Symptome der Gewissensangst können noch durch autoritäre Erziehung und bewußtes „Brechen des Willens" beim Kinde verstärkt werden und zu pathologischen Erscheinungen führen. Druck erzeugt Gegendruck, und so kann aus der verweigerten Emanzipation und der kontinuierlichen Frustration sich eine Haltung der Aggressivität entwickeln. Gewissenserziehung wird vor allem in der Reifephase darauf bedacht sein müssen, die Prädominanz des Vaterbildes abzubauen und dem heranwachsenden Kinde den Weg zur Selbständigkeit und Kritikfähigkeit freizugeben. So allein wird auch das Kind Gewissenskonflikte bewältigen können, ohne die es im Leben nicht abgeht, z. B. Konflikte zwischen seinem Triebleben und den gesellschaftlichen Normen oder Konflikte zwischen Konsumverlangen und Ehrlichkeit. Abbau des Vaterbildes heißt nicht, dem Kind die Konfrontation mit Wertforderungen ersparen. Das bloße „Wachsenlassen", wie es heute in manchen Forderungen antiautoritärer Erziehung postuliert wird, läßt das Kind ratlos und enthält ihm die zur Personwerdung notwendigen Prozesse der Selbstzucht wie der Einübung mitmenschlicher Rücksicht und Verantwortung vor. Das verwöhnte Kind wird egoistisch und lieblos, und Ortega y Gasset sieht nicht umsonst eine direkte Linie vom verwöhnten Kinde hin zum Massenmenschen, der sich nicht von der Stimme seines persönlichen Gewissens, sondern von Kollektivstimmungen, Schlagworten und allgemeinen Parolen motivieren läßt (vgl. O. Dürr, Erziehung zur Freiheit in Selbstverantwortung, 1963).

Entartungserscheinungen des Gewissens.

1. Liegt eine übertriebene Sensibilität des Gewissens vor, spricht man vom *skrupulösen* Gewissen. Reale oder auch eingebildete Anlässe des Alltags, vergrößerte Erinnerungsbilder der Vergangenheit oder

angstvolle Zukunftserwartungen, religiöser Versündigungswahn sind auslösende Ursachen pathologischer Gewissenserscheinungen, die sich bis zur Neurose steigern können (Th. Müncker, Die psychologischen Grundlagen der katholischen Sittenlehre (1934) ^{3}1948).

2. *Das abgestumpfte Gewissen* muß ebenso als pathologische Gewissenserscheinung gelten wie das skrupulöse. Die Abstumpfung findet sich häufig bei brutalen Verbrechern, die kein Gefühl für das Verwerfliche ihres Tuns haben und darum auch keine Reue über ihre Taten empfinden, oder bei übertrieben aktiven Menschen, die über ihrer hektischen Aktivität nicht zur Besinnung kommen, oft dies auch gar nicht wollen. Sie kann auch eine Art seelische Unterentwicklung sein, ein Defekt, durch den die sittliche Zurechnungsfähigkeit in Frage gestellt ist.

3. *Das ideologisierte Gewissen* kann einmal in der Gestalt des Funktionärsgewissens auftreten, wobei die eigene Verantwortung und der menschlich unmittelbare Eindruck einer Situation zum Schweigen gebracht werden zugunsten der Unterordnung unter eine politische oder kirchliche Instanz, sodann in der Gestalt des revolutionären Bewußtseins, das den bestehenden Verhältnissen ein totales Mißtrauen entgegenbringt (vgl. Sartre: mauvaise foi), weil die Bedingungen der spätkapitalistischen Gesellschaft die Entfremdung von Mensch und Arbeit produzieren und die Versuche einer Veränderung dieser Verhältnisse an der Starrheit und Trägheit des Establishments scheitern. Die aus der Frustration und dem totalen Mißtrauen hervorgehende Desorientierung des Gewissens kann zur nihilistischen Selbstzerstörung seines Trägers führen (vgl. W. von Baeyer-W. von Baeyer-Katte, Angst, 1971). — Ein Sonderfall der pathologischen Gewissensentartung ist die *„ekklesiogene Neurose“*, d. h. die übertriebene Sünden- und Schuldangst vor Normen und Sanktionen kirchlicher Instanzen.

Grenzen des Gewissens. Wird das Gewissen als rein subjektive Instanz verstanden, die sich selbst ihr Gesetz gibt ohne Rücksicht auf die allgemeinen Normen von Gut und Böse (extremer Subjektivismus, vgl. M. Stirner, Der Einzige und sein Eigentum, 1845), so kann ein Konflikt mit den in einer Gesellschaft als allgemeingültig angenommenen Bestimmungen und deren Niederschlag in den öffentlichen Gesetzen des Staates entstehen. Daraus zieht z. B. Hegel die Konsequenz, daß der Staat das Gewissen in seiner eigentümlichen Form, d. i. als subjektives Wissen nicht anerkennen kann, sowenig als in der Wissenschaft die subjektive Meinung eine Gültigkeit hat (Grundlinien der Philosophie des Rechts, 1821, § 137). Hier ist natürlich vorausgesetzt, daß der Staat der Träger der Sittlichkeit ist und das Individuum die Abweichung von der öffentlich anerkannten Norm vertritt. Diese Annahme kann jedoch aufgrund geschichtlicher Erfahrungen angezweifelt werden, nämlich sobald erkannt wird, daß der Staat und die Mächte der Öffentlichkeit keineswegs nur die Träger der Sittlichkeit sind, sondern im Dienste inhumaner Interessen stehen können. Diesem Tatbestand trägt der moderne demokratische Staat dadurch Rechnung, daß er zu seinen Grundrechten das Recht der Gewissensfreiheit zählt, vgl. Charta der Menschenrechte v. 10. 12. 1948, Art. 18: Jeder Mensch hat Anspruch auf Gedanken-, Gewissens- und Religionsfreiheit; Bonner Grundgesetz Art. 4.

E. Spranger spricht in diesem Zusammenhang von dem *Paradoxon* des Gewissens, das darin liegt, daß weder das Gewissen als letztentscheidende Instanz sozialen Verhaltens eine gesellschaftserhaltende Ordnung garantiert, noch die Organe der Gesellschaft als letztentscheidende Instanz sozialen Verhaltens eine Ordnung garantieren, die dem einzelnen eine moralische Existenz ermöglicht (Die Individualität des Gewissens und der Staat, in: Logos 22, 1933, S. 171—202). Das Recht auf Gewissensfreiheit kann einerseits zu einer „Anarchie des Gewissens" (M. Scheler) führen und eine anarchische Interpretation der Grundrechte ermöglichen, anderseits kann der Gewissensvorbehalt die einzige Gewährleistung einer sittlichen Existenz sein in einer Situation, in der ethische Substanz im Schwinden ist. Besondere Gewaltverhältnisse können mit einer Einschränkung der Gewissensfreiheit verbunden sein (Beamten- und Soldateneid!), sobald dieses Verhältnis eingegangen wurde und die Übernahme von Pflichten voraussehbar war. Bei einer Inanspruchnahme des Rechtes auf Gewissensfreiheit müssen zwei Bedingungen erfüllt sein: einmal die Wahrung des Prinzips der Verhältnismäßigkeit (nicht jeder nichtige Anlaß darf zum Gewissensfall umstilisiert werden!), sodann das Gebot der Begründbarkeit (Gewissensfälle dürfen nicht nur formal, sondern müssen inhaltlich begründet sein), vgl. dazu A. Podlech, Das Grundrecht der Gewissensfreiheit und die besonderen Gewaltverhältnisse (Schriften zum öffentlichen Recht, Band 92, 1969).

Wenn Hegel sagt, das „wahrhafte Gewissen sei die Gesinnung, das, was an und für sich gut ist, zu wollen" (Rechtsphilosophie, § 137), so wird hier schon in der Definition der Zusammenhang zwischen beiden Phänomenen deutlich. *Gesinnung* kann verstanden werden als Einheitsprinzip der sittlichen Eigenschaften (vgl. W. Schulze-Sölde,

Über das Wesen der Gesinnung, in: ZphF IX, 1955, S. 431—446). Während das Gewissen stärker situativ und individuell gedacht werden muß als sittliches Steuerungsorgan des einzelnen im Augenblick einer Entscheidung, besitzt Gesinnung mehr Kontinuität, ist, wie Aristoteles es formuliert, festgeworden, als eine Art habitualisierte Verhaltensorientierung, von der aus dann situative Entscheidungen getroffen werden. Es wird hier auch der Begriff des sittlichen Charakters verwendet, für den die *Grundintention* oder die *Vorentscheidung* bezeichnend sind. Die beiden Begriffe Grundintention und Vorentscheidung spielen vor allem in der katholischen Moraltheologie eine wichtige Rolle. Die Grundintention ist eine sittliche Grundentscheidung, in der sich der Mensch als Person zutiefst einsetzt und von der her weitere aktuelle Entscheidungen gesteuert sind (vgl. H. Reiners, Grundintention und sittliches Tun. Quaestiones disputatae, 30, 1966). Die damit gefällte Vorentscheidung stellt eine Vorwegnahme späterer Willensentscheidungen aus der Gesamttendenz der sittlichen Existenz heraus dar (vgl. H. Kramer, Die sittliche Vorentscheidung. Ihre Funktion und ihre Bedeutung in der Moraltheologie, 1970).

In der neueren Ethik ist der Unterschied zwischen *Gesinnungs- und Verantwortungsethik* viel diskutiert worden. Für Kant gilt, daß nur die Gesinnung maßgeblich ist für die sittliche Beurteilung eines Verhaltens (Kant, Einleitung zur Metaphysik der Sitten, 1785: Es ist überall nichts in der Welt, ja überhaupt auch außerhalb derselben zu denken möglich, was ohne Einschränkung für gut könnte gehalten werden, als allein ein guter Wille) und es auf den Erfolg nicht ankommt, weil dieser der Gesinnung äußerlich ist. Max Weber stellt dem entgegen, daß etwa der Politiker mit dieser Einstellung nicht durchkommt, weil er auch die sozialen Folgen einer politischen Entscheidung berücksichtigen muß (vgl. M. Weber, Politik als Beruf. Ges. polit. Schriften, 1921, S. 396—450). „Keine Ethik der Welt kommt um die Tatsache herum, daß die Erreichung „guter" Zwecke in zahlreichen Fällen daran gebunden ist, daß man sittlich bedenkliche oder mindestens gefährliche Mittel und die Möglichkeit oder auch die Wahrscheinlichkeit übler Nebenerfolge mit in Kauf nimmt, und keine Ethik der Welt kann sicherstellen, wann und in welchem Umfang der ethisch gute Zweck die ethisch gefährlichen Mittel und Nebenerfolge „heiligt".

In der neueren Existenzphilosophie wird das Gewissen häufig als ein Entscheidungsorgan verstanden, das im Gegensatz zu allgemeingültigen Normen oder ohne deren Berücksichtigung fungiert. Daraus ergibt sich der Typus der *Situationsethik* und des *Dezisionismus* (= Lehre, welche die Kategorie der Entscheidung in den Mittelpunkt stellt). Hierbei ist richtig erkannt, daß der handelnde Mensch nicht in der Zuschauerhaltung des nur Betrachtenden verharren kann, sondern im Lebensvollzug wählen, entscheiden muß. „Die Entscheidung steht, obwohl ihr Vollzug Freiheit zur Voraussetzung hat, unter Notwendigkeitszwang“ (H. Lübbe). Weiter ist hier richtig erkannt, daß es Situationen gibt, in denen eine letzte Gewißheit über die Richtigkeit der ethischen Entscheidung nicht erreicht werden kann. Dennoch darf einem bloßen Irrationalismus nicht das Wort geredet werden, zumal häufig verkannt wird, daß einer konkreten Einzelentscheidung in einer bestimmten Situation eine existentielle Grundintention oder Vorentscheidung (s. o.) zugrunde liegt, bzw. die Einzelentscheidung zwar aus dem momentanen Erfassen einer Lage heraus erfolgen muß, aber nicht ohne inneren Zusammenhang mit der sittlichen Gesamtkonstitution des Entscheidenden. Situation und Person sind als zwei Pole eines Aktes zu verstehen, wobei weder alles auf die Seite der Person noch alles auf die Seite der Situation verlagert werden darf. „Niemals geht die ethische Situation in den Personen auf, immer ist sie etwas anderes, über sie hinaus Liegendes, wenn auch nicht ohne sie Bestehendes. Auch sie ist ein Kosmos für sich mit eigener Seinsweise und Eigengesetzlichkeit, für die Person nicht weniger bestimmend als diese für sie“ (N. Hartmann, Ethik, S. 12 f.). — Zum Begriff der Situation vgl. weiter C. A. Emge, Über die Problematik im Begriff der Situation, 1944; W. Dantine, Die theologische Situation der „Situation“, in: ZEE 1959, S. 233—240.

Die Entdeckung der Entscheidung als einer existentiell unumgänglichen Situation ist nicht neu. Sie liegt vor in dem alten Bild vom *Weg*. Die Antike kennt die Fabel von Herkules am Scheidewege, der sich für den Weg der Tugend oder der Schlechtigkeit entscheiden muß (überliefert bei Xenophon, Memorabilien 2, 1, 21—34), der Buddhismus spricht vom achtgliedrigen Weg und Laotse vom Tao = Weg. Psalm 1 spricht vom Weg der Gerechten und vom Weg der Gottlosen, zwischen denen der Mensch zu wählen hat. In diesem Bilde ist allerdings nie gemeint, daß der sich entscheidende Mensch durch seine Wahl den einen oder den anderen Weg allererst zum „guten“ Wege macht, sondern gut und schlecht liegen als Möglichkeiten in den Wegen selbst; hier liegt ein Unterschied zur modernen Situationsethik.

Wenn das Gewissen hier als innerster Kern der sittlichen Persönlichkeit bezeichnet wurde, so darf dabei nicht übersehen werden, daß es so etwas wie eine *öffentliche Dimension* des Gewissens gibt. Dasselbe gilt von den zum Begriffssyndrom Gewissen gehörenden Kategorien der Ehre, der Scham und der Achtung oder Würde. Alle diese Begriffe sind gleichsam doppelgesichtig, denn sie bezeichnen einmal ein Verhalten in Hinsicht auf das Subjekt, sodann aber immer auch in Hinsicht auf dessen Stellung in der Gesellschaft. Im archaischen Bewußtsein sind Ehre und Gewissen identisch; daher noch der Sprachgebrauch „auf Ehr' und Gewissen". *Ehre* ist zunächst vor allem ein Standesbegriff der Feudalzeit. Es wird dann aber Ehre als innere Ehre entdeckt, die unabhängig ist von öffentlicher Anerkennung oder Verurteilung. Vorbereitet wird dieser Prozeß der der Neuzeit angehörenden Subjektivierung durch die religiöse Unterscheidung der Ehre vor Gott und der Ehre vor den Menschen. Hier wird schließlich der Ehrbegriff identisch mit dem Begriff des Gewissens, jedoch mit dem Unterschied, daß Ehre einen Bezug zum Selbstwertgefühl des Menschen hat. Für die Moralität der inneren Ehre hat Aristoteles den Begriff der Hochsinnigkeit (μεγαλοψυχία, lat. magnanimitas) geprägt. Sie ist für ihn die Krone der Tugenden (NE IV 7, 1124 a), denn sie verwirklicht alle hohen Tugenden und faßt sie zur Einheit zusammen. Daher hat man in ihr die Entdeckung des sittlichen Selbstbewußtseins gesehen (so Gauthier, Magnanimité. L'idéal de la grandeur dans la théologie chrétienne, Paris 1951).

Scham hat ebenfalls eine doppelte Dimension, insofern sie bezogen ist auf den anderen und die Furcht vor Schande meint, aber sie ist zugleich Scheu vor Selbstpreisgabe und damit ein Schutzgefühl des Individuums (so M. Scheler, Über Scham und Schamgefühle. Schriften aus dem Nachlaß 1957, S. 80). Sie kann verbunden sein mit der *Demut*, etwa wenn fremdes Lob als unmäßige Überhöhung des eigenen Ichs und seiner Verdienste empfunden wird. So ist Scham ein Abwehrgefühl zur rechten Regulierung des Selbstwertgefühls. — Das einzige sittliche Gefühl, das Kant als legitim gelten ließ, war die *Achtung*. Sie ist bei ihm Achtung vor dem Gesetz, aber zugleich Selbstachtung vor der in meiner Existenz liegenden Würde. Diese Würde wäre verletzt, wollte sich der Mensch in seinem Handeln von anderen als den letzten sittlichen Grundsätzen leiten lassen (vgl. W. Korff, Ehre, Prestige, Gewissen, 1966).

Literatur: Zum theologischen Gewissensverständnis: M. Kähler, Das Gewissen, 1876, Neudruck 1967. W. Trillhaas, Die innere Welt. Religionspsychologie, 5. Kap., 1953. E. Hirsch, Luther-Studien I 1954. H. Thielicke, Theologische Ethik, I. Band, 1954, II. Teil, B. III. G. Ebeling, Theologische Erwägungen über das Gewissen, in: Wort und Glaube I, (1960) [3]1967, S. 429—446. H.-H. Schrey, Gewissen, in: Theologie für Nicht-Theologen II, (1964) [3]1966.

Zum philosophischen, psychologischen und juristischen Verständnis von Gewissen und Gesinnung: A. Pfänder, Zur Psychologie der Gesinnungen, in: Jb. f. Phil. u. phänomenol. Forschung, 1 u. 2, 1913/16. H. Welzel, Vom irrenden Gewissen, 1949. Ders., Gesetz und Gewissen, in: Hundert Jahre deutsches Rechtsleben, 1. Bd., 1960, S. 383—400. J. H. Breasted, Die Geburt des Gewissens, 1950. Das Gewissen (Studien aus dem C. G. Jung-Institut Zürich, VII), 1958. H. Häfner, Schulderleben und Gewissen, 1956. E. Stadter, Psychoanalyse und Gewissen, 1970. N. Petrilowitsch (Hrsg.), Das Gewissen als Problem (WdF-Band LXVI), 1966. J. Blank, Gewissen und Identität. In: Weltaspekte der Philosophie, hrsg. von W. Beierwaltes und W. Schrader, 1972, S. 21—40.

Zum Begriff der Entscheidung: Symphilosophein, 1952. Bericht über den 2. Dt. Philosophenkongreß in Bremen 1950. J. Fuchs, Situation und Entscheidung, 1952. Chr. v. Krockow, Die Entscheidung. Eine Untersuchung über Ernst Jünger, Carl Schmitt und Martin Heidegger, 1958. H. Lübbe, Zur Theorie der Entscheidung, in: Collegium philosophicum, 1965, S. 118—140.

Zur Metapher vom „Weg“: A. v. Harnack, Die Apostellehre und die jüdischen beiden Wege, [2]1896. O. Becker, Das Bild des Weges und verwandte Vorstellungen im frühgriechischen Denken. Hermes 1937, Heft 4. — Art. ὁδός in G. Kittel, ThWNT V, S. 42—117. G. Wingren, „Weg“, „Wanderung“ und verwandte Begriffe, in: Studia theologica 3, 1949, S. 111—123.

Zum Begriff der Situation und der Situationsethik: B. A. Brody, Moral rules and particular circumstances, 1970. Th. E. Davitt, Ethics in the situation, 1970. R. L. Cunningham (Hrsg.), Situationism and the new morality, 1970. J. Fletcher, Situation ethics. The new morality, 1966, dt. Moral ohne Normen?, 1967.

D. OBJEKTIVE MOTIVATIONEN

§ 12. Die soziale Motivation

In der Reihe der kollektiven Motivationen steht die soziale obenan. Es ist davon auszugehen, daß menschliches Verhalten nicht nur Individualverhalten ist, sondern ein soziales Geschehen, wobei der einzelne sowohl Subjekt wie Objekt dieses Geschehens ist. Subjekt ist er insofern, als sich im individuellen Verhalten soziale Motivreihen widerspiegeln, die zumeist unbewußt sind; Objekt ist er, insoweit sozialbedingte Steuerungsprozesse den einzelnen konditionieren.

Die soziale Motivation des menschlichen Verhaltens setzt Sozialisation als anthropologisches Grundphänomen voraus. Sozialisation ist in verschiedener Weise reflektiert worden.

a) *Sozialontologisch:* Aristoteles versteht den Menschen als „städtebauendes Wesen" (ζῷον πολιτικόν, animal sociale et sociabile); er ist insoweit ein staatliches Wesen, als er sich mit seinesgleichen zu einheitlichen und gemeinsamen Tätigkeiten verbinden kann; der einzellebende, staatslose Mensch müßte daher entweder schlecht sein oder besser als ein Mensch (Politik 1253 a). — Cicero nimmt eine Art Herdentrieb beim Menschen an (naturalis quaedam quasi congregatio, De re publica I 1, 25; De off. I). — Seneca redet davon, der Mensch sei als Sozialwesen zum Gemeinwohl geschaffen (animal sociale communi bono genitum, De ira II 3). — Hugo Grotius spricht von einem Geselligkeitstrieb beim Menschen (appetitus societatis, De iure belli ac pacis, Prol.).

In der modernen Existenzphilosophie wird Mitmenschlichkeit als Existential des Menschseins behauptet. M. Heidegger, Sein und Zeit, S. 118: Das In-der-Welt-Sein ist Mitsein mit anderen. Es gibt keine monadenhafte Subjektivität, die sich erst nachträglich in den anderen einfühlen müßte. In der daraus sich ergebenden Kategorie der Fürsorge liegt ein Ansatzpunkt für die Ethik, der allerdings bei Heidegger nicht weiter verfolgt wird. Bei Heidegger wie bei Jaspers wird die „Kommunikationshaftigkeit der Welt" (C. A. van Peursen, Die Kommunikationshaftigkeit der Welt, in: Heidegger-Festschrift z. 70. Geburtstag, S. 49—66) entdeckt. Jaspers unterscheidet drei Arten der kommunikativen Beziehung: die primitive Gemeinschaftlichkeit, die sachliche Zweckhaftigkeit und Rationalität und die ideenbestimmte Geistigkeit des Gehalts (Philosophie, S. 341). Kommunikation ist ein Prozeß, der zur Selbstwerdung notwendig ist und durch den sich Welt allererst erschließt. Die ethische Kategorie, die in diesem Zusammenhang von Jaspers entdeckt wird, ist die *Liebe* als „der substantielle Ursprung des Selbstseins in der Kommunikation" (S. 358).

Als eigentlicher Begründer einer dialogischen Anthropologie in der neueren Philosophie kann M. Buber gelten. Das Ich ist nur denkbar als Ich-Es oder Ich-Du, das zum Gegenüber entweder in eine (eshafte) Beziehung oder in eine (duhafte) Begegnung treten muß; daraus ergeben sich *Gegenseitigkeit* und *Verantwortung* als ethische Kategorien.

b) *Sozialpsychologisch:* der Einfluß der Gemeinschaft auf den einzelnen beginnt mit dem ersten Lebenstage. Dem Kinde werden von der es tragenden Gruppe bestimmte Erwartungen entgegengebracht, die dieses zu erfüllen bestrebt ist, denn darauf beruht die Anerkennung innerhalb der Gruppe und rückwirkend auch die Selbstachtung. So geschieht es, daß das Ich wesentliche Schritte auf eine greifbare kollektive Zukunft zu machen lernt und sich zu einem definierten Ich innerhalb einer sozialen Realität entwickelt. Vgl. E. Erikson, Identität und Lebenszyklus, 1966, S. 17.

Erikson spricht in diesem Zusammenhang von Ich-Identität. Diese wird gefunden durch Annahme der im Familienkreise erlebten Verhaltensweisen und Normen. Diese werden angeeignet, verinnerlicht, internalisiert (Introjektion). Die Umwelt ermöglicht dem Menschen die *Identifikationen,* die er zur Entwicklung seiner Persönlichkeit braucht. Claessens spricht von der „zweiten soziokulturellen Geburt" des Menschen (D. Claessens, Familie und Wertsystem, 1962). Einem rein substantialistischen Personbegriff, in dem Person als das stetig gleiche Wesen begriffen wird, das zu einer ständig gleichen Welt in Beziehung steht, muß ein funktionaler Personbegriff entgegengesetzt werden, bei dem Personsein durch die Bewältigung bestimmter sozialer Situationen gekennzeichnet ist. — Diese ursprünglichen Verhaltensweisen haben einen unmittelbaren Bezug zur Ethik. Fundierend im Säuglingsalter ist das *Urvertrauen* zu den primären Bezugspersonen; im Kleinkindalter entdeckt das Kind mit dem Ich-sagen seine Autonomie und als Kontra-indikation das Schamgefühl als eine Art Selbstschutz des Ichs, bzw. als Gefühl des Zurückbleibens hinter der Norm; im Spielalter entwickelt das Kind Initiative und Schuldgefühl; im Schulalter wächst das Zutrauen zur eigenen Leistung bzw. gegenteilig das Minderwertigkeitsgefühl; in der Adoleszenz gewinnt der junge Mensch seine Ich-Identität, wozu gehört, daß er Solidarität mit der Mitwelt entwickeln kann. Zur Bildung der Identität muß das Individuum an der kulturellen Umwelt teilnehmen, deren Maßstäbe, Sitten und Gewohnheiten, Vorurteile und Ideale teilen.

c) *Soziologisch:* Die Soziologie bedient sich nicht der genetischen Betrachtungsweise, wie die psychoanalytisch orientierte Identitätsanalyse, sondern statuiert Kategorien, die auf den in ein soziales System integrierten Menschen zutreffen. — Beim Prozeß der Sozialisierung ergeben sich vier Wünsche, die befriedigt werden sollen: das Verlangen nach neuem Erleben; nach Sicherheit; nach Erwiderung und nach Anerkennung. Aus dem Verlangen nach Sicherheit erwächst die ethische Forderung nach Eintracht und Frieden; Erwiderung und Anerkennung führen Ehre und Prestige als ethische Korrelate mit sich.

Jeder Mensch erfährt sich zunächst nicht als selbständiges Individuum, sondern als Teil einer Gruppe. Daher ist das Wirbewußtsein ursprünglicher als das Ichbewußtsein. Die in der Familie zuerst ausgebildete Identifikation mit den Gruppengliedern findet ihre Fortsetzung und Erweiterung in der Identifikation mit den Gliedern der eigenen Gruppe. In jeder Gruppe gibt es selbstverständliche Annahmen und Vorstellungen religiöser oder sozialer Art, Vor-urteile im wörtlichen Sinne, nämlich Urteile, die dem einzelnen Gruppenmitglied vorgegeben sind und die er fraglos als die seinen übernimmt und sich aneignet. Die zum Gruppenleben gehörenden Sitten und Gewohnheiten (mores) sind die primären Verhaltensmotivationen und zeigen die Wahrheit des Satzes, der Mensch sei ein Ensemble der gesellschaftlichen Verhältnisse (K. Marx).

Einer der ersten Forscher, die das sittliche Verhalten auf einen Gesamtwillen zurückgeführt haben, also die soziale Komponente in der Formierung des Ethischen betonten, war Wilhelm Wundt (Ethik, 3 Bde., 1886). Damit war keine mystische Größe gemeint, sondern eine übereinstimmende, gemeinschaftliche Willensrichtung innerhalb einer Gruppe. In der Soziologie wird die Lehre vom Kollektivbewußtsein von Vierkandt (Gesellschaftslehre, 1923) und F. Tönnies (Gemeinschaft und Gesellschaft, [1887] ^{8}1935) weiter entwickelt. Von Tönnies stammt die wichtige Unterscheidung von „Gemeinschaft" als kleiner Intimgruppe (Familie, Sippe, Dorf, Kleinstadt), in welcher der „Wesenwille" herrscht, also ein vor-rationaler Gemeinschaftswille, und „Gesellschaft" als der auf Vertrag und Tausch begründeten Form der modernen bürgerlichen Gesellschaft, in welcher der „Willkürwille" herrscht, verstanden als rationale Zweckhaftigkeit. In der Gemeinschaft herrscht das Organische und Natürliche, das Ursprüngliche und Gewachsene, in der Gesellschaft dagegen das Abstrakte und Gemachte, das Künstliche und Sekundäre. Diese Unterscheidungen wirken sich auch als verschiedene Verhaltensmotivationen aus. In der Gemeinschaft sind hierarchische Werte vorherrschend, wie Würde der Tradition (mos maiorum = Sitte der Vorfahren als römische Verhaltensnorm), des Alters als Träger der Weisheit und Erfahrung, Ehrfurcht und Zärtlichkeit, Eintracht oder Familiengeist, gegenseitige Fürsorge, wobei Gemeinde oder Kleinstadt als gemeinschaftlicher Organismus verstanden werden. Dazu gehören die Tugenden der Güte, der Aufrichtigkeit und Treue. — In der Gesellschaft dagegen sind andere Verhaltensweisen vorherrschend. In der Tauschgesellschaft herrscht der Warenwert als quantifizierbare Größe, also das rationale Abwägen und Messen gleicher Größen, die gegen Geld eingetauscht werden können. Da „jedermann ein Kaufmann“ (A. Smith) ist, herrschen die kaufmännischen Tugenden von Leistung und Versprechen, die Nützlichkeit und das Gewinnstreben, Konkurrenzkampf, aber auch Höflichkeit als konventionelle Regel, Fairneß und Zweckdenken, das den anderen nicht leiblich, sondern gegenständlich verbunden ist, als gemeinsame Beziehung auf Gegenstände, die austauschbar sind, genossen und besessen werden können. Freiheit als freie Möglichkeit von Handel und Verkehr sind ebenso wichtig wie konstruktives Denken, zweckrationale Planung und umsichtige Organisation. Das Streben nach Glück wird identisch mit dem Streben nach wirtschaftlicher und politischer Macht. Der einzelne mit seinem Besitzstreben steht im Mittelpunkt; Egoismus paart sich mit Schlauheit, berechnender Klugheit und Aufgeklärtheit, die darum hart wirken kann, weil sie keine persönlichen Rücksichten auf Notleidende kennt. Der abstrakte Rechtsstandpunkt gilt und kann, da keine Differenzierung der Individuen anerkannt wird, nach dem Grundsatz der Gleichheit aller durchgesetzt werden. In der auf individueller Leistung aufgebauten Gesellschaft bestimmt der einzelne eben durch Leistung seinen Ort, wird nicht wie in der Gemeinschaft durch Geburt und Herkunft sozial determiniert. Dadurch bekommen die auf Handlung, Eigeninitiative und Erfolg gerichteten Werte den Vorrang gegenüber den auf Herkommen und Tradition begründeten. Der autonome Mensch der modernen Gesellschaft ist sozial nicht festgelegt, sondern mobil in horizontaler wie vertikaler Hinsicht, sowohl was seinen sozialen Status anbelangt wie seinen Wohnort. Gott als transzendenter Garant des sozialen Status entschwindet dem Bewußtsein dieses Menschen, der somit transzendenzlos wird und nun versuchen muß, die über ihn hereinbrechende Einsamkeit und Ungeborgenheit durch eine neue Pseudoform von Transzendenz, das konformistische Beisammensein in der Masse, zu kompensieren. In der *Entfremdung*, die in verschiedenen Gestalten den Menschen der Gesellschaft überkommt, als Entfernung des produzierenden Menschen vom Produkt seiner Tätigkeit (Marx), als Spezialisierung im Kulturprozeß, die keinen Gesamtüberblick über den Sinn des Ganzen mehr gestattet (G. Simmel, Philosophie des Geldes), als „Unbehagen in der Kultur“ (S. Freud), oder als Machtlosigkeit, Sinnlosigkeit, Normlosigkeit, Isolierung und Selbstentfremdung (Melvin Seeman, On the Meaning of Alienation, in: Amer. Sociol. Rev. 24, Dez. 1959), erfährt der moderne in den Strukturen von Gesellschaft lebende Mensch die Orientierungslosigkeit und damit zugleich die Fragwürdigkeit aller ethischen Normierung, durch welche die „Waage des Daseins“ aus dem Gleichgewicht gerät und — als circulus vitiosus von Frustration und Aggression — entweder zu revolutionären Aggressionen gegen die bestehende Gesellschaft oder zum „anomischen Selbstmord“ (E. Durkheim, Der anomische Selbstmord, in: A. Fischer [Hrsg.], Die Entfremdung des Menschen in einer heilen Gesellschaft, S. 114—122) führen kann. Das im Kapitel über die axiologische Motivation behandelte Phänomen des Wertrelativismus erhält von der Einsicht in den soziologischen Wandel von Gemeinschaft zu Gesellschaft erst seine eigentlichen Konturen.

Die an Tönnies exemplifizierte dichotomische Klassifikation von sozialen Beziehungen spielt seither in der soziologischen Theoriebildung eine entscheidende Rolle. So unterscheidet der französische Soziologe E. Durkheim *solidarité organique* und *solidarité méchanique*, der amerikanische Soziologe H. S. Maine spricht von *status* als dem festen Ort in der Gemeinschaft und von *contract* als der für die Gesellschaft typischen Beziehungsart; M. Weber versteht unter *Vergemeinschaftung* das auf Affekten und Tradition beruhende Zusammengehörigkeitsgefühl und unter *Vergesellschaftung* die zweckrationale Verbindung und Ausgleichung von Interessen; R. Redfield spricht von “folk society” und “urban society”, während H. Becker die Unterscheidung “sacred society” und “secular society” vorschlägt. Von hier ausgehend kommt Talcott Parsons zu seinem System der pattern variables = Orientierungsalternativen des Handelns: der Handelnde muß seine Situation definieren und sich dann je nachdem auf Grund seiner Orientierung in einer Situation entscheiden. Vgl. hierzu D. Rüschemeyer, Art. Interaktion (und Soziale Beziehung) in WbSoz S. 479—487.

Wenn von der sozialen Motivation die Rede ist sowie vom Pluralismus bzw. Relativismus der Werte, dann erscheint eine Unterscheidung der neueren Soziologie hilfreich, um widerspruchsvolle Phänomene aus dem Bereich der Ethik zu klären. Wie kommt es, daß völlig divergente Werte gleichzeitig in einer Kultur propagiert werden, etwa der Wert des Friedens und der Eintracht einerseits und der Wert des kriegerischen Ruhms andererseits? Wie kann einmal gelten „Du sollst nicht töten!“ — und dann finden sich heilige Kriege und Bannung ganzer Völkerschaften in demselben Kulturraum! Diese Widersprüche werden verständlich, wenn man sie auf dem Hintergrund der von dem amerikanischen Soziologen W. G. Sumner (Folkways, Boston 1906) eingeführten Unterscheidung von Eigengruppe (in-group) und Fremdgruppe (out-group) sieht. Loyalität, Treue, Eintracht und Frieden gelten nur innerhalb der Eigengruppe, nicht dagegen gegenüber der Fremdgruppe, die als feindlich, barbarisch und fremd der eigenen in Konkurrenz gegenübersteht. Alle die genannten positiven sittlichen Werte und die Prohibitive des Nicht-tötens, Nicht-stehlens usw. gelten als Regeln des Verhaltens gegenüber den Mitgliedern der Eigengruppe und auf ihnen beruht der Bestand der Eigengruppe. Im sozialen Kampf ums Dasein finden diese Werte aber keine Anerkennung gegenüber den Fremden. Die Outgroup ist immer der Feind schlechthin, der am Rand der eigenen Welt wohnt, diese bedroht und in Frage stellt. Solidarität kann sich nur auf Glieder der eigenen Gruppe erstrecken; die Fremden oder Barbaren sind davon ausgeschlossen. Die kultischen Wurzeln dieser Haltung liegen darin, daß die Eigengruppe ihre eigenen Götter hat, während die Fremdgruppe „fremde Götter" anbetet, die anders sind als die eigenen. Die Verpflichtung der pietas, der scheuen Ehrfurcht vor der gegebenen Ordnung der Menschen und Dinge, gilt nur für den inneren Kreis, in dem man selbst steht. Gesetz der Sitte und des Rechts sind Funktionen des sog. *Binnenethos,* also einer für den jeweiligen kultisch-politisch-sozial integrierten Bereich geltenden Normierung. So kann sowohl im alten Israel wie in Rom und Griechenland einerseits die Regel des Friedens für den Binnenbereich gelten, was aber keineswegs ausschließt, daß unterworfene Feinde in den Bann getan, d. h. physisch vernichtet werden. So wird eine soziale Dichotomie, um nicht zu sagen Schizophrenie, institutionalisiert in der Doppelheit des jeweils geltenden Ethos. Die aus diesen Kulturen stammenden ethischen Werte und Normen sind zunächst keineswegs universal gültig, sondern haben eine begrenzte Geltung für die jeweilige Eigengruppe. Wenn sich der kleine Stammes- und Sippenverband, die Phratrie und die Tribus zum umfassenden Staat oder gar zum Imperium erweitern, wird die Unterscheidung von Freund und Feind politisch überholt und dementsprechend wird eine *Universalisierung des Ethos* möglich. Die alten internen Stammesregeln werden nunmehr zu Menschheitsnormen erweitert, wobei keineswegs auszuschließen ist, daß es immer wieder Rückfälle in altes Stammesdenken, in Freund-Feind-Denken gibt, vor allem wenn der

Kampf ums Dasein sich in Kriegen Ausdruck sucht. Auch in den modernen Kriegen findet sich daher das ideologische Moment des Bösglaubenwollens vom Feind immer noch (vgl. die Einschätzung der Bevölkerung Vietnams durch die Amerikaner!). Eine echte Universalisierung des Ethos ist nur denkbar, wenn in der allgemeinen Anerkennung einer transzendenten Instanz alle partikulären Schranken innerhalb der Menschheit relativiert und damit unwesentlich werden.

Wir unterscheiden die soziale Motivation von der institutionellen. Wir verstehen sozial hier als die relativ ungeformte, nicht durch Institutionen geprägte Begegnungsart von Menschen. Daher beschränken wir uns in diesem Abschnitt auf einige in der reinen Sozialität des Menschen begründete Verhaltensweisen wie Vertrauen, Gegenseitigkeit, Gerechtigkeit und Liebe, während Ehre und Prestige der institutionellen Motivation zugehören. Gewissen und Verantwortung sind schon bei der personalen Motivation analysiert worden, allerdings nur nach ihrer subjektbezogenen Seite. Beide Phänomene haben jedoch auch eine soziale Dimension und sind insofern als *doppelsinnige Relationsbegriffe* zu betrachten. Das *Gewissen* findet seine Formierung in und durch die Sozietät, ist insofern immer ein Sozialphänomen; es kann aber zugleich das Widerstandszentrum gegen die Gesellschaft bilden und ist insofern der Kern der Personalisation. — *Verantwortung* als Engagement im Dienste des Selbstseins muß immer zugleich bezogen sein auf die soziale Situation, bleibt nicht reine Gesinnung, sondern veräußert sich in sozial relevantes Handeln.

Vertrauen. Unsere obige Darstellung der Sozialgebundenheit von Verhalten hat Variablen gezeigt, zu denen Vertrauen *nicht* gehört. Vertrauen ist eine Invariante menschlichen Verhaltens in jeder möglichen Stufe der Sozietät. Entwicklungspsychologisch erscheint es als Ur-vertrauen beim Kleinkinde (s. o.), zugleich aber auch als Urverhalten in jeder Art menschlicher Begegnung. K. Løgstrup spricht von der elementaren Zugehörigkeit des Vertrauens zum menschlichen Dasein (Die ethische Forderung, 1959). „Treu und Glauben" sind Bedingungen des zwischenmenschlichen Daseins in jeder Sozialform. Es ist Bedingung der Möglichkeit stabiler menschlicher Interaktion (vgl. H. Garfinkel, A conception of and experiments with "Trust" as a condition of stable concerted action, 1957). Soziale Beziehungen werden weniger kompliziert, wenn sie auf Vertrauen gründen (vgl. N. Luhmann, Vertrauen. Ein Mechanismus der Reduktion sozialer Komplexität, [1968] ²1973). Vertrauen ist eine Art Selbstauslieferung an den anderen, dem ich begegne, verbunden mit dem Risiko, enttäuscht zu werden, aber eine für das Leben notwendige Erwartungshaltung, weil ein Leben in permanentem Mißtrauen nicht durchzuhalten wäre. Kommunikation zwischen Menschen kann nicht ohne Vertrauen sein, sei es eine solche des Wortes im Gespräch, sei es eine solche des Handelns miteinander. Vertrauen enthält eine „stumme Forderung", nämlich die des gegenseitigen Entgegenkommens. Dieses „Sich-vorwagen auf ein Entgegenkommen zu" nennt Løgstrup das grundlegende Phänomen der Ethik (a. a. O., S. 17).

Wir kommen damit zu einem nicht minder grundlegenden ethischen Phänomen: der *Gegenseitigkeit.* Im Grunde war davon schon die Rede, als Kants kategorischer Imperativ dargelegt wurde (vgl. deontologische Motivation), denn dieser ist auf nichts anderem aufgebaut als auf dem Phänomen der Gegenseitigkeit. Diese ließe sich kurz definieren als das Zugeständnis, daß dieselben Erwartungen, die ich an andere stelle, auch von diesen an mich gestellt werden dürfen. Ich erwarte von meiner Mitwelt Hilfe und Fürsorge und meine, das sei ein selbstverständlicher Anspruch. Dementsprechend kann aber auch die Mitwelt von mir erwarten, daß ich mein Teil dazu beitrage, daß andere Hilfe und Fürsorge erfahren. Eine Einseitigkeit des Forderns von der Mitwelt wäre unlogisch und ungerecht, ein solipsistischer Standpunkt, der nur das eigene Ich sieht und ernst nimmt, aber nicht begriffen hat, daß „Ensemble gesellschaftlicher Verhältnisse" zu sein nicht zuletzt auch Verpflichtung gegenüber der Gesellschaft bedeutet im gegenseitigen Geben und Nehmen. Es scheint, als stünden wir mit diesem Grundsatz vor einem rocher de bronce sittlichen Verhaltens, der auch dann nicht wanken kann, wenn viele materialen Werte fragwürdig geworden sind, weil hier die sittliche Forderung nicht in einem transzendenten Wertereich begründet ist, sondern in der existentiellen Situation jedes einzelnen und in dessen gesellschaftlicher Erwartungshaltung. M. Buber hat darauf hingewiesen, daß sich menschliche Begegnung verwirklicht in der Vergegenwärtigung des anderen. Zu dieser Vergegenwärtigung gehört aber nicht zuletzt die Gegenseitigkeit der Akzeptation, der Bejahung und Bestätigung, welch letzterer der Mensch als Mensch besonders bedarf. Gegenseitigkeit ist aber nicht nur ein Verhalten im Intimverhältnis der Zweiergruppe, des einen Ich zum einen Du, sondern auch von Gruppen untereinander. Diese Wechselseitigkeit kann darin bestehen, daß eine Gruppe für die andere zum instrumentalen Objekt wird und jede Gruppe weiß, daß dies der

Fall ist. Das ist die Situation des Klassenkampfs (vgl. J. P. Sartre, Kritik der dialektischen Vernunft: réciprocité). Dann ist allerdings Gegenseitigkeit schon verfremdet, wenn die Situation nur noch unter dem Gesichtspunkt des Machtkampfs gesehen wird. Dazu M. Buber: die Urhoffnung aller Geschichte geht auf eine echte, somit durchaus gemeinschaftshaltige Gemeinschaft des Menschengeschlechts. Für das ethnologische Denken „ist die Theorie der Gegenseitigkeit heute auf einer so festen Unterlage begründet, wie es in der Astronomie die Gravitationstheorie ist" (Cl. Lévi-Strauss, Strukturale Anthropologie, 1967, S. 180).

Die *Goldene Regel* (regula aurea) ist die klassische Formulierung des Prinzips der Gegenseitigkeit. Sie ist in einer negativen und einer positiven Fassung überliefert. Die negative Fassung findet sich bei dem jüdischen Rabbi Hillel (um 20 v. Chr.): Was dir verhaßt ist, das tue keinem anderen. Das ist das ganze Gesetz. Alles andere ist nur Kommentar dazu (bSchab 31 a). Bei Jesus und später bei Mohammed findet sich die positive Fassung: Alles was ihr wollt, daß euch die Menschen tun, eben das sollt auch ihr ihnen tun (Mt 7, 12; Lk 6, 31). In der negativen Formulierung ist die Goldene Regel lediglich Klugheitsregel, in der positiven dagegen Anleitung zur Liebesübung. Die negative Fassung ist in den Weltreligionen weit häufiger als die positive. „Was du nicht willst, das man dir tu, das füg auch keinem andern zu" findet sich im Konfuzianismus, Buddhismus, Zoroastrismus, bei den Jainas und den alten Griechen (Nachweise bei L. J. Philippidis, Die Goldene Regel, religionsgeschichtlich untersucht, 1929).

H. Reiner (Die philosophische Ethik, 1964) unterscheidet drei Arten oder Formtypen der Goldenen Regel: die Einfühlungsregel = negative Fassung: die Autonomieregel = sittliches Tun als freie Tat; die Gegenseitigkeitsregel = positive Fassung.

A. Dihle (Die Goldene Regel, 1962) sieht in den verschiedenen Fassungen der Goldenen Regel Stufen der Auseinandersetzung der antiken Vulgärethik mit höheren nicht-vulgären ethischen Anschauungen; trotz ihrer späteren Angleichung etwa an das Gebot der Nächstenliebe bleibt sie bei der vulgären Vorstellung, daß das rechte Verhältnis unter den Menschen nur durch ein ständig erneuertes Gleichgewicht zwischen Tat und Vergeltung hergestellt werden kann.

H. van Oyen (Die regula aurea und die Situationsethik, in: J. Gründel-H. van Oyen, Ethik ohne Normen? 1970) sieht das Attraktive an der Goldenen Regel für die Ethik in ihrer Situationsbezogenheit. Im Gegensatz zum Naturrecht mit seinen festen Normierungen überläßt die Goldene Regel dem einzelnen Menschen, der sich selbst in der Begegnung mit dem Nächsten realisiert, die konkrete Entscheidung über die Gestalt des Handelns.

Wie es im menschlichen Körper ein biologisches Gleichgewicht der

Kräfte gibt (Homoeostase), so auch im Sozialkörper. Dafür ist von alters der Begriff der *Gerechtigkeit* gebraucht worden. Schon im ältesten überlieferten Weisheitsspruch abendländischen Denkens, dem Spruch des Anaximander (Ende des 7. bis Mitte des 6. Jh.), wird das Prinzip des Gleichgewichts, bzw. des notwendigen Ausgleichs als kosmisches Prinzip erkannt:

Woher die Dinge ihre Entstehung haben, dahin müssen sie auch zugrunde gehen, nach der Notwendigkeit; denn sie müssen Buße zahlen und für ihre Ungerechtigkeit gerichtet werden, gemäß der Ordnung der Zeit. Vgl. dazu M. Heidegger, Der Spruch des Anaximander, in: Holzwege, S. 296 bis 343.

Der vorsokratische Philosoph denkt dabei wohl vor allem auch an kosmische Vorgänge wie den Wechsel der Jahreszeiten, des Mondes usw., wobei als „Ungerechtigkeit" empfunden wird, wenn ein kosmisches Prinzip, etwa die Hitze oder die Kälte, zu lange herrschen würde. Im menschlichen Bereich ist für griechisches Denken das Mehrhabenwollen (πλεονεξία) die Ursünde, also der Verstoß gegen das soziale Gleichgewicht und damit gegen die Gerechtigkeit. In den platonischen Dialogen wird sichtbar, daß das Wesen der Gerechtigkeit strittig ist, denn dem utilitaristischen (gerecht ist, was mir nützt) oder hedonistischen (gerecht ist, was mir Lust bringt) Standpunkt der Sophisten stellt Plato seine Auffassung gegenüber, daß Gerechtigkeit nicht mit dem Prinzip menschlicher Bedürfnisbefriedigung gleichzusetzen ist, sondern diese transzendiert als das Bemühen, ein Gleichgewicht der Seelenvermögen innerhalb des menschlichen Organismus und soziale Harmonie im Sozialkörper herzustellen. Aristoteles schließlich findet die klassische Formel: Gerechtigkeit ist, jedem das Seine zuzuteilen (vgl. Ulpian, Fr. 10: constans et perpetua voluntas, ius suum cuique tribuendi). Aristoteles differenziert Gerechtigkeit als austeilende (δίκαιον διανεμετικόν, iustitia distributiva) und ausgleichende (δίκαιον ἐπανορθωτικόν, iustitia commutativa). Bei der ersteren spielt der Wert des einzelnen Bürgers eine Rolle, bei der zweiten dagegen nicht, vielmehr wird, vor allem im Handel und Vertragsrecht, die Gleichheit aller vorausgesetzt. Obwohl Aristoteles erkannt hat, daß der „Ungleiche" (ἄνισος), der sich über das Normalmaß der anderen Bürger erhebt, zugleich der Ungerechte ist, kommt bei seiner Differenzierung der beiden Gerechtigkeitsarten die Anerkennung der sozialen Realität ins Spiel. Seither ist die richtige und sachgemäße

Anwendung des Gleichheitsgrundsatzes eines der Hauptprobleme von Gesetzgebung und Rechtsprechung, vgl. H. Coing, Die obersten Grundsätze des Rechts, 1947. Gerechtigkeit verweist auf eine andere Tugend, die *Treue* und das *Vertrauen* (vgl. Cicero, De off. I 7: fundamentum est iustitiae fides, id est dictorum conventorumque constantia et veritas). Als rächende Gerechtigkeit (iustitia vindicativa) wird nach dem Grundsatz der Vergeltung verfahren, der nur von seinen metaphysischen Voraussetzungen her zu verstehen ist: eine in der Gesellschaft vorkommende soziale Schädigung kann nur durch eine dem Täter zugefügte Seinsminderung ausgeglichen werden. Die Rechtsgeschichte zeigt, daß der hier geltende Maßstab des Rechts auf Vergeltung (ius talionis) erst allmählich sich dem Maßstab der Gleichheit angepaßt hat, vgl. das berühmte Gegenbeispiel aus Gen 4, 23 f. (Lamechslied).

Wenn Coing als Erweiterung der antiken Gerechtigkeitsprinzipien noch die *soziale Gerechtigkeit* fordert, dann ist hier die zweite Linie des abendländischen Gerechtigkeitsdenkens bemerkbar geworden, die biblisch-christliche, für die der Begriff der Gerechtigkeit die Formel für eine umfassende Weltordnung war, die kosmische, politische, religiöse, soziale und ethische Aspekte in sich schließt (vgl. H. H. Schmid, Gerechtigkeit als Weltordnung, 1968). Gerechtigkeit im Alten Testament wird weithin als Gemeinschaftstreue innerhalb des Gottesbundes verstanden, hat aber je nach dem geschichtlichen Kontext eine Fülle von Bedeutungsvarianten: „gerecht" ist, wer an die göttlichen Verheißungen glaubt (Gen 15, 6), wer kultisch makellos ist, wer den sozial Schwachen zu ihrem Recht verhilft, wer vom Götzendienst umkehrt (Jeremia), wer demütig ist, wer an die Lenkung der Geschichte durch Gott glaubt, unschuldig ist und fest im Gebet auf Gott vertraut und bei dem Glauben und Leben eine Einheit bilden. Hatte schon im Alten Testament Gerechtigkeit den Sinn von Heil (iustitia salutifera), so potenziert im Neuen Testament, wo vor allem in der paulinischen Theologie die gerechtmachende Gnade Gottes im Glauben an Christus erfahren wird.

So werden schließlich Gerechtigkeit und Liebe ununterscheidbar. *Liebe* kann umschrieben werden als der Totalakt, durch den eine Person eine andere in ihrer Würde erkennt und bejaht. In der abendländischen Problemgeschichte dieses Begriffs mischen sich wiederum antike und biblische Momente. In der platonischen Interpretation ist Liebe (eros) die leidenschaftliche Begehrung des anderen, in dem die

Schönheit und Güte der Idee erschaut wird und zur eigenen Daseinserhöhung dienen soll. Im Gegensatz zur ichbezogenen Eros-liebe, die im Gegenüber eine Wertfülle voraussetzt, ist die christliche Nächstenliebe (agape) am konkreten Sosein des anderen auch in dessen Unwert und Sünde orientiert; sie schenkt, ohne selber zu empfangen, in Analogie zur Liebe Gottes zu den Menschen, die sich in seiner grundlos-gnadenhaften Selbstmitteilung äußert. Die beiden konträren Traditionen sind im Katholizismus seit Augustin zu einer Synthese verbunden worden; caritas ist die ekstatische Liebe des Menschen zum höchsten Gut, Gott, und Liebe zum Nächsten, welche die Selbstliebe (amor sui) nicht ausschließt; vgl. weiter Thomas: die Liebe gibt allen Tugenden ihre Gestalt (caritas forma omnium virtutum, STh 2—2, q. 23, a. 8). Sind Vergeltung und Sühne die extremsten Möglichkeiten des Prinzips der Gerechtigkeit, so Feindesliebe und Vergebung die Extreme der Liebe. Gewiß gibt es ein breites Feld der Gemeinsamkeit von Liebe und Gerechtigkeit, insofern beide das „Recht des Nächsten" (Erik Wolf) im Auge haben und es also möglich scheint, von einer ontologischen Einheit von Liebe und Gerechtigkeit zu reden (so P. Tillich, Liebe, Macht, Gerechtigkeit, 1955), doch läßt die Divergenz von Vergeltung und Vergebung eine völlige Synthese beider problematisch erscheinen. Versuche, den Vergeltungsgedanken völlig aus der Idee der Gerechtigkeit auszuscheiden und als archaisches Relikt abzutun zugunsten der fortschreitenden Humanisierung, die im Vergebungsgedanken ihren edelsten Ausdruck findet, scheitern ebenso wie die Kompetenzverteilung beider Prinzipien, wobei Vergeltung im kollektiven Verhalten der Gesellschaft, Vergebung dagegen im personalen Intimverhältnis gelten soll.

Die Spannung zwischen der Abstraktheit und allzugroßen Allgemeinheit der Gerechtigkeit und dem konkreten Einzelfall ist seit alters empfunden worden. Der bitteren Erfahrung „summum ius — summa iniuria" steht der schon von Aristoteles in die Diskussion eingeführte Grundsatz der *Billigkeit* entgegen: es ist die Korrektur eines Gesetzes, soweit es auf Grund seiner Allgemeinheit mangelhaft ist (NE V). Der Grundsatz der Billigkeit ermöglicht es dem Richter, auf die ursprüngliche Intention des Gesetzgebers zurückzugreifen, wenn dies der Buchstabe des Gesetzes eigentlich nicht zuläßt. Im Prinzip der Billigkeit erfährt die Abstraktheit des Gerechtigkeitsprinzips ihre situationsethische Auflockerung und wird die Kontingenz des geschichtlichen Daseins ernst genommen. Zur Begriffsgeschichte der Billigkeit (ἐπιείκεια) vgl. H.-H. Schrey, Die Wiedergeburt des Naturrechts, in: ThR 19, 1951, S. 28—33.

Literatur: Zur sozialontologischen Begründung: M. Theunissen, Der Andere. Studien zur Sozialontologie der Gegenwart, 1965. H.-H. Schrey, Dialogisches Denken (Erträge der Forschung, Band 1), 1970. D. J. de Levita, Der Begriff der Identität, deutsch 1971. A. Gehlen, Moral und Hypermoral, 1969.

Zum Prinzip der Gegenseitigkeit: A. W. Gouldner, The Norm of Reciprocity, in: Am. Soc. Rev. 1960, S. 161 ff. A. Dihle, Die Goldene Regel. Eine Einführung in die Geschichte der antiken und frühchristlichen Vulgärethik, 1962.

Zum Begriff der Gerechtigkeit: E. Brunner, Gerechtigkeit, 1943 (sucht die Naturrechtslehre auf dem Boden evangelischer Theologie zu erneuern). W. Schönfeld, Über die Gerechtigkeit, 1952 (unterscheidet vier Arten von G.: die strafende, austeilende, austauschende und heilende Gerechtigkeit). H. H. Walz, und H.-H. Schrey, Gerechtigkeit in biblischer Sicht. Eine ökumenische Studie zur Rechtstheologie, 1955. J. Pieper, Über die Gerechtigkeit, 1953.

Zum Begriff der Liebe: A. Nygren, Eros und Agape, Gestaltwandlungen christlicher Liebe, 2 Bde., 1930/37. G. Gilleman, Le primat de la charité en théologie morale, Brüssel 1959 (versucht den Legalismus in der katholischen Moraltheologie durch stärkere Betonung der Liebe als Zentrum des sittlichen Lebens zu überwinden). R. Schwarz, Fides, Spes und Caritas beim jungen Luther unter besonderer Berücksichtigung der mittelalterlichen Tradition, 1962. R. Völkl, Botschaft und Gebot der Liebe nach der Bibel, 1964. I. Eibl-Eibesfeldt, Liebe und Haß, 1970. J. Pieper, Über die Liebe, 1972.

§ 13. Die institutionelle Motivation

Neben der sozialen spielt die institutionelle Motivation im Begründungszusammenhang menschlichen Verhaltens eine wichtige Rolle, und zwar deswegen, weil menschliches Dasein nicht nur als Mitsein im Sinne freischwebender oder zufälliger Begegnung mit anderem Seienden beschrieben werden kann, sondern formiert durch dasjenige, was die Sprache mit Institutionen meint. Institution kann definiert werden als „die jeweils kulturell geltende, einen Sinnzusammenhang bildende, durch Sitte und Recht öffentlich garantierte Ordnungsgestalt, in der sich das Zusammenleben von Menschen darbietet“ (so W. E. Mühlmann, Art. Institution in W. Bernsdorf, WbSoz, S. 466). Es gibt insofern eine intime Beziehung zwischen Institution und Ethos, als Menschen nicht nur faktisch in Institutionen leben, sondern diesen Lebensordnungen darüber hinaus einen Ordnungswert zuschreiben, aus dem sich ein normativer Verhaltensanspruch für die Glieder einer Gruppe ergibt. Institutionen transzendieren also ihre bloße Faktizität immer dadurch, daß sie Normen oder Verhaltensmuster liefern, die als ideale Sinngebungen den einzelnen in seinem Dasein prägen. Institutionen sind konkret faßbar, wenngleich nicht immer greifbar. Die Wirklichkeit einer Verfassungsordnung, die sexuelle Differenzierung, der Wirtschaftsprozeß, Kulturleistungen sind konkret evident, beobachtbar und kontinuierlich über die unmittelbare Gebundenheit an personale Träger hinaus. Ein Präsident kann ermordet werden, so bleibt doch die Institution des Präsidentenamtes bestehen; eine parlamentarische Demokratie kann bestehen, auch wenn die Parteien in der Übernahme der Macht wechseln. Institutionen sind typische menschliche Beziehungsformen, die einerseits in ihrem Grundriß vorgegeben, aber doch weitgehend gestaltungsfähig sind. Sie beziehen sich auf diejenigen menschlichen Grundverhältnisse, die den höchsten Grad der Existentialität haben. Institutionen sind zwar objektiv konkret, jedoch werden sie als reine Zustände unzureichend beschrieben, da sie sowohl der menschlichen Annahme wie der prozessualen Verwirklichung bedürfen. Der Akt der Annahme einer Institution, etwa der Ehe, hat Entscheidungscharakter und kann als Hingabe umschrieben werden. Bei vielen Institutionen ist der Entscheidungscharakter latent, etwa beim Geburtsstand der Familie oder der politischen Zugehörigkeit zu einem Staat; aber auch in diesen Fällen ist der einzelne einer Vorentscheidung unterworfen, die ihn prägt und der er sich nicht entziehen kann.

Es gibt keine Institutionen ohne ein Recht, das sich seinerseits wieder in sittlichen Normvorstellungen begründet. Durch rechtliche und sittliche Sanktionen, d. h. dadurch daß von der Norm abweichendes Verhalten unter Strafe gestellt wird, wird das als „richtig" geltende Verhalten öffentlich geschützt. Die Institution hat geradezu die Aufgabe, die in ihr geltende Ordnung zu schützen. Als institutionelles Verhalten wird ein solches bezeichnet, bei dem die Bindung oder Zugehörigkeit zu einer Institution für die Motivation ausschlaggebend ist. Durch Sitte oder Konvention bedingtes Handeln gehört hierzu, das in den wenigsten Fällen bewußtes Handeln ist, sondern aus unterbewußten oder höchstens halbbewußten Antrieben erfolgt.

Die institutionelle Motivation hat eine anthropologische Voraussetzung: das *Als-Sein* des Menschen, d. h. die Tatsache, daß kein Mensch in freischwebender Existentialität, gleichsam als reines Subjekt seiner selbst, da ist, sondern ein zweites eigentliches Sein hat in der Übernahme von Rollen als Vater, Bürger, Beamter, Vereinsmitglied, Konsument, Produzent, Kirchenmitglied usw. Neben das in der modernen Existenzphilosophie entdeckte erste Existential des Selbst-seins tritt so ein zweites, das Als-Sein (vgl. W. Maihofer, Recht und Sein. Prolegomena zu einer Rechtsontologie, 1954). Dieses zweite Existential kann nicht übersehen oder als „Verfall an das Man" (so M. Heidegger) abgewertet werden, sondern muß als gleichursprünglich mit dem Selbst-Sein reflektiert werden. Es handelt sich bei dem Als-Sein durchaus nicht nur um das Sein im Recht, sondern um die soziale Existenz des Menschen überhaupt. Diese ist für den Primitiven das eigentliche Leben, denn der Primitive versteht sich selbst nur im Zusammenhang seiner Gruppe, die ihrerseits wieder ein Teil im kosmischen Zusammenhang ist. Im geschichtlichen Entwicklungsprozeß ereignet sich eine weitgehende Individualisierung, durch die das ursprüngliche Gefügebewußtsein verändert wird. Die alte Gemeinkraft versiegt zugunsten schöpferischer Einzelgeister. Doch kann nicht behauptet werden, daß der weitgehend individualisierte Mensch der modernen städtischen Zivilisation seine Wir-Bindungen vollständig verloren hätte. Mögen auch ursprüngliche Bindungen durch Sitte und traditionelles Brauchtum schwächer geworden sein, so ist er doch keineswegs die soziale Bindung losgeworden. Solange es menschliches Leben gibt, organisiert sich dieses in Institutionen und Ordnungen, und damit steht auch der moderne Mensch in einem sein Dasein bestimmenden Ordnungsgefüge.

Erst in der Mitte unseres Jahrhunderts ist die Sozialpsychologie und Soziologie auf die Bedeutung der *Rolle* und der *Rollenübernahme* aufmerksam geworden. Der Rollenbegriff wurde erstmalig von R. Linton (The Study of Man, 1936) in die Literatur eingeführt. Er sieht den Zusammenhang mit dem Status, den ein Mensch innehat und dem er verhaftet ist. „Wenn das Individuum die Rechte und Pflichten, die einen Status konstitutieren, wirksam werden läßt, führt es eine Rolle aus." Man kann dazu schon auf Shakespeare verweisen, der in ›As you like it‹ das In-der-Welt-sein des Menschen als Bühnenspiel versteht, auf dem wir alle die Mitspieler sind, von denen gilt, daß sie alle viele Rollen zu spielen haben, vom Säugling beginnend bis zum Greis mit all den vielfältigen Rollen, die das Leben uns zumutet. Zur

Rolle gehört der *Status*, den eine Person einnimmt. Linton definiert Status als „die Summe aller Statusse, die das Individuum innehat. Er repräsentiert eine Position in bezug auf die Gesamtgesellschaft ... Ein Status ist — im Unterschied zum Individuum, das ihn innehaben kann — einfach eine Reihe von Rechten und Pflichten." Der Rollenbegriff ist gleichsam das dynamische Aequivalent zum Statusbegriff, beide sind untrennbar, sie sind Modelle für die Organisation der Haltungen und des Verhaltens von Individuen, wobei die Rolle die absolute Summe der kulturellen Muster ist, die mit einem Status verbunden sind. In der weiteren Entwicklung der soziologischen Forschung wurde der von Linton gebrauchte Begriff des Status durch den von Newcomb eingeführten Begriff der *Position* abgelöst, während der Statusbegriff auf den mit einem bestimmten Prestige oder sozialem Ansehen verbundenen Ort des Individuums in der Gesellschaft beschränkt wird. Rolle wird mehr und mehr verstanden als ein gesellschaftliches Verhalten, das mit einer von der Gesellschaft dem einzelnen entgegengebrachten Rollen- oder Verhaltenserwartung verbunden ist. „Per definitionem sind Rollen interpersonal, d. h. am Verhalten anderer orientiert" (H. Gerth und C. W. Mills, Character and social structure, London 1954, S. 10 f.). Mit den sozialen Erwartungen sind zugleich Bewertungsstandards verbunden, denen der einzelne zu entsprechen hat. Rolle kann daher auch definiert werden als „ein Satz von Normen und Erwartungen, gerichtet auf den Inhaber einer einzigen Position" (M. Banton, Roles. An Introduction to the Study of Social Relations, London 1965, S. 29). Ähnlich wird auch in der deutschen Soziologie die *Erwartungsfunktion* im Rollenbegriff betont (so R. Dahrendorf, Homo sociologicus, [4]1964). Im Anschluß an die Einführung des Rollenbegriffs in die deutsche Soziologie hat sich die Diskussion vor allem an der Frage entzündet, ob damit der Mensch nicht zu sehr nur als Objekt gesellschaftlicher Rollen gesehen werde und die Verdinglichung keinen Raum für die Freiheit und die Verfügbarkeit des Menschen über die Welt lasse (so F. H. Tenbruck, Zur deutschen Rezeption der Rollentheorie, in: Kölner Ztschr. f. Soziol. u. Sozialpsychologie XIII, 1961, S. 1 ff.). Eine Vermittlung der Standpunkte wird bei D. Claessens versucht, der feststellt, daß der Mensch *nie* Kontrahent *der* Gesellschaft ist, nicht vor seiner Sozialisation und nicht danach. „Er ist Gesellschafter *seiner* Gesellschaft, der sich gegen ihr Gebaren, eben weil er mit ihm so tief vertraut ist, empören mag — und gerade dann hat sie ihm den Stoff für seine Empörung geliefert.

Der Mensch ist zuerst Kreatur, Geschöpf und erst *in diesem Verhältnis* Kreator, Innovator und Manipulator" (D. Claessens, Rolle und Macht, 1968, S. 37).

Nicht erst in der modernen Soziologie wurde das institutionelle Moment als entscheidender Bestimmungsfaktor für menschliches Dasein erkannt. In anderer Terminologie gehört es zum ältesten Traditionsbestand christlicher Sozialethik. In der katholischen Tradition geht die *Lehre von den zwei Reichen* auf Augustin zurück. In seinem Werk ›Vom Gottesstaat‹ (De civitate Dei) haben wir den großen geschichtstheologischen Entwurf, der im Mittelalter und darüber hinaus maßgeblich geblieben ist. In der Weltgeschichte finden wir den Widerstreit zwischen zwei „Städten" oder Gemeinwesen, der civitas terrena mit den Leitmotiven der Selbstliebe und des Machtstrebens einerseits und der civitas Dei mit dem Leitmotiv der Gottesliebe. Beide Gemeinwesen sind in der Welt aber nicht säuberlich getrennt, vielmehr müssen Christen in beiden Reichen leben und sich beiden gegenüber loyal verhalten. Hier macht Augustin die Entdeckung eines Phänomens, das in der Sprache der modernen Soziologie als Rollenkonflikt bezeichnet würde: der Christ ist in einem vorletzten Sinne mit den Pflichten der irdischen Gemeinschaft befaßt, er weiß aber, daß seine eigentliche Heimat im Himmel ist. Die bei Augustin zu findende Ambiguität im Verhältnis des einzelnen zu den beiden Staaten, die nicht zuletzt ihren realsoziologischen Grund in der noch vorhandenen Realität heidnischer Romanitas hat, wird bei Thomas von Aquino angesichts der mittelalterlichen Einheit von Kirche und Staat zu einer Sozialphilosophie umgeformt, in der die obere Gotteswelt durch das ewige Gesetz (lex aeterna) auf die untere mit ihrem menschlichen Recht (lex humana) gestaltend einwirkt.

Auch die protestantische Tradition kennt die Unterscheidung von zwei Reichen oder Regimenten, durch die Gott die Welt regiert, das Regiment der Gewalt und des Schwerts und das Regiment des Geistes und des Worts, in denen beiden der Christ guten Gewissens leben und verantwortlich wirken kann. Vgl. H.-H. Schrey (Hrsg.), Reich Gottes und Welt. Luthers Lehre von den zwei Reichen (Wege der Forschung Band CVII), 1969. Luther kann auch in anderen Begriffen von derselben Sache reden: es gibt drei Stände, den elterlichen Stand, der die Herrschaft über Kinder und Hausgesinde ausübt, den politischen Stand, der vornehmlich die Guten zu schützen und die Bösen zu strafen hat, den geistlichen Stand oder die Kirche, in der Gott durch das Wort regiert.

Durch diese drei Stände übt Gott eine Schutzfunktion im Interesse der Menschheit aus gegenüber den drei Feinden Teufel, Fleisch und Welt, damit das Böse nicht überhand nehme. Als vierten Stand kann Luther noch den *Beruf* nennen, worunter nicht so sehr der Ruf in den geistlichen Stand als die tägliche Berufsarbeit zu verstehen ist. In diesen vier Dimensionen sollen die Menschen ihre Verpflichtung gegen Gott und ihre Nächsten erfüllen. Luther ist darin mißverstanden worden, wenn er den Gehorsam gegenüber der weltlichen Obrigkeit als Pflicht gegen Gottes Gebot lehrt, als habe er damit die „Eigengesetzlichkeit" des Politischen gemeint und die Obrigkeit aus der Verantwortung gegen Gott herausgenommen. Genau das Gegenteil war seine Absicht, wenngleich in der geschichtlichen Entwicklung sich das „Reich zur Linken" oft genug verselbständigt hat.

Daß die Verpflichtung zur Liebe einerseits und zur strafenden Gerechtigkeit andererseits eine *Pflichtenkollision* bedeuten kann, ist sowohl Luther wie den neueren Vertretern einer „Theologie der Ordnungen" wohl bewußt. Die Lösung findet Luther in der Unterscheidung zweier Dimensionen des Daseins, der *privaten Existenz* und des *öffentlichen Amtes*. In der privaten Existenz kann Selbstaufgabe und totale Vergebung geübt werden, im öffentlichen Amt dagegen gilt das Gesetz der „harten Liebe", weil es hier um die Erhaltung der gesellschaftlichen Existenz geht. Luther hatte ein gutes Gespür dafür, daß es in der Gesellschaft nicht ohne Macht abgeht und daß daher das politische Engagement den Vorzug haben müßte vor dem Eskapismus, dem resignierten Sich-Entziehen der Verantwortung, weil „Macht böse" sei. Durchzuhalten ist für lutherisches Verständnis diese Spannung zwischen Macht und Liebe, öffentlicher und privater Existenz nur im rechtfertigenden Glauben an die Vergebung der Sünden. Eine ethische Perfektion, in der Gesinnung und Tat eine nahtlose Einheit bilden, hielt Luther für unmöglich. — Neuere Vertreter einer Theologie der Ordnung sind W. Elert (Christliches Ethos, 1949), P. Althaus (Theologie der Ordnungen, ^{2}1935), W. Künneth (Politik zwischen Dämon und Gott, 1954), H. Thielicke (Theol. Ethik I, 1951 ff.), E. Brunner (Das Gebot und die Ordnungen, 1932). Elert versteht unter „natürlichen Ordnungen" Familie, Ehe, Volk, Staat und Recht, Wirtschaft und Beruf, zu denen die Kirche als Ordnung der Gnade noch hinzukommt. — Für Althaus gehören auch die Rassen zu den *Schöpfungsordnungen*, woraus dann im Dritten Reich eine ideologische Untermauerung der Ariergesetzgebung abgeleitet werden konnte. — W. Künneth zieht den Begriff der *Erhaltungsordnung* dem der Schöpfungsordnung vor, weil wir heute nicht mehr in der ersten Schöpfung vor dem Fall leben, sondern alle heutigen Ordnungen durch die Tatsache des Sündenfalls geprägt sind. — Thielicke differenziert in ähnlicher Weise, indem er es vorzieht, vor allem hinsichtlich der politischen Ordnung, von *Notordnungen* zu sprechen. — Brunner sieht den Menschen einmal unter dem Gebot Gottes, in dem ihm der verpflichtende Imperativ begegnet, sodann hineingestellt in fünf Ordnungen, Familie und Ehe, Wirtschaft, Staat, Kulturgemeinschaft und Kirche.

Eine Funktionalisierung und Dynamisierung des Ordnungsbegriffs liegt bei D. Bonhoeffer vor, der von „göttlichen Mandaten" spricht (Kirche, Ehe und Familie, Kultur und Obrigkeit) als Ermächtigung und Legitimierung zur Ausrichtung eines bestimmten göttlichen Gebotes, als Verleihung göttlicher Autorität an eine irdische Instanz. Bonhoeffer (Ethik, 1949) möchte mit dem Mandatsbegriff eine Sanktionierung aller überhaupt existierender Ordnungen und damit einen romantischen Konservatismus vermeiden, doch bleibt er in der Sache noch stark einem autoritätsgebundenen, hierarchischen Denken verhaftet.

In der neueren theologischen Diskussion ist die alte Ordnungstheologie von verschiedenen Gesichtspunkten her in Frage gestellt worden: 1. es gibt keine übergeschichtlichen, absoluten Ordnungen; vielmehr sind sie geschichtlich geworden und daher auch in der Geschichte veränderbar; 2. Ordnungen sind auf keiner Entwicklungsstufe „natürlich" im eigentlichen Sinne, sondern immer Produkte kultureller Tätigkeit des Menschen; 3. Gottes Stiftungen müssen unterschieden werden von sozialen Institutionen. Vgl. H. Schulze, Gottesoffenbarung und Gesellschaftsordnung, 1968; E. Schneider, Zur Revision der theologischen Lehre von den Ordnungen, in: ZThK 54, 1957, S. 377 ff.

Aus dem bisherigen Überblick ist hervorgegangen, daß ein intimer Zusammenhang zwischen dem in Institutionen oder Ordnungen sich vollziehenden Dasein des Menschen und der ethischen Fragestellung besteht. Der Einzelmensch vollzieht in seinem Leben diejenigen Verhaltensmuster nach, die ihm von der Gesellschaft abverlangt werden. So führt der englische Philosoph S. Alexander (Moral Order and Progress. Gifford Lectures 1920) alle moralischen Urteile auf ihren Zusammenhang mit sozialen Institutionen zurück. Sie sind das Ergebnis der gegenseitigen Anpassung der menschlichen Wesen in der Gesellschaft. Die moralischen Gesetze sind die Prinzipien der Versöhnung, die die Institutionen aufrechterhalten, und als solche die Grundlagen der Gesellschaft. Ein individueller Wille ist gut, wenn er mit den Regeln der Institutionen übereinstimmt. Insofern haben die Institutionen sowohl die Funktion, dem einzelnen Orientierung und Halt zu geben, als auch ihn zu entlasten angesichts der Anforderung, jeweils die gemäßen Verhaltensmuster zu finden. Aus dem Stadium des Problematischen und der in der Weltoffenheit des Menschen begründeten Ratlosigkeit findet der Mensch heraus durch Nachahmung und Übernahme von Sitte und Brauch. Leitbilder bietet ihm die Gesellschaft mit ihren Institutionen. Zum Begriff der Entlastung vgl. A. Gehlen, Der Mensch, [6]1958; zu Gehlen: Fr. Jonas, Die Institutionenlehre Arnold Gehlens, 1966. — Die Gebrochenheit oder Zwiespältigkeit des Menschen wird in der Gruppenzugehörigkeit aufgehoben. Zur Verständigung innerhalb der Gruppe gehört, daß diese ein Wert an sich selbst wird und die Zugehörigkeit zu ihr den Eigenwert des einzelnen bestimmt. Man wird in der Gruppe beachtet, hat in ihr seine Position, hat Geltung, Ehre und Prestige durch und in der Gruppe. Claessens spricht davon, daß in der Gruppe ein „Innenklima" entsteht, das mit einer Isolierung nach außen und einer Distanzierung verbunden ist. Von *„Ehre"* war schon im Zusammenhang der personalen Motivation die Rede; sie muß aber in unserem jetzigen Zusammenhang noch einmal thematisiert werden, denn es gibt nicht nur die Identität von Gewissen und Ehre als „innere Ehre", sondern auch als sozialfunktionaler Wert. Schon Jacob Burckhardt hat erkannt, daß die Ehre in der Neuzeit das mächtigste säkulare Motiv des Verhaltens geworden ist, nachdem religiöse Motivationen abgeklungen sind. „Ehre ist der Tugend Preis" (honor est praemium virtutis) — dieser Spruch zeigt den Zusammenhang zwischen dem sittlich hochstehenden Verhalten und der öffentlichen Anerkennung. Dabei kann hier durchaus eine „List der Vernunft", wie Hegel sagen würde, mit im Spiele sein: vom Standpunkt eines ethischen Idealismus aus müßten die höchsten Ideale allein soviel ethische Motivationskraft besitzen, um den einzelnen zum „guten Handeln" zu bringen; Ehre wäre dann nur das Zufallende, die öffentliche Anerkennung, die einem „guten Menschen" von der Seite der Gesellschaft zuteil wird. Tatsächlich setzt sich jedoch die niedere Motivationsart eher durch, also das Bedürfnis, in einer Gruppe anerkannt zu werden, Ehre zu finden. Da diese aber nur um den Preis der „Tugend" zu haben ist, führt der Weg zur Ehre nur über den Engpaß eines tugendhaften Verhaltens. Daß eine Diskrepanz zwischen dem Hochethos einer Gesellschaft und der „einfachen Sittlichkeit" besteht, ist neuerdings vor allem von O. Fr. Bollnow erkannt worden (Einfache Sittlichkeit, [1957] ^{3}1962), wobei Bollnow sich nach dem Zusammenbruch einer allzu hochgespannten heroischen Sittlichkeit, die wiederum politisch mißbraucht werden kann (Nationalsozialismus!), von der Rückbesinnung auf die einfachen Fragen des alltäglichen Daseins eine Rückkehr zu den bleibenden Grundlagen des sittlichen Lebens erhofft. Freilich setzen die von Bollnow erwähnten Beispiele eine vorindustrielle bäuerliche Gesellschaftsform voraus, in der sich die Menschen noch gegenseitig kennen und sich aus den einigermaßen intakten Intimverhältnissen gute ethische Beziehungen ergeben. Es bleiben beim Ehrbegriff jedenfalls zwei Grenzen, die zugleich für alle aus der sozialen und institutionellen Motivation gewonnenen sittlichen Begründungen gelten:

1. der Ehrbegriff setzt eine Einordnung in eine hierarchisch gegliederte Gesellschaft voraus mit selbstverständlich anerkannter geburts- oder berufsständischer Ordnung, eine Annahme, die für eine moderne mobile Gesellschaft keineswegs mehr gemacht werden kann. Es war schon eine Erkenntnis A. de Tocquevilles, daß die Ehrvorstellungen der einzelnen Schichten um so stärker von einer allgemein verbindlichen Norm abweichen, je statischer die Gliederung einer Gesellschaft ist. In einer demokratischen Leistungsgesellschaft verschwinden die feudalen Wertbegriffe und machen einem auf Leistung sowohl des einzelnen wie der nationalen Gemeinschaft, der er angehört, begründeten Ehrbegriff Platz.
2. Der Ehrbegriff allein genügt heute nicht mehr, um die Stellung des einzelnen in der Gesellschaft gültig und umfassend auszusagen. Er muß durch den Begriff des *Prestiges* erweitert und ersetzt werden. Prestige wird durch berufliche Leistung und häufig auch ökonomische Potenz erworben. Vgl. W. Korff, Ehre, Prestige, Gewissen, 1966.

Exkurs über Recht und Sittlichkeit. Recht kann als die in sprachliche Form gefaßte Gestalt sozialer Kontrolle verstanden werden. Die Institutionen der Gesellschaft finden im Recht ihr Strukturgefüge. Recht spiegelt insofern immer Gesellschaft wider und ist Ausdruck der in der Gesellschaft vorhandenen Seinsmacht. Recht steht somit in einem doppelten Verweisungszusammenhang zum Ethos: einerseits schafft es, indem es geordnetes Leben ermöglicht, die reale Basis für ethisches Verhalten, anderseits setzt Recht ein ethisches Wertbewußtsein voraus, ein in einer Gesellschaft anerkanntes Normengefüge, durch welches Recht erst wirksam und gültig werden kann. Diese Dialektik der gegenseitigen Bedingtheit von Recht und Ethos enthält in sich eine Fülle von Problemen, die hier nicht gelöst, sondern nur angedeutet werden können.

1. Recht kann zwar die Basis für ethisches Verhalten schaffen, aber dieses selbst nicht evozieren. Kant hat dies mit seiner Unterscheidung von Moralität und Legalität zum Ausdruck gebracht: ist die Triebfeder einer Handlung nur die äußere Übereinstimmung mit dem Gesetz, wobei die Angst vor der Strafsanktion noch eine Rolle spielen mag, dann ist sie durch Legalität bestimmt; ist dagegen die Triebfeder einer Handlung die innere Zustimmung zum Gesetz, so geschieht sie aus Moralität. Recht setzt die Erzwingbarkeit eines Handelns voraus, bzw. die Erzwingbarkeit einer Unterlassung und die Strafsanktion im Falle der Tat, Ethos dagegen beruht auf Freiheit und Freiwilligkeit, gehört also in den Bereich der Autonomie.

2. Wenn sich die sittlichen Anschauungen einer Gesellschaft wandeln, etwa in der Sphäre des Geschlechtlichen oder in Richtung auf eine Fundamentaldemokratisierung, wo bisher noch feudale Traditionsbestände herrschend waren, entsteht eine Spannung zum geltenden Recht, das seiner Natur nach statisch und unbeweglich ist und seinen Ursprung in früheren gesellschaftlichen Verhältnissen hat. Es gehört zur Geschichtlichkeit sowohl des Rechts wie des Ethos, daß diese Spannung in einem nie endenden Prozeß der Angleichung aufgelöst werden muß. Dabei kann die Statik des Rechts in Situationen, da die öffentliche Meinung eine bedenklich von den kulturellen Grundnormen abweichende Tendenz zeigt, immer auch eine bewahrende Funktion für das Ethos haben.

3. Recht und Ethik setzen eine Auffassung vom Menschen voraus, über die eine vorgängige Verständigung erfolgen muß, soll es nicht zu einer die soziale Gemeinschaft auf die Dauer zerstörenden Spannung kommen. Wird etwa im Eherecht eine naturalistische Anthropologie vertreten oder im Strafrecht der Schuldbegriff psychologistisch aufgeweicht, so ergeben sich erhebliche Spannungen, die in einer das Recht als gesetztes Recht transzendierenden Diskussion über die Bestimmung des Menschen aufgelöst werden müssen.

4. Recht und Ethos scheinen in einer pluralistischen Gesellschaft in unaufhebbarer Dauerspannung zu stehen, da die aus der christlichen Tradition stammenden ethischen Normbestände nicht mehr das Ganze der Gesellschaft bestimmen. Da die Rechtsordnung jedoch einheitlich

und für alle Glieder der Gesellschaft verbindlich sein muß, die ethische Normierung aber diese einheitliche Verbindlichkeit nicht mehr aufweist, entsteht eine für Recht und Ethos gemeinsame Krise, die nur in einer juristisch-ethischen Dauerreflexion über gemeinsame Grundlagen behoben werden kann.

5. Das für die Rechtsordnung zwar unerläßliche „ethische Minimum" (G. Jellinek) verweist zwar auf gemeinsame Grundlagen von Ethos und Recht, stellt aber in sich einen Kompromiß zwischen individuellem Egoismus und sozialer Ordnungspflicht dar. Das Prinzip der Gegenseitigkeit (vgl. unter soziale Motivation) und einige Regeln der „einfachen Sittlichkeit" wie Anstand, Fairneß, Hilfsbereitschaft stellen das Äußerste an Grundforderungen dar, was für das Funktionieren einer Rechtsordnung vorausgesetzt werden kann.

Literatur: Zum Institutionsproblem: M. Hauriou, Précis de droit administratif et de droit public général, Paris [12]1955. H. A. Dombois (Hrsg.), Recht und Institution, 1956. W. Maihofer, Vom Sinn menschlicher Ordnung, 1954. R. Dahrendorf, Gesellschaft und Freiheit, 1961. W. Hofmann, Gesellschaftslehre und Ordnungsmacht, 1961. H. Kuhn und Fr. Wiedmann (Hrsg.), Das Problem der Ordnung (Verhdl. v. 6. Deutschen Kongreß für Philosophie), 1962. E. E. Hirsch, Das Recht im sozialen Ordnungsgefüge, 1966.

Zum Problem Rolle, Prestige, Beruf: G. Wingren, Luthers Lehre vom Beruf, dt. 1952. H. Reiner, Die Ehre. Kritische Sichtung einer abendländischen Lebens- und Sittlichkeitsform, 1956. L. Philipps, Zur Ontologie der sozialen Rolle, 1963. D. Claessens, Instinkt, Psyche, Geltung. Zur Legitimation menschlichen Verhaltens. [2]1970. K.-D. Opp, Soziales Handeln, Rollen und soziale Systeme, 1971. W. Loch, Rollenübernahme und Selbstentwicklung, in: G. Bräuer/K. Giel/W. Loch/J. Muth, Studien zur Anthropologie des Lernens, 1968.

Zum Exkurs über Recht und Sittlichkeit: W. Weischedel, Recht und Ethik, 1956. J. Blühdorn und J. Ritter (Hrsg.), Recht und Ethik. Zum Problem ihrer Beziehung im 19. Jahrhundert. 1970. H. L. A. Hart, Recht und Moral, 1971.

§ 14. Die geschichtliche Motivation

Ethische Motivationen sind nicht nur in der synchronen Dimension der sozialen und institutionellen Gleichzeitigkeit zu suchen, sondern auch in der diachronischen der Geschichte. Jeder Mensch ist nicht nur durch die in seiner Gegenwart an ihn herantretenden Anforderungen bestimmt, sondern er gibt die Antworten auf diese Herausforderung auf Grund seiner geschichtlichen Bestimmtheit. Eine Kultur ist nicht nur ein einzig in der Gegenwart stehendes Gebilde, sondern eine Art Speicher, in dem die aus der Vergangenheit überlieferten Strukturen bereitliegen und ihrer Aktualisierung in der jeweiligen Gegenwart harren. Es gibt festgefügte Muster des Verhaltens, die uns überkommen sind und die wir nicht erst selbst zu ersinnen brauchen. Sitte und Brauchtum haben daher Entlastungscharakter, weil in ihnen soziale Wertungen, Rechtsanschauungen und Moralvorstellungen bereitgestellt werden, die der einzelne nur zu übernehmen braucht. „Der Mensch muß nicht wie das Tier von Generation zu Generation ganz neu anfangen, er kann auf jahrtausendealtes überliefertes Wissen, Glauben und Fühlen zurückgreifen, es sich aneignen und vermehren für nächste Generationen. *Tradition* ist das größte Vermögen des Menschen" (L. Reinisch [Hrsg.], Vom Sinn der Tradition, 1970, S. VII). Es gibt so etwas wie eine Stammes- und Gattungssolidarität, die uns zu einer Anerkennung von Werten verpflichtet, welche wir nicht selbst ersonnen oder erfunden haben oder von deren Gültigkeit wir nicht aus Gründen der Vernunft überzeugt sind, sondern weil wir kraft der Überlieferung der vorangegangenen Generationen daran glauben. Tradition ist das einzige Werkzeug, das es uns ermöglicht, uns nicht-technologische Werte anzueignen (so L. Kolakowski, Der Anspruch auf die selbstverschuldete Unmündigkeit, a. a. O., S. 3). Überlieferung ermöglicht Wiederholung überkommener Existenzmöglichkeit; sie wird durch *Erziehung* ermöglicht, die zunächst nicht Hinführung des Menschen zur Selbstwerdung ist, sondern Einführung in die vorgegebenen Formen der Kultur. Erst aus dem Nachvollziehen dieser Formen kann sich die Selbstwerdung des einzelnen in freier, neuer Gestaltung des Alten erheben. Hier ist der Begriff des *Vor-urteils* in seiner ursprünglichen Bedeutung einzusetzen: als das Urteil, das uns zeitlich vorgegeben ist und zu dem wir im Verhältnis der Übernahme stehen (vgl. dazu H. G. Gadamer, Wahrheit und Methode, ²1965 II 1 a: Der hermeneutische Zirkel und das Problem der Vorurteile; b: Vorurteile als Bedingungen des Verstehens).

Tradition weist auf die Geschichtlichkeit des Menschen und seiner Welt hin, die der einzelne wie das Kollektiv ebenso braucht wie das Gedächtnis; anders könnte die unendliche Vielfalt des Alltäglichen nicht bewältigt werden. In der Psychoanalyse sind die Zusammenhänge des gegenwärtigen psychischen Gefüges mit der Vergangenheit deutlich erkannt worden. Freud verfolgt nicht nur die Nachwirkungen kindlicher Traumata von der Geburtsangst angefangen bis zu den Eindrücken der Pubertätszeit im Seelengefüge des Erwachsenen, sondern führt gleichsam in einer Art Re-Mythologisierung Schuldgefühl und Gewissen auf ein archaisches Ur-verbrechen, den Mord am Vater des Ödipus, zurück. C. G. Jung nimmt ein kollektives Unbewußtes an, dessen Urbilder oder Archetypen Verdichtungen von Urerfahrungen der Menschheit sind und das heutige individuelle Unbewußte noch bestimmen, vor allem in den Bildern des Traumlebens. Von der Bedeutung der Urbilder sagt Fr. Leist (Der Mensch im Bann der Bilder, 1962, S. 12): Urbilder sind das Väterliche und Mütterliche, das Weibliche und das Männliche in vielen Aspekten. Urbilder erscheinen, sind wie ein Licht, das über unsere Welt fällt. Sie sind nicht Begriffe, sondern Mächte; sie fordern Gehorsam. Verweigert der Mensch ihnen den Gehorsam, stürzt er in Sinnlosigkeit und Krankheit.

Wird Geschichtlichkeit als *Herrschaft der Vergangenheit* verstanden, so führt das zum konservativen Denken in seinen zwei Weisen, dem musealen und dem ursprungsmythischen Denken. *Museales Denken* liegt dort vor, wo die eigene Form fehlt und einfach alte Formen imitiert werden, sei es auf künstlerischem oder auf politischem Gebiet. Das 19. Jahrhundert war das klassische Zeitalter des Musealen, wobei sich die Vorliebe für das Germanische und die Hinneigung zum Griechentum gegenseitig den Rang streitig machten. Den Ausschlag gibt eine mehr idealistische Einstellung, die dann zum Griechentum tendiert als Orientierungsmöglichkeit künstlerischer Gestaltung, bzw. eine mehr volkstümelnde Einstellung, die stärker biologistisch orientiert ist und im gemeinsamen germanischen „Blut und Boden" Orientierungshilfe sucht. Auf dem Boden des Musealen entsteht dann ein Widerstreit der Werte, in dem sich auf die deutsche Situation bezogen die Unausgeglichenheit der deutschen Kulturlage zwischen einer Gelehrten- und Buchkultur und einer dem Imperialismus verpflichteten Einstellung widerspiegelt. Psychologisch bedeutet die Orientierung an der großen Vergangenheit immer zugleich die Erhöhung und Befestigung des eigenen Selbstwertgefühls, denn indem sich das Ich als Erbe der großen Vergangenheit begreift, spiegelt sich die Größe vergangener Gestalten in der eigenen Seele, vgl. Ezra Pound, Histrion:

> No man has dared to write this thing as yet,
> And yet I know, how that the souls of all men great

At times pass through us,
And we are melted into them, and are not
Save reflections of their souls . . .
(Aus dem Gedichtband Exultations).

Das museale Denken wird zum *ursprungsmythischen Denken* (so P. Tillich, Die sozialistische Entscheidung, 1932), weil es das eigene Sein in irrationalen Ursprungsmächten begründet sieht. Als vegetatives Dasein wurzelt es in der Macht des Bodens, als animalisches Dasein in der Macht des Blutes. Als dritte Macht tritt die des Volkstums hinzu. Werden diese Ursprungsmächte die bestimmenden Momente des Daseinsverständnisses, dann wird das Leben als Kreislauf verstanden, für das es im Grunde nichts Neues gibt, denn alles Neue ist eigentlich nur Wiederholung alter Strukturen. Wo die Herrschaft der Mütter im Blut- und Bodenmythos und die Macht der Väter im Anspruch des Herkommens und der Sitte unangefochten besteht, gibt es Leben nur als Wiederholung des Gleichen, als ewige Wiederkehr und als Einordnung in das Gewesene als das Normale und Heilige. Es kommt zu dem, was die Soziologie *„statische Gesellschaft“* nennt, in der nicht nur die soziale Schichtung, sondern auch die Wertordnungen ein für allemal gegeben und unveränderlich sind. Die Mächtigkeit des Gegebenen und Vorhandenen wird zur recht- und wertsetzenden Instanz schlechthin. Wer daran zu rütteln wagt, wird mit dem Makel des Vergehens gegen den Ursprung belegt. So führt das von den Ursprungsmächten her bestimmte Geschichtsbewußtsein zu einem konservativen Sozialverhalten.

Geschichtlichkeit des Menschen und der Gesellschaft bedeutet aber niemals nur Retrospektion in die Vergangenheit, sondern immer auch Blick nach vorwärts, in die Zukunft. Durch die Zukunft leuchtet in der Gegenwart schon auf, was wir sein werden, was in uns als Möglichkeit liegt, die jetzt noch nicht wirklich ist. Durch die Zukunft wird unser Dasein ein steter Prozeß der Verjüngung und des Neuwerdens. Sie macht das Jetzt zu einem Anfang dessen, was erst werden soll und zukünftig ins Dasein tritt. „Was werden soll und werden muß, ist der Grund dessen, was ist“ (Nietzsche). So bestimmt Zukunft schon die Gegenwart und wird ihr in Hoffnung und Erwartung präsent. Im Tagträumen meldet sich das Schöne, Helle an, das wir uns wünschen und das wir als bevorstehend erwarten. Ernst Bloch hat darauf hingewiesen, daß von hier aus auch das Wesen der Kunst erfaßt werden kann: als das zum-Vor-Schein-Bringen eines klar gewordenen, strahlenden Lebens, als Realisierung der Utopie in Dichtung, Musik, Malerei und Mythologie. Da menschliches Handeln immer ein Vorwegnehmen des Künftigen im Besorgen noch nicht realisierter Möglichkeit ist, hat dieses eine *futurologisch-eschatologische Dimension.* Handeln ist ein Experimentieren in Richtung auf die noch ausstehende Zukunft, und die Welt wird zum Laboratorium possibilis salutis, zum noch anhängigen Prozeß, bei dem noch alles gewonnen werden kann. Wer Zukunft sagt, sagt zugleich Kategorie Novum, d. h. er glaubt an den offenen Reichtum schöpferischer Möglichkeiten, die so noch nie verwirklicht waren, daher auch nicht einfach eine Wiederaufnahme des Schondagewesenen darstellen.

Wird die Zeitperspektive im menschlichen Motivationsgeschehen ernst genommen, so ergibt sich daraus zugleich eine erhebliche Modifikation des psychoanalytischen Menschenbildes. Bergius hat z. B. zu zeigen vermocht, daß der Gedanke der Zukunftsbezogenheit und damit überhaupt der „Zeitbedingtheit“ des Menschen die psychoanalytische Trieblehre weithin zu ersetzen imstande ist. Wenn Persönlichkeit als ein zeitperspektivisches Spannungssystem verstanden wird, d. h. als ein System, dessen Struktur durch die Bezogenheit auf Vergangenheit, Gegenwart und Zukunft gekennzeichnet ist, dann kann Menschsein nicht mehr nur als eine Schichtung von Oben und Unten, Geist und Drang (M. Scheler) verstanden werden, sondern dann bekommt vor allem die Zukunftsbezogenheit einen außerordentlichen hermeneutischen Wert für die Deutung der Gesamtpersönlichkeit (vgl. R. Bergius, Motivation und Zeitperspektive, in: H. Thomae [Hrsg.], Die Motivation menschlichen Handelns, 1965, S. 85—90).

Tillich versteht den Zeitcharakter des Menschen so, daß dieser als das Wesen zu begreifen ist, das die Möglichkeit hat. Daraus entstehen zwei Arten von Ängsten: die Angst, nicht zu verwirklichen, was möglich ist, und daher zu sichern, was gegeben ist — der rückwärts gewandte, konservative und im Fall des Kampfes gegen den Fortschritt reaktionäre Wille; und dann die Angst, Möglichkeiten zu verpassen, die Erwartung, die zu dem fortschreitenden und unter Umständen revolutionären Typus des menschlichen Denkens und Handelns führt. Mit der Zeitlichkeit des Menschen hängt es zusammen, daß er zwischen Existenz und Wesen oder Essenz unterscheiden kann, also zwischen dem, was sein sollte und könnte, und dem, was er in Wirklichkeit darstellt. Diese Unterscheidung findet ihren Ausdruck in utopischen Projektionen, einmal der paradiesischen Projektion, dem

Traum vom goldenen Zeitalter und dem Dasein vor dem Fall. Dieses in die Vergangenheit projizierte Wesensbild seiner selbst wird für den Menschen zum Kriterium seiner wirklichen Existenz. Der protologischen Utopie[1] steht die eschatologische gegenüber, die politisch sich als Motivation zur Revolution auswirkt, weil sie Nein sagt zum gegenwärtigen Zustand vollständiger Sündhaftigkeit und Entfremdung und vom völligen Umschwung aller Dinge sich die Erneuerung des Seins erhofft.

Ist aber Utopie nicht reine Phantasie, weil sie „keinen Ort" im Dasein hat? Hirngespinst, das zwar mit dem Träumen, aber nichts mit dem Wachen zu tun hat? Tillich nennt sie Wahrheit darum, weil sie das innere Ziel menschlicher Existenz ausdrückt, weil in ihr die Erfüllung geahnt und idealtypisch vorgestellt wird. Utopie ist zugleich fruchtbar, weil sie Möglichkeiten eröffnet, die abgesehen von der utopischen Vorwegnahme verborgen geblieben wären. Utopie als reale Utopie hat für die Wirklichkeit eine evozierende Funktion, und ohne die in der Utopie zur Vorstellung gelangte vorwegnehmende Phantasie wären in der Menschheitsgeschichte viele Möglichkeiten unrealisiert geblieben. Utopie hat so eine die Wirklichkeit umgestaltende Macht, sie setzt die ontologische Unzufriedenheit des Menschen in verändernde Aktion um.

Es gibt so etwas wie eine „Gegenwart der Zukunft", die zu verstehen ist als die Herausforderung, die kommende Zeit jetzt schon zu gestalten. Daß dies in einer vollendeten Weise nicht möglich ist, hat Tillich ebenfalls betont, denn die Endlichkeit des Menschen hindert ihn daran, hier auf Erden etwas Vollkommenes zu schaffen. Utopie als reine Wunschprojektion hat es immer mit dem wesenhaften, aber nicht mit dem wirklichen Menschen zu tun. Daher kann Utopie auf Grund der ihr innewohnenden Unwahrheit und Unfruchtbarkeit zur Enttäuschung führen. Allzu oft ist das zweideutig Vorläufige mit dem eindeutig Endgültigen verwechselt worden. Aber trotz dieser Grenzen bleibt die Utopie wichtig als das Vermögen, Zukunft zu planen und Möglichkeit als das Nochnicht in den Blick zu nehmen.

Auch in der Soziologie, die sich als wissenschaftliche Erforschung der nicht-spezialisierten Aspekte allen mitmenschlichen Verhaltens

[1] Protologisch = aus dem Griechischen prōtos und logos = auf das Erste (die erste Schöpfung) bezogen — im Gegensatz zu eschatologisch = auf das Letzte (die neue Schöpfung) bezogen.

versteht, beginnt die historische Dimension eine immer stärkere Rolle zu spielen. Sie ist nicht mehr nur Regional- oder Mikrosoziologie, die sich mit einem Teilausschnitt des gegenwärtigen Soziallebens begnügt, sondern stößt auf Beharrungs- und Wandlungstendenzen, auf den Gegensatz von statischer und dynamischer Gesellschaft (so Ogburn, Kultur und sozialer Wandel, dt. 1969), Gleichgewicht und sozialer Entwicklung, Stabilität und Fortschritt, Systemerhaltung, Wandel und Innovation. In all diesen Gegensätzen liegen zugleich Gegensätze der Wert- und Verhaltensordnungen verborgen, die in einer immer stärker reflexiven und über ihre eigene gesellschaftlich-geschichtliche Situation sich bewußt werdenden Kultur eine Verunsicherung der Zeitgenossen mit sich bringt. Vom Standpunkt der Kultursoziologie sieht A. Weber nach der Herrschaft des „dritten Menschen", d. h. des die neuzeitliche Zivilisation in Technik und Wissenschaft tragenden Menschen, den „vierten Menschen" heraufkommen, den Funktionärstyp, der in äußerster Spezialisierung nicht mehr das Ganze übersieht und sich als Glied einer bürokratischen Organisation versteht.

Zur Geschichtlichkeit des Menschen gehört auch der Zusammenhang zwischen der Macht- und Sittenentwicklung. In der Neuzeit findet eine Konzentration von Macht statt, etwa im Absolutismus des 18. Jh. Dadurch entstehen größere befriedete Räume, in denen die Menschen es sich leisten können, ihre aus der alten Zeit stammenden kriegerischen Tugenden aufzugeben und sich dem „Luxus" feinerer Sitten zuzuwenden. Langfristige rationale Planung wird möglich, die auf unmittelbares Handeln eingestellte Emotionalität wird eingeschränkt, die Schamgrenze rückt vor, das Verhalten insgesamt wird mehr beherrscht (vgl. N. Elias, Über den Prozeß der Zivilisation, [1939] ²1969). Es entsteht ein künstliches Innenklima in einer Zivilisation, das die Insassen vor dem Druck des Anpassungszwangs an feindliche Umwelt schützt und neue Kräfte freimacht. Wir stehen hier vor dem Dilemma des Freiheitsbegriffs: einerseits gewinnt der Mensch der fortgeschrittenen Zivilisation Freiheit von den Bindungen sowohl der Natur wie der seine besten Kräfte in Abwehr und Selbstschutz absorbierenden Kultur, andererseits ist diese Freiheit durch totale Unterwerfung unter die Standards der Gruppe erkauft, die ein Abweichen selbst in Gedanken nicht zuläßt. In der Bejahung (Affirmation) der Gruppe und des in ihr herrschenden Innenklimas findet der einzelne seine Geltung und Bestätigung, aber auch die Grenze seiner Freiheit, die er durch revolutionären Ausbruch je und dann zu durchbrechen sucht. Revolution darf von hier aus nicht nur als Ausbruch roher Gewalt und zerstörerischen Umsturzes geltender Ordnungen gesehen werden, sondern als Versuch, der wahren Wesensgestalt des Menschen und der Gesellschaft näherzukommen, Entfremdung zu überwinden. Revolution bekommt aus dieser Sicht der Dinge ein nahes Verhältnis zur Ethik, denn durch Revolution soll ja allererst Sittlichkeit geschichtlich verwirklicht werden (vgl. H. Marcuse, Ethik und Revolution, in: Kultur und Gesellschaft 2, [4]1967, S. 130 ff.).

Mit dem Problem der Geschichtlichkeit stehen wir an der Grenze, da sich Ethik mit Soziologie und Geschichtsphilosophie berührt. Es wird sichtbar, daß bestimmte Wertsysteme nur Geltung haben im Rahmen einer gesamtgesellschaftlichen und gesamtgeschichtlichen Situation. Sowohl in der Soziologie wie in der Geschichtsphilosophie ist versucht worden, das Gefälle der Entwicklung systematisch in den Griff zu bekommen. Schon der Vater der modernen Soziologie, Auguste Comte (1798—1857), hat in seinem Dreistadiengesetz ein geschichtliches Gefälle von dem theologischen zum metaphysischen und schließlich zum positiven oder wissenschaftlichen Stadium hin angenommen. M. Weber (1864—1920) sieht eine Tendenz vom vor-rationalen zum modern-zweckrationalen Denken in einer „entzauberten Welt", F. Tönnies zeigt den Wandel von der „Gemeinschaft" zur „Gesellschaft" auf (s. bei Institutionelle Motivation). Dem entspricht die Unterscheidung des amerikanischen Soziologen Cooley von primären und sekundären Gruppen. H. Becker hebt auf den Wandel von der sakralen Ordnung zur säkularisierten Gesellschaft ab. P. Sorokin unterscheidet zwischen ideational, idealistic und sensate culture (The Crisis of our Age, 1941 u. ö.). D. Riesman sieht eine Wandlung von der Kultur der Innenlenkung durch das Gewissen zur Kultur der Außenlenkung durch die Meinungsmacher (The lonely crowd, 1950, dt. 1958). Diesen Entwürfen sind, gleichgültig ob sie diese Entwicklung positiv oder negativ sehen, folgende vier Gesichtspunkte gemeinsam:

1. Naturalisierung der Weltanschauung und Säkularisierung der Lebensgestaltung;
2. Emanzipatorische Individualisierung;
3. Herrschaft des Immanenzgedankens und der wissenschaftlichen Rationalität;
4. Globale Erweiterung des Bewußtseins und Leben in universalen Zusammenhängen.

Im Anschluß an Ogburns Unterscheidung von statischer und dynamischer Gesellschaft soll die folgende Tabelle die Verschiedenheit der Wertbegriffe und den Wandel der Einstellungen zeigen.

Wandel der Wertbegriffe und Einstellungen von der statischen zur dynamischen Gesellschaft

Statische Gesellschaft	Dynamische Gesellschaft
Genaue Festlegung der Verhaltensnormen durch Sitte, Konvention und Moralvorschriften	Bedeutungslosigkeit von Sitte und Brauchtum — Unwirksamkeit von Moralvorschriften
Hohes Ansehen der Vergangenheit Hochschätzung des Alten und der Alten (mos maiorum)	Kein Verhältnis zur Geschichte — Abwertung des Alten als des Altmodischen und Überholten — Hochschätzung des Neuen und der Jugend
Begründung der Autorität in Alter und sozialem Status	Ablehnung von Autorität als „autoritär" — Sachkenntnis und Intelligenz als einzige Legitimation von Autorität
Glaube an die Verbindlichkeit des organisch Gewachsenen — Welt als zu behütende Natur — Mensch = „Hirt des Seins" (M. Heidegger)	Glaube an die Mach- und Planbarkeit aller Dinge Technisches Verhältnis zur Welt Mensch = Veränderer der Dinge (homo faber)
Beharren in Gewohnheit und Bewahren des Vertrauten	Streben nach Neuem und Fortschritt — Futurologische Ausrichtung
Irrationale Begründung des Verhaltens in Ehrfurcht und Pietät	Rationale oder pragmatische Begründung des Verhaltens — Vorherrschaft des zweckrationalen und Nützlichkeitsdenkens
Wichtigkeit von Riten und Zeremonien	Negatives Verhältnis zu Riten und Zeremonien — Abtöten durch Lächerlichkeit („Unter den Talaren-Muff von 1000 Jahren!")
Starke gefühlsmäßige Bindung an Institutionen — „Glaube an die Heiligkeit der von jeher bestehenden Ordnungen" (M. Weber)	Schwache Gefühlsbindung an Institutionen — Zweifel an der Gültigkeit bestehender Ordnungen — Keine Achtung vor dem Gesetz — Anwachsen der Kriminalität
Pessimistische Anthropologie bestärkt den Glauben an die Notwendigkeit sozialer Ordnungen	Optimistische Anthropologie mit starkem Glauben an die Perfektibilität des einzelnen und der Gesellschaft

Statische Gesellschaft	Dynamische Gesellschaft
Starre Klassenschranken und hierarchische Gliederung der Gesellschaft	Abbau der Klassenschranken und Mobilität der Glieder der Gesellschaft
Harmonie der Kultur in Kunst, Religion und ständischer Gliederung	Geringe kulturelle Harmonie — Feindschaft zur traditionellen Religion — Protesthaltung gegen das "Establishment"

Auf Grund dieser Tabelle und der in ihr sichtbar werdenden Gegensätzlichkeit der Wertungen und Einstellungen erhebt sich die Frage, ob die beiden hier angegebenen Stadien gesellschaftlicher Entwicklung als Epochen zu verstehen sind, die einander historisch folgen, und ob dementsprechend die mit ihnen verbundenen Wertsysteme sich historisch ausschließen. Die Antwort kann sowohl auf der Ebene der Geschichte wie der Anthropologie gegeben werden: es handelt sich hier um idealtypische Extreme, die in Wirklichkeit nie in Reinkultur auftreten, vielmehr durchdringen sie sich in geschichtlicher Gleichzeitigkeit, wobei eine Tendenz zur Zurückdrängung des Statischen gegenüber dem Dynamischen festzustellen ist; anthropologisch läßt sich sagen, daß es wirkliches Menschsein niemals nur in der Zugehörigkeit zu einer Zeitdimension, etwa der Vergangenheit oder der Zukunft gibt, sondern sowohl Vergangenheit wie Zukunft unsere Gegenwart bestimmen und wir die Spannung beider und den Ausgleich der von ihnen ausgehenden Anforderungen als das Geheimnis menschlichen Daseins verstehen. Der nur Konservative wird reaktionär und steril; der nur Progressive wird boden- und haltlos. So gut wir allen drei Zeitdimensionen gleichzeitig zugehören, gibt es eine Komplementarität von Statik als Moment der Beharrung und der Kontinuität und der Dynamik als Moment der Bewegung und des Fortschritts.

Im Zusammenhang der Diskussion der geschichtlichen Motivation muß auch das Problem des *Fortschritts* angesprochen werden. Gibt es eine Perfektibilität der Menschen, und sind diese besser geworden im Lauf der Geschichte? Vor allem seit der Aufklärung ist die Diskussion dieser Frage nie zur Ruhe gekommen, hängt doch an ihrer Lösung die Hoffnung für einen möglichen Übergang der Menschheit aus dem „Reich der Notwendigkeit" in das „Reich der Freiheit". Condorcet und Turgot sind der Ansicht, die Perfektibilität des Menschen sei faktisch unbegrenzt und könne niemals rückläufig werden; inmitten der

Verheerungen, die man auf der Bühne der Geschichte wahrnehmen kann, werden doch die menschlichen Sitten sanfter, der menschliche Geist aufgeklärt, und mit Sicherheit wird der Tag kommen, wo „die Sonne auf der Erde nur freie Menschen bescheint, wo Tyrannen und Sklaven nur noch in den Geschichtsbüchern und auf der Bühne vorkommen". Für den deutschen Idealismus (Kant, Herder, Fichte und Hegel) ist ebenfalls klar, daß die Menschheit ein Ziel hat, auf das sie zugeht, das Reich der vollendeten Sittlichkeit, daß die Menschheit von Anbeginn auf dieses Ziel hin angelegt ist und eine höhere Macht — Schicksal, Vorsehung oder Gott — dieses Ziel gesetzt hat. Selbst Marx sieht noch die Geschichte in diesem Licht. — Diese geschichtsphilosophische Annahme ist allerdings nicht unwidersprochen geblieben. Rousseau unterscheidet zwischen dem Fortschritt der Künste und Wissenschaften, den er nicht abstreiten mag, und dem moralischen Fortschritt, der ihm durchaus zweifelhaft ist. Ebenso ist Jacob Burckhardt skeptisch gegenüber der Fortschrittshypothese. „Die Sittlichkeit steht um nichts höher und ist nicht in reichlicherem Gesamtmaß vorhanden als in den sogenannten rohen Zeiten." Ohne Frage gibt es einen technischen, wissenschaftlichen, zivilisatorischen und sogar kulturellen Fortschritt, ohne den die moderne Massengesellschaft ihr Dasein nicht fortsetzen könnte. Das ist aber ein Fortschritt, der sich auf das Sachverhältnis zur Welt bezieht, nicht auf das zwischenmenschliche Verhalten. Dort ist empirisch keineswegs ein Fortschritt zu verzeichnen, und zwar deswegen, weil sich der Mensch innerlich gleich geblieben ist, auch wenn ihm ein größeres Maß an äußerer Freiheit zugewachsen ist. Kann es zwar nicht mehr den naiven Glauben an einen moralischen Fortschritt geben, so steht doch die Menschheit in jeder Generation vor der zu lösenden Aufgabe der Personalisation und Sozialisation, m. a. W. vor der Aufgabe, sich selbst zum Menschen zu gestalten und das Menschsein in den anderen Menschen zu achten.

Literatur: H.-H. Schrey, Existenz und Offenbarung. Ein Beitrag zum christlichen Verständnis der Existenz, 1947 (versucht die Zeitlichkeit des Menschen als ethische Situation zu verstehen). Ders., Idee und Wirklichkeit des Fortschritts in der geistigen Situation unserer Zeit, in: Universitas 18, 1963, S. 183—194. Ders., Das Geschichtsbewußtsein als Voraussetzung für das Sozialverhalten des Menschen, in: ZEE 8, 1964, S. 76—86. W. Weischedel, Sind die Menschen besser geworden? Zur Frage nach dem moralischen Fortschritt des Menschengeschlechts, in: ZEE 8, 1964, S. 87—101, abgedr. in Philosophische Grenzgänge, 1967, S. 80—98. A. Weber, Kulturgeschichte als Kultursoziologie, 1950, Neudruck 1960. P. Tillich, Die politische Bedeutung der Utopie im Leben der Völker. Ges. Werke VI, 1963, S. 157—210. E. Bloch, Prinzip Hoffnung, 1959. A. Auer, Die Erfahrung der Geschichtlichkeit und die Krise der Moral, in: Theol. Quartalschrift 149, 1969, S. 4—22. D. Claessens, Instinkt, Psyche, Geltung. Zur Legitimation menschlichen Verhaltens, 1970. O. K. Flechtheim, Futurologie. Der Kampf um die Zukunft, 1970. E. Amado Lévy-Valensi, Le temps dans la vie morale, Paris 1968.

E. KONFLIKT DER MOTIVATIONEN

§ 15. Konflikt der Motivationen und Grenzen der Ethik

Dieser Überblick über die Motivationsreihen der Ethik kann nicht abgeschlossen werden, ohne daß abschließend über den Konflikt der Motivationen und die Grenzen der Ethik gesprochen wird. Dem aufmerksamen Leser kann kaum entgangen sein, daß nicht alle dargestellten Motivationsformen nebeneinander bestehen können, sie sich vielmehr teilweise ausschließen. Die theologische Motivation, also die Rückführung des ethisch Gesollten auf ein göttliches Gebot, steht in Spannung zu einer autonomen oder existentialistischen Begründung des Handelns; die eudämonistische Motivation schließt die Pflichtethik Kants aus, die Gesinnungsethik die Verantwortungsethik, die Frage nach der Innerlichkeit die nach dem Erfolg. Innerhalb der einzelnen Motivationen wurden ebenfalls Spannungen sichtbar, etwa die zwischen Gerechtigkeit und Liebe, zwischen Moralität und Legalität, Selbstverwirklichung und Hingabe an das Du, zwischen Ethos der Eigengruppe und der Fremdgruppe, zwischen den ethischen Anforderungen der Intimgruppe Familie und Ehe und dem Staat oder der größeren Gemeinschaft, der retrospektiven Orientierung des Handelns an Tradition und Herkommen und der futurologischen Ausrichtung.

In diesem Kapitel ist *Konflikt* ausdrücklich zu thematisieren, da er weder rational wegargumentiert noch historisch überholt werden kann. Wenn es richtig ist, daß der Mensch das konfliktträchtige Wesen ist (so H.-R. Lückert, Der Mensch — das konfliktträchtige Wesen, 1964), dann kann das Konfliktproblem bei einer Reflexion über die Motivationen menschlichen Handelns nicht ausgeklammert werden. Vielleicht trifft es zu, daß noch keine Generation so deutlich wie die unsere Konflikt als Grundmotiv erlebt und zugleich enthüllt hat (vgl. G. Simmel, Der Konflikt der modernen Kultur, [3]1926). Man wird dem Wesen des Konflikts nicht gerecht, wenn man ihn nur als eine wegzuschaffende Störung oder Krankheit im Sozialkörper betrachtet (so T. Parsons), als Dysfunktion, die durch „soziales Management“

behoben werden kann (so K. Lewin). Er ist „ein Kampf um Werte und um Anrecht auf mangelnden Status, auf Macht und Mittel, ein Kampf, in dem einander zuwiderlaufende Interessen notwendig einander entweder neutralisieren oder verletzen oder ganz ausschalten“ (L. A. Coser). Im Konflikt wird die Mobilität und Wandelbarkeit der Gesellschaft sichtbar; eine konfliktlose Gesellschaft wäre eine statische, in der jeder einzelne und jede Gruppe oder Klasse ihren von der Vorsehung vorherbestimmten Platz hat. Es war der Soziologe Dahrendorf, der die Notwendigkeit und Allgemeinheit sozialer Konflikte sowie den Zusammenhang zwischen sozialem Wandel und Konflikt theoretisch reflektiert hat (vgl. sein Buch Gesellschaft und Freiheit, 1965). Konflikt als allgemeines Weltprinzip (πόλεμος πατὴρ πάντων) war schon Heraklit bekannt, in der Neuzeit macht erstmals Mandeville in seinem Buch über die privaten Laster und die öffentlichen Vorteile (Bienenfabel, 1714) auf den Konflikt zwischen Eigeninteresse und öffentlichem Wohl aufmerksam, wobei die Tendenz vertreten wird, daß ohne den egoistischen Kampf der einzelnen die Gesellschaft tot wäre. Kant spricht in seiner Abhandlung ›Idee zu einer allgemeinen Geschichte in weltbürgerlicher Absicht‹ (1784) vom Antagonismus der ungeselligen Geselligkeit der Menschen, nämlich den beiden miteinander konfligierenden Trieben, sich einerseits zu vergesellschaften, weil er sich so mehr als Mensch fühlt, andererseits sich zu vereinzelnen, weil er in sich die ungesellige Eigenschaft antrifft, alles bloß nach seinem Sinn richten zu wollen. Es handelt sich hier um den Antagonismus, den wir in der Terminologie der neueren Psychologie und Soziologie unter den Begriffen der *Personalisation* und *Sozialisation* dargestellt haben. Hegel spricht von der „List der Vernunft“, welche die Leidenschaften für sich wirken läßt und dadurch ihre höheren Ziele in der Geschichte durchsetzt (Vorlesungen über die Philosophie der Weltgeschichte, Einleitung S. 83). Sowohl bei Kant wie bei Hegel wird deutlich, wie die Kategorie des Konflikts auch die ethische Fragestellung tangiert. Bei Marx wird dieser Zusammenhang vollends deutlich sichtbar, wenn er von seiner Konflikttheorie her die herkömmliche Moral überhaupt ablehnt, will sie doch den Gegensatz der geschichtlich gewordenen Klassen mit einer für beide Teile verbindlichen Forderung harmonistisch überbrücken und die unterschiedlichen Stufen der werdenden Wirklichkeit durch ewige unwandelbare Prinzipien übersteigen. Für Marx bleibt als einzig legitime ethische Aufgabe die revolutionäre Veränderung der Geschichte (vgl. dazu G. Meyer, Philosophische Voraussetzungen der

Moraltheorie von Karl Marx, in: P. Engelhardt [Hrsg.], Sein und Ethos I, 1963, S. 405—451).

Aus dem bisher Gesagten wird jedenfalls sichtbar, daß es sich beim Konflikt nicht um eine sekundäre, irgendwie zu behebende Kalamität handelt, sondern um eine anthropologische Grundstruktur, die letztlich mit der Weltoffenheit des Menschen zu tun hat. Diese erscheint als Unfertigkeit und Erziehungsbedürftigkeit, aber auch als Nichtfestgelegtheit und Wandlungsfähigkeit, bei der Anlagen rezessiv oder dominant werden können. Er kann sich auf sehr unterschiedliche Leit- und Vorbildtypen fixieren und sich von sehr differierenden Wertsystemen bestimmen lassen. Das weitere anthropologische Moment, das den Menschen zum konfliktträchtigen Wesen macht, ist seine Widersprüchlichkeit. Diese These steht der von der Einheit der Persönlichkeit entgegen, der dann auch die Einheitlichkeit der Wertorientierung zugeordnet ist. Die verfälschende Einheitlichkeit ist abzulehnen, die als Merkmal des guten Charakters die Anerkennung eines einzigen Spitzenwertes versteht. Lückert weist darauf hin, daß sich darin antike und moderne Ethik unterscheiden, daß in der klassischen Ethik alle Werte in einem einzigen Zentral- oder Spitzenwert sich vereinigen (summum bonum, höchstes Gut), dagegen die moderne Ethik eine Mehrzahl gleichberechtigter höchster Werte kennt: Gerechtigkeit — Liebe — Reinheit — Fülle. Demnach gibt es also nicht nur einen klaren Dualismus von Gut und Böse, sondern einen Pluralismus des Guten, eine Polymorphie der Werte, der eine Polymorphie des Charakters entspricht. Da der Mensch Teilhaber an diesen verschiedenen kulturellen Bereichen ist, kennzeichnet ihn auch die Zwiespältigkeit der Wert- und Lebensorientierung. Man kann die Konflikte des individuellen Gewissens zugleich als Gruppenkonflikte ansehen, wenn man annimmt, daß der einzelne vielen Gruppen angehört, sein Selbst also ein Treffpunkt vieler Gruppen-Tendenzen ist, die keineswegs gleichlaufen, sondern miteinander in Konflikt liegen.

Als die institutionelle Motivation erörtert wurde, war von der Kategorie der Rolle die Rede. Wir haben es dort unterlassen, vom Rollenkonflikt zu sprechen. Dieser entsteht, wenn die drei Momente der Rolle, die Rollenerwartungen, die an einen Rolleninhaber gestellt werden, dessen Rollenentsprechung und die Selbstdeutung des Rollenträgers nicht miteinander übereinstimmen. Dabei muß noch differenziert werden zwischen dem intra-role und dem inter-role-Konflikt, d. h. dem Konflikt, der sich aus der Spannung zwischen Rollenerwartung und Rollenentsprechung innerhalb einer Rolle ergibt, und demjenigen, der aus der Spannung des einzelnen zwischen mehreren zu spielenden Rollen entsteht. Konflikt kann definiert werden als die sich in ihrer *Problematik* dem *Bewußtsein* aufdrängende und sein planvolles *Handeln* erfordernde *Situation* (so W. Sohn, Der soziale Konflikt als ethisches Problem, 1971, S. 143).

Ist der Konflikt lediglich ein notwendiges Übel? Insofern nicht, als er mit der Ungewißheit der menschlichen Existenz in der Welt zusammenhängt und damit zugleich mit der Geschichtlichkeit des Menschen. Dahrendorf meint, mag auch die Welt vollkommen sein und die Möglichkeit der Gewißheit in sich tragen, so sind doch die Menschen ihrer Natur nach nicht vollkommen und gewinnen diese Gewißheit nicht ohne weiteres. Niemand weiß alle Antworten, darum kann jede Antwort nur zum Teil und nur in einem gegebenen Zeitpunkt richtig sein. In der geschichtlichen Gesellschaft kann die Antwort von heute morgen schon falsch sein. Wenn also der Mensch als geschichtliches Wesen zugleich ein gesellschaftliches ist, bedeutet der Konflikt die große Hoffnung einer würdigen und rationalen Bewältigung des Lebens in Gesellschaft. „Nicht die utopische Synthese, sondern die rationale Antinomie, nicht die Harmonie einer klassenlosen Endgesellschaft, in der der Weltgeist zu sich selbst gekommen ist, sondern die in Spielregeln zugleich bewältigten und erhaltenen Widersprüche der Normen und Interessen machen die reale Chance jener geschichtlichen Epoche aus, die man (nicht ohne Ironie und gewiß mit kritischem Vorbehalt) als ‚ewigen Frieden' erstreben mag."

Die von Dahrendorf angesprochene Unsicherheit des Menschen bezieht sich aber nicht nur auf seine Stellung in der Gesellschaft, ist also nicht nur ein soziologisches Phänomen, sondern ebenso ein ethisches, das mit der Kreuzungssituation des Menschen inmitten verschiedener Wertanforderungen zu tun hat. Spranger hat herausgestellt, daß der Mensch keineswegs nur von *einer* Klasse von Werten lebt, sich vielmehr in seinem Bewußtsein Werterlebnisse verschiedener Gattungen treffen.

In ihm besteht daher nicht nur ein Konflikt hinsichtlich der Höhenlage der Werte in ein und derselben Wertklasse, sondern auch hinsichtlich der Art der Werte. In der Gestaltung des Lebens können aufeinandertreffen die Werte, die sich an die Leistungen des Erkennens heften, mit den politischen, die egoistisch-ökonomischen mit den sozialen, die religiösen mit den ästhetischen usf. (Lebensformen, S. 283).

Ein Wesen, das alle möglichen Wertforderungen und -richtungen in seinem Handeln verwirklichen würde, wäre universal, ein Genie, ein Übermensch. Der Geniebegriff der Renaissance, das Ideal des uomo universale, lebt weiter in der Romantik bis hin zu Marx, der sich die Überwindung der Arbeitsteilung ersehnt und sich von der polytechnischen Bildung des einzelnen die Aufhebung der Selbstentfremdung des Menschen erhofft. Aber selbst der Übermensch Nietzsches ist nicht imstande, alle überkommenen Tugenden und Werte in sich zu vereinigen, sondern muß auswählen und sich für die schöpferischen Tugenden auf Kosten der Tugenden der Selbstentäußerung und Hingabe entscheiden. Es zeigt sich ein doppeltes: daß der Mensch einerseits eine Mehrzahl von Wertrichtungen in sich trägt, daß ihm anderseits aber die Endlichkeit seiner seelischen und physischen Kräfte nicht gestattet, allen Werttendenzen gleichmäßig nachzukommen und sie zu verwirklichen. Daher ist für Spranger die Entstehungsstelle des spezifisch ethischen Erlebnisses immer der Konflikt. „Konflikte sind nicht besondere Erscheinungen im Zusammenhang des sittlichen Lebens, sondern sie bilden geradezu die Vorbedingung für das ethische Erlebnis."

Wertkonflikte können entstehen:

1. *Zwischen Wissenschaft und gesellschaftlicher Verantwortung.* Die Entdeckung dieses Konflikts geht schon auf Sokrates zurück und seine Auseinandersetzung mit den Sophisten, die damals den Typus des Wissenschaftlers vertraten. Auch die Sophisten gehen mit dem Logos um, aber um ihn in den Dienst des Willens zur Macht zu stellen, die schwächere Sache zur stärkeren zu machen usw. Demgegenüber betont Sokrates, daß der Umgang mit dem Logos nichts anderes bedeuten kann als sich Rechenschaft zu geben vor einem den Willen zur Macht transzendierenden Sinn. Kant betont in seiner Philosophie ebenfalls die Eigenständigkeit der praktischen Vernunft und der menschlichen Autonomie gegenüber einem Universalismus naturgesetzlicher Kausalität. Ähnlich war das Anliegen Bergsons zu Ausgang des 19. Jahrhunderts. Heute betonen Philosophen wie C. Fr. von Weizsäcker (Die Tragweite der Wissenschaft, 1964) und G. Picht (Wahrheit — Vernunft — Verantwortung, 1969), daß Wissenschaft eine humane Verantwortung hat und für sie nicht unbedingt gelten darf: gemacht wird, was gemacht werden kann. Besonders wo sich der Geist der Wissenschaft mit dem der Technik verbindet, erscheint das Axiom der möglichen Machbarkeit und Planung der oberste Wert zu sein, wobei die Frage nach der Ermöglichung des Menschseins durch Wissenschaft und

Technik zurücktritt. Der theoretische Wert der Wahrheit muß in Relation zum Wert der Menschlichkeit gebracht werden (vgl. Wahrheit am Krankenbett!). — Eine besondere Nuance erhält dieses Problem angesichts soziologischer oder ideologischer Erkenntnisse, die Theoreme über die Gründe menschlicher und gesellschaftlicher Entfremdung und deren Überwindung enthalten und zum Fortschreiten von der Theorie zur Praxis drängen. Hier wäre zu fragen, 1. ob diese Erkenntnisse so gesichert sind, daß sie den Anspruch auf absolute Wahrheitsgeltung erheben dürfen; 2. ob in der gesellschaftlichen Realität die Bedingungen der Möglichkeit von Veränderung gegeben sind.

2. *Zwischen wirtschaftlichem Denken und humaner Verantwortung.* Für den Utilitarismus ist der Nützlichkeitswert der oberste Wert schlechthin, dem alle anderen unterzuordnen sind. Gewiß kann das Streben nach dem eigenen Nutzen oder dem größtmöglichen wirtschaftlichen Nutzeffekt im gesellschaftlichen Sinne ein in der herrschenden Moral wichtiges Moment sein. Werden aber alle anderen Wertgesichtspunkte beim einzelnen wie in der Gesellschaft dem ökonomischen Wert untergeordnet, steht diese im Begriff, ihren humanen Charakter zu verlieren: Politik steht dann nur noch unter dem Gesichtspunkt der größtmöglichen Profitergiebigkeit, das Leben des Individuums wird zu einer Jagd nach Geld und Verdienst, und der Konsum von Wirtschaftsgütern wird zum Angelpunkt des Lebens überhaupt. Wenn auch, wie Spranger richtig sagt, die ökonomischen Werte zu den dringlichsten Werten überhaupt gehören, weil durch sie der äußere Bestand des Lebens in der Gesellschaft garantiert wird, so doch nicht zu den höchsten. Das Ökonomische hat seinen Sinn als Mittel für das Leben, wobei das Lebens-mittel keineswegs die Frage nach dem Sinn dieses Lebens lösen kann.

3. *Zwischen Kunst und Ethik.* Immer wieder ist in der Geschichte des Denkens hier ein Widerstreit empfunden worden: Plato schließt aus seinem Idealstaat die Dichter aus, weil sie unsittliche Göttermythen erzählen, durch welche die Fundamente des Staates untergraben werden; Rousseau findet, daß der Fortschritt der Künste und Wissenschaften keineswegs die Verderbnis der Sitten aufgehalten habe; auch hat er schwere Bedenken gegen das Theater, weil für ihn das Theater alles andere als eine „moralische Anstalt" ist. Tolstoi schildert in der Kreutzersonate die Dämonie des Künstlerischen. Kierkegaard stellt in seinem System der menschlichen Existenzstufen das Ästhetische darum in Frage, weil es mit dem reinen Genießen und dem fehlenden

existentiellen Ernst verbunden ist und ihm darum die Tiefe des eigentlich Ethischen ermangelt. Schiller dagegen versucht eine Synthese im Entwurf einer ästhetischen Kultur, die Kunst und Sittlichkeit im kantischen Sinne miteinander verbindet. Fragwürdig bleiben auch die Versuche des Ästhetizismus des 19. Jh. (Schopenhauer, R. Wagner, Nietzsche, die französischen Symbolisten), Kunst zum Erlösungsgeschehen zu stilisieren. Selbst wenn von der Kunst eine befreiende Wirkung ausgeht, so bleibt sie doch Illusion und kann von sich aus kaum die Nöte der gesellschaftlichen Situation lösen.

4. Zwischen Politik und Ethik. Wenn „Politik als Beruf" (M. Weber) zunächst eines gewährt — das Machtgefühl als Bewußtsein von Einfluß auf Menschen, von Teilnahme an der Macht über sie, so scheint der Historiker Schlosser, den J. Burckhardt in seinen ›Weltgeschichtlichen Betrachtungen‹ zitiert, nicht ganz unrecht zu haben, wenn er die Macht für an sich böse hält, indem das Recht des Egoismus, das man dem einzelnen abspricht, nunmehr dem Staat zugesprochen wird. Das außenpolitische Moment, den eigenen sozialen Lebensraum abzusichern, wird korrumpiert durch das Bestreben, schwächere Nachbarn sich zu unterwerfen, damit sie auf keinen Fall Verbündete des eigenen Feindes werden können. Burckhardt spricht von dem permanenten Gelüste des Arrondierens; man nimmt, was einem gelegen liegt und was man erwischen kann. Man redet wie Friedrich II. beim ersten Schlesischen Krieg von unberechtigten Existenzen. In keinem anderen Gebiet wird häufiger nach dem Grundsatz verfahren, daß der Zweck die Mittel heiligt. Burckhardt fragt: Was wissen wir von Zwecken? Und wenn welche existierten, konnten sie nicht auch auf anderem Wege erreicht werden? Und ist die Erschütterung der allgemeinen Sittlichkeit durch das gelungene Verbrechen so gar nichts? Weber hat das sittliche Dilemma des Politikers in den Gegensatz von Gesinnungsethik und Verantwortungsethik gefaßt. Wenngleich er für den Politiker die Verantwortungsethik reklamiert, so muß er doch zugeben, daß beide nicht absolute Gegensätze sein können, sondern Ergänzungen, die zusammen erst den echten Menschen ausmachen.

5. Zwischen Sozialisation und Personalisation. Der Gegensatz beider Werthaltungen könnte in den Imperativen „Lebe im andern!" und „Verwirkliche dich selbst!" zusammengefaßt werden. Der Sozialisation ist die Ethik der helfenden Liebe und der Selbstaufgabe eigen, der Personalisation die Ethik der Selbstbejahung und Selbstentfaltung. Letztere kann sich mehr ästhetisch-bildungskulturell ausprägen, wie bei

Goethe und W. von Humboldt, oder mehr biologisch-vitalistisch wie bei Nietzsche. Beide Werthaltungen schließen sich im Extrem aus. Gäbe es nur die sich selbst vernichtende und vergessende Liebe, so würde damit das Leben und die Kultur selbst ausgerottet, weil beides nicht bestehen kann, ohne ein gewisses Maß von Selbstliebe und Eigenpflege. Gäbe es aber nur das Prinzip des Peer Gynt „Sei dir selbst genug!", so müßte die Welt am Egoismus zugrunde gehen. Die Moral der Liebe und die der Emanzipation sind keine sich ausschließenden Gegensätze, sondern zwei Momente eines dialektischen Prozesses.

6. Zwischen Religion und Ethik. Im Kapitel über die religiöse Motivation ist schon davon die Rede gewesen, daß beide Größen sich nicht nur gegenseitig bedingen können, sondern ebenso auch ausschließen. Ethik im Sinne der jüdischen Gesetzesmoral hat die Tendenz sowohl zur Selbstgerechtigkeit wie zur engen Ausschließlichkeit gegenüber demjenigen, der als außerhalb der eigenen Gruppe wie der eigenen Standards stehend erklärt wird. Es fehlt ihr die Weite und Offenheit, die der Gnadenreligion eigen ist. In den Gegensätzen von Vergeltung und Vergebung kommt dieser Widerspruch zu seinem Höhepunkt. Kierkegaard versteht das Religiöse als das absolute Verhältnis zum Absoluten und kann daher von einer „teleologischen Suspension des Ethischen" sprechen. Das Ethische wird für ihn konstituiert durch die Wahl, in welcher das Individuum sich selber in seiner ewigen Bedeutung wählt und sich gegen die Welt behauptet. Es ist die Größe des Ethischen, daß hier der Ernst der Entscheidung und das Bestimmtsein aus dem Gewissen als der Einheit des Individuellen und des Allgemeinen erfahren wird. Der Religiöse aber muß auf das alles verzichten, um des Unendlichen willen das Endliche preisgeben. Im Gottesverhältnis, das der einzelne nur in der Innerlichkeit festhalten kann, ohne sich den anderen mitteilen zu können (vgl. Abraham in „Furcht und Zittern") schwebt er „über einer Tiefe von 70 000 Faden Wasser, viele viele Meilen von jeder menschlichen Hilfe entfernt" (Stadien auf dem Lebensweg, S. 436). Die Gefahr bei einer Absolutsetzung des Stadiums des Religiösen ist die völlige Weltvergessenheit des Mystikers, der kulturfeindliche Lebensverzicht und in der Introversion die völlige Ichentwertung.

Mit den soeben beschriebenen Motivationskonflikten stehen wir vor einem weiteren Problem, dem Versuch, einen Ausgleich oder *Kompromiß* zwischen den im Widerstreit stehenden Werten und Motivationen zu schaffen. Die Ethik des Kompromisses steht zwischen zwei

Extremen: einem übertriebenen Moralismus einerseits, der etwa die Verantwortlichkeit und Willensfreiheit oder einen bestimmten Wert oder Wertbereich auf Kosten anderer überbetont, und einer Verachtung des Moralischen andererseits, die in verschiedenen Erscheinungsweisen auftreten kann — als theoretische Distanziertheit, die nur feststellt, was ist, aber keine Verhaltenseinstellung oder -änderung bewirkt, als künstlerische Desinteressiertheit oder als religiöses Transzendieren der Weltverantwortung. Der Kompromiß ist der *pragmatische Lösungsversuch*, mit dem Problem der Motivationskonflikte fertig zu werden. Schon das ethische Grundprinzip des Aristoteles, die goldene Mitte zwischen zwei Extremen einzuhalten und so zu einem harmonischen Gleichgewicht zu gelangen, war eine Form des Kompromißdenkens. „Kompromiß bedeutet den Verzicht auf die unmittelbare Verwirklichung des Letzten im Bereiche des Vorletzten, ohne daß zugleich der Anspruch des Letzten auf das Vorletzte aufgegeben wäre" (W. Sohn, Der soziale Konflikt als ethisches Problem, S. 215). Im Kompromiß paßt sich die Absicht des Handelnden dem Widerstand an, der sich dem unmittelbaren Erreichen des absoluten Zieles entgegenstellt; es wird die Reinheit der Mittel aufgegeben, wenn der Zweck durch reine Mittel nicht zu erreichen ist, es aber auf Erzielung eines bestimmten objektiv feststellbaren Erfolges ankommt. Es geht dabei niemals um den absoluten Gegensatz von Gut und Böse, Schwarz oder Weiß, sondern um das mehr oder weniger Gute, um die Güterabwägung im Raum des Relativen und Vorletzten.

Der zweite Lösungsversuch ist der *idealistische*. Der französische Moralphilosoph Le Senne unterscheidet zwischen einer inneren und äußeren Positivität der Werte. Jeder Wert ist nicht nur in sich gültig, sondern steht in einer Unendlichkeit der Beziehung zu anderen Werten, wobei der Wettstreit der Werte (concours des valeurs) selbst der höchste Wert wird. Der absolute Wert ist jenseits aller Definition. In dem Augenblick, da wir mehrere Werte in der Einheit ihres Ursprungs ergreifen, wird die Spontaneität, die aus dem höchsten Wert entspringt, eins mit der aktiven Spontaneität unseres Geistes. Daraus ergibt sich ein Einswerden unserer Identität mit dem Absoluten (Traité de morale générale, 1961, S. 725 ff.). E. Spranger spricht von der Energie des Aufschwungs, ohne die die Anerkennung und Durchsetzung des höheren Wertes in der Seele nicht gelingt; es bedarf dazu des Durchbruchs, der Erweckung, der Wiedergeburt und der Selbstüberwindung (Lebensformen, S. 324). Der idealistische Lösungsversuch zeichnet sich dadurch aus, daß in ihm eine Durchsetzung des Absoluten im Relativen angenommen wird.

Der dritte Lösungsversuch ist der *tragisch-existentialistische,* wie er in der Gegenwart vor allem von A. Camus vertreten wird. Die Welt ist absurd, es gibt keinen evidenten Sinn in ihr, außer der Revolte des Menschen, der angesichts der obwaltenden Unvernunft und Ungerechtigkeit durch sein Handeln an der Umgestaltung der Verhältnisse mitwirkt. Sein Schicksal ist dann das des Sisyphus, der unentwegt den riesigen Felsblock den Hügel hinaufrollt, wo ihm dieser jedoch kurz vor dem Ziel wieder entgleitet. Ein glühendes Verlangen nach dem Absoluten beseelt diesen Menschen, der es handelnd aber nie erreicht.

Als vierter Lösungsversuch kann der *theologische* genannt werden. Auf dem Boden der lutherischen Tradition sieht H. Thielicke im Verhältnis der beiden Äonen, zwischen denen der Mensch steht, dem Äon der vergehenden Welt und dem Äon der zukünftigen Welt Gottes, die sich beide im gegenwärtig Handelnden überschneiden, das eigentliche Problem der Ethik. Darum geht es der theologischen Ethik weder um eine Hierarchie der ethischen Werte mit einer entsprechenden Kasuistik des moralischen Handelns, noch um eine Gesinnungsethik im Sinne Kants, sondern um ein Bedrängtwerden durch die Zeit: durch die vergehende Zeit dieses Äons, zu dem man kein Verhältnis der Endgültigkeit mehr gewinnen kann und in der man sich doch installieren muß, und zu der anbrechenden „Zeit“ des neuen Äons, die unsere Welt beunruhigt, aber sie doch nicht einfach überkleidet oder in sich hineinreißt, sondern sie noch auf ihren Abbruch zugehen läßt. Das Thema der Ethik ist das „Wandern zwischen beiden Welten“; es ist im strengen Sinne das Thema einer theologia viatorum (Theol. Ethik I, 1951, S. 78). Diese Spannung kann nur im Glauben an die Rechtfertigung aus dem Glauben, an die Vergebung der Sünde des Menschen, der zugleich Sünder und Gerechter (simul iustus et peccator) ist, durchgehalten werden, nicht durch eine im eigenen Tun und Wollen sich ereignende Perfektionierung.

In der Tat stehen wir hier vor den *Grenzen der Ethik* überhaupt. Sie könnten in einer Explikation dessen, was „alter Äon“ heißt, aufgezeigt werden: der Endlichkeit des einzelnen wie der großen Lebensgemeinschaften, die sich beide zum Selbstzweck werden, sich wie Luther sagt, in sich selbst verkrümmen; dem Widerstreit der Forderungen der Gesellschaft und den Ansprüchen des privaten Ich; dem Dilemma von Macht und Geist, von Geist und Trieb, von Selbsthingabe und Selbstbehauptung; der tiefen Ohnmacht unseres höheren Daseins in uns selbst und draußen (H. Nohl, Die sittlichen Grunderfahrungen, 1947, S. 148), weil, wie Albert Schweitzer einmal sagt, die Kessel der Geschichte mit anderen Kohlen als denen der Ethik geheizt werden. Aber doch bleibt die Aufgabe, selbst wenn es keine allzeit verbindliche Auslegung des Sittengesetzes oder dem geschichtlichen Wandel entnommene Wertsysteme geben mag, das Leben nicht einfach treiben zu lassen, wie es will, zu resignieren vor dem Engagement, sondern nüchtern und wachsam nach Orientierung im jeweiligen Augenblick zu suchen.

Literatur: Zum Konfliktproblem: R. Dahrendorf, Soziale Klassen und Klassenkonflikt in der industriellen Gesellschaft, 1957. Ders., Elemente einer Theorie des sozialen Konflikts, in: Gesellschaft und Freiheit, 1961 u. ö. M. Landmann, Pluralität und Antinomie. Kulturelle Grundlagen seelischer Konflikte, 1963. H.-R. Lückert, Der Mensch — das konfliktträchtige Wesen (Monographien und Studien zur Konflikt-Psychologie, Bd. 1), 1964. L. A. Coser, Theorie sozialer Konflikte (Soziolog. Texte, Bd. 30), dt. 1965. J. K. Feibleman, Moral strategy. An introduction to the ethics of confrontation, den Haag 1967. D. Senghaas, Konflikt und Konfliktforschung, in: Kölner Ztschr. f. Soziol. u. Soz. psych., 21, 1969, S. 31—59. L. J. Binkley, Conflict of ideals: changing values in Western society, New York/London 1969. W. Sohn, Der soziale Konflikt als ethisches Problem (Studien zur ev. Ethik, Bd. 8), 1971.

Zum Problem des Kompromisses: H. Steubing, Der Kompromiß als ethisches Problem, 1955. W. Trillhaas, Zum Problem des Kompromisses, in: ZEE 4, 1960, S. 355—364. J. Zink, Der christliche Glaube und der Kompromiß, in: Die Mitarbeit 11, 1962, S. 110—114. Ders., Versöhnendes Handeln, ebd. S. 153—158.

Grenzen der Ethik: H. Thielicke, Theol. Ethik I, 1951. H. Nohl, Die sittlichen Grunderfahrungen, 1947: F. Die Grenze der Ethik. W. Trillhaas, Ethik, 1959, 40. Kap.: Macht und Ohnmacht der Ethik.

REGISTER